神を創った男

大江匡房

THE MAN
WHO
CREATED
GOD

ŌE NO MASAFUSA

加門七海

笠間書院

目次 CONTENTS

序章

平安時代後期に生きた、ひとりの男。

英雄でもなければ悪党でもない、歴史好きでなければ知らないような、その男の名をどこで知ったのか。今となっては思い出せない。

だが、彼のことを知れば知るほど、私はその正体、真の姿を知りたいとの欲に囚《とら》われた。そして、無謀にも分不相応な謎解きに挑んだのである。

そう。それはまさに無謀であり、分不相応な挑戦だった。

相手は「三帝《さんてい》の師《し》」とも称された万能の天才。名を大江匡房《おおえのまさふさ》という。

彼は優秀な官僚として歴史に名を残している。

だが、その周辺には、鬼、土蜘蛛《つちぐも》、御霊《ごりょう》、傀儡《くぐつ》、占い、呪術、陰陽道《おんみょうどう》など、奇妙な影が蠢《うごめ》いている。

「案外、神秘的なことが好きだったんだな」

「いや、当時の知識階級とはそういうものだ」

こう理解してもよかったのだが、私は男そのものが妖しい存在に思われたのだ。

闇の中、大江匡房は己を隠し、真実を隠して、恐ろしげな影たちに秘密を護《まも》らせている……。

歴史の中にじっと潜んで、一官人を装《よそお》って。

呆れるほど周到で、舌を巻くほど大胆に。

私にとっての匡房は、天才であると同時に天才的な魔術師だった。

その尻尾《しっぽ》を摑《つか》むのは、まったく容易なことではない。

本人の口を割らせることは、それ以上に難しい。

しかし、うまくいけば、証拠が摑める。

うまくいけば、本人が皮肉な笑みを浮かべつつ、重たい口を開いてくれることもある。

そうやって私はじりじりと……じりじりと、十年以上の時をかけ、彼の正体に迫っていった。

無論、長い年月、匡房だけを追っていたというわけではない。

他事に忙殺されたときもあったし、匙《さじ》を投《な》げたことも一度ならずあった。だが、それでも折に触れては考え続け、漸《ようや》く拙《つたな》い原稿を書き起こすまでに漕ぎ着けたのだ。


これから記していくことは、結論に達するまで、かなり迂遠《うえん》であり、寄り道の多い話となる。

加えて、その結論はひとつに集約することなく、いくつかに分散するはずだ。しかも、その何割かは「である」で終わらず、「ではなかろうか」で結ぶがごとき頼りないものになるだろう。

にもかかわらず、この原稿を形にしようと思ったのは、すべてが明らかになる日など来ないような気がしたからだ。

それほどまでに、彼は手強《てごわ》い。

なんといっても千年間、彼は己の正体と所行を隠し続けてきたのだ。

そのいくつかは時の流れに埋没《まいぼつ》してしまっただろうし、仕掛けに気づかず、見落としてしまったものもあるに違いない。

残念ながら、学者でも魔術師でもない私には、それなりの限界がある。しかし、だからといって、知り得たことを私自身までが闇《やみ》に葬《ほうむ》ってしまわずともいいだろう。

及ばずながらではあるが、出来得る限りのことは記しておきたい。

匡房の深謀《しんぼう》を暴くためには、たとえ遠回りになったとしても、細かい事実をひとつひとつ積み上げていくしか方法がない。

話はあちこちに飛ぶ。しかし、その源《みなもと》はただひとつ、大江匡房――彼のみだ。

彼の横顔、後ろ姿、あるいは指の動きから、何が、どこまで読み取れるのか。

藻《も》掻《が》きつつ記す私の筆に、おつきあいいただければ幸いである。

主な登場人物紹介

第一章　神を創った男

一　官人・大江匡房

大江成衡
大江匡衡
尊仁親王（後三条天皇）
白河天皇（白河上皇・法皇）
善仁親王（堀河天皇）
三宮輔仁親王
藤原経任
藤原師通
藤原頼通
藤原通俊
源義家
源経信

二　小野篁と熒惑星

小野篁
藤原実兼
藤原良相
藤原高藤
源公忠
醍醐天皇
嵯峨天皇

三　鉄鼠の血

頼豪阿闍梨
白河天皇（白河上皇・法皇）
敦文親王
後三条天皇
樹下僧護因

四　大江一族と頼光四天王

大江千里
和泉式部
小野小町

大江氏略系図 一

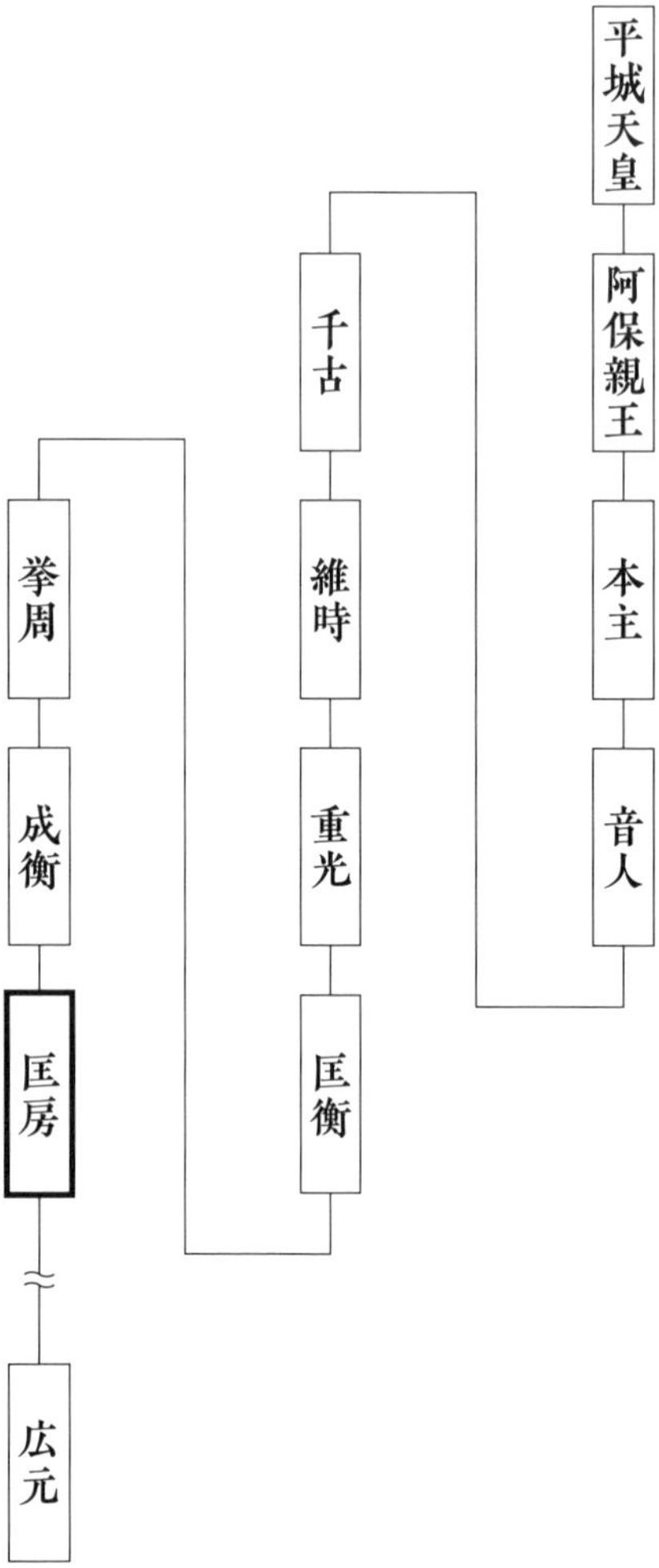

大江氏略系図 二

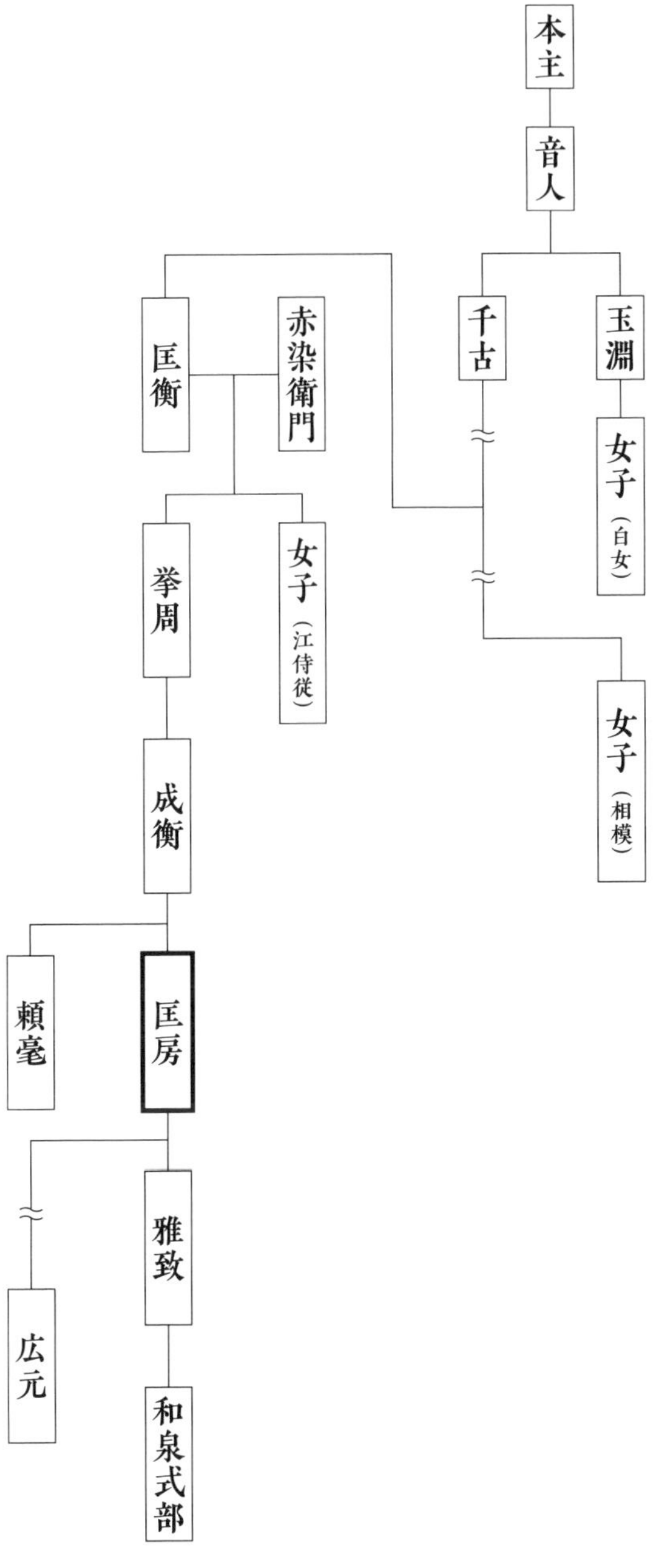

第一章

神を創った男

一 官人・大江匡房

まずは、表の世界の話をしたい。

長久《ちょうきゅう》二年（一〇四二）、大江匡房《おおえのまさふさ》はこの世に生まれた。

匡房が生きた時代には、前九年《ぜんくねん》の役《えき》・後三年《ごさんねん》の役《えき》、院政期《いんせいき》の始まりなど、歴史的に派手な動きもある。しかし、匡房のみを追いかけるなら、華々しい活躍はほとんどない。

能力のみで正二位権中納言《しょうにいごんのちゅうなごん》まで昇り詰めた生涯は、素晴らしいものではある。吉川弘文館の人物叢書にも名前が並んでいるほどだから、端役《はやく》というわけでもない。けれども、大河ドラマの主役には到底無理な一生だ。

正直な話、彼の生涯を追うのは退屈だ。

とはいえ、ここを外して話は始まらない。なぜなら「なんて地味な人なんだ」と思わせるのが、大江匡房の手だからだ。

ゆえに、なんて地味な人なんだと思いながら読んでいただきたい。

神童・江才子

長久二年に匡房は生まれた。

父は大江成衡《おおえのしげひら》、母は橘孝親《たちばなのたかちか》の娘である。

父方の曾祖父大江匡衡《おおえのまさひら》は平安時代中期の儒者《じゅしゃ》・歌人であり、三十六歌仙の一人。匡衡の妻であった赤染衛門《あかぞめえもん》も『百人一首』に採《と》られるほどの才媛として知られている。

こう記すと、和歌に秀《ひい》でた家系のように思えるが、本来は学者の家筋《いえすじ》だ。父成衡は大学寮《だいがくりょう》の長官である大学頭《だいがくのかみ》。母の父、即ち匡房の祖父である橘孝親は文章博士《もんじょうはかせ》を務めている。

学問の家としては名家だ。しかし、家風は派手ではなかった。

父成衡は信心深く謙虚な性格で、いつも水干《すいかん》姿で、手に数珠《じゅず》を持っていたという。そして「大江家の文預《ふみあず》かり」を自認して、蔵書の保護保管に務めていた。

曾祖父の匡衡は、その死に際して「当時名儒無人比肩、文道滅亡」と嘆かれたほどの秀才だったが、官位には恵まれず、容貌も悪かったと伝わっている。

そういった地味で堅実な家風の中で、若い頃の匡房は己の理想を曾祖父に見ていたという。世間的な地位よりも、学究に重きを置いていたのだ。実際、親しい友もなく、家に籠もっていたらしい。

だが、匡房はただの内向的な子供ではない。

四歳で書を読み、八歳で『史記《しき》』『漢書《かんじょ》』『後漢書《ごかんじょ》』に通じ、十一歳で詩を賦《ふ》して（作って）、周囲から神童と称せられた。

詩を賦したのは、父と共に土御門大納言《つちみかどだいなごん》家を訪れたときだ。

このときは大伯父・大江時棟朝臣《おおえのときむねあそん》、右大臣源師房《みなもとのもろふさ》、宇治関白藤原頼通《うじのかんぱくふじわらのよりみち》が同席していた。そして頼通は匡房の容貌を相《そう》して（占って）、「天に受けた稟質《りんしつ》（性質）、成長の暁は人に越えて大位《たいい》に至るだろう」と言ったとされる。

ちなみに初めて詩を賦した年齢は、菅原道真《すがわらのみちざね》と同い年だ。

そして天喜《てんき》四年（一〇五六）、十六歳にて匡房は文章得業生《もんじょうとくごうしょう》（文章生から選出された成績優秀者。定員二名。官人登用試験の最高段階である秀才・進士試験の受験候補者）となり、学問料を支給された。

学問の神となった菅原道真は、十八歳で文章生になっている。匡房の学才のほどがわかるだろう。

同六年、十八歳のとき、方略試《ほうりゃくし》（官吏登用のための試験）を受けて合格。巷《ちまた》で彼は江才子《ごうさいし》と呼ばれた。

古い本には、当時の匡房の博学を伝えるエピソードが記されている。

鎌倉中期の説話集『十訓抄《じっきんしょう》』にある話はこうだ。

――宇治関白藤原頼通が平等院建立《びょうどういんこんりゅう》のとき、地形のことを検討するため、時の右大臣源師房を伴《ともな》い、言った。

「大門《だいもん》の四足《しそく》が北向きになるのは都合が悪い。大門が北向きになっている寺の例はあるのだろうか」

「自分にはわからないが、彼ならば知っているはずだ」

師房は車の後《しり》に同乗させていた元服《げんぷく》間もない匡房を呼んだ。

匡房は頼通の問いに対して、

「天竺《てんじく》では戒賢論師《かいけんろんじ》の住む那蘭陀寺《ならんだじ》、震旦《しんたん》では円測《えんじき》の道場である西明寺《さいみょうじ》。日本には空也上人《くうやしょうにん》建立の六波羅蜜寺《ろくはらみつじ》。これみな大門は北面となります」と即座に答えた。


頼通はその答えを聞いて、ひどく感心したという。

また、この話の数年後のこととして、源義家《みなもとのよしいえ》とのやりとりが残る。

前九年の役にて安倍貞任《あべのさだとう》を討伐《とうばつ》した義家は、京《みやこ》に戻って皆に戦《いくさ》の話をしていた。それを聞いて、匡房はひとりごちた。

「器量はよき武士だが、合戦の道を知らぬな」

そのことを伝え聞いた義家は、匡房に弟子入りして兵法《へいほう》を学んだ。

のちの後三年の役にて、義家は田に降りようとした雁《かり》が俄《にわか》に乱れて飛び立つのを見て、そこに伏兵がいるのを知った。このことは、匡房より孫子《そんし》の兵法を伝授されていたためという。

源義家のネームバリューのお陰で、こちらの話は知る人も多い。

匡房が義家を評した言葉は、「好漢《こうかん》、惜しむらくは兵法を知らず」といった言い回しで、成語として今に残っている。

しかし、匡房は義家より二歳年下だ。この話が前九年の役直後であるなら、匡房はまだ二十代前半。老成《ろうせい》していると言うべきか、生意気な若僧と言うべきか。世間の評価は多分、両方あっただろう。

実際、その才が表に出るほど、そねみや中傷も多かったらしい。以来十年ほど、公《おおやけ》の記録から彼は姿を消す。その間、匡房は出家を考えたこともあったと伝わっている。

彼の出家を止めたのは、当時六十過ぎだった中納言藤原経任《ふじわらのつねとう》だ。

記録には、才を惜しんで、と記されている。とはいえ、宇治関白藤原頼通は経任の行為を解《げ》しかねるものとしたらしい。

政権掌握《せいけんしょうあく》に心を砕く藤原氏にあって、将来、目障りになりそうな他家の青年を擁護《ようご》するのは、背信《はいしん》とまではいかないまでも、いらぬ手助けと見えたのだろう。

その頼通の懸念《けねん》は当たった。

「待ち幸い」表舞台へ

治暦《じりゃく》三年（一〇六七）。

匡房は二十七歳にして東宮《とうぐう》・尊仁親王《たかひとしんのう》（のちの後三条天皇）の学士《がくし》、即ち学問指南役《しなんやく》となる。

いきなりの大抜擢《だいばってき》だ。しかし、当時、尊仁親王付きの学士となることは、出世コースとは言えないものだった。

尊仁親王は藤原を外戚《がいせき》に持たなかったため、藤原氏全盛時代にあっては名目上の東宮でしかなかったのだ。摂関家腹《せっかんけばら》の皇子が生まれれば、すぐに廃太子《はいたいし》となるのは必至《ひっし》。事情如何《いかん》では、武力による排除の危険すらあった。

当然、関白である頼通との折り合いは悪く、頼通は皇太子に相伝される「壺切御剣《つぼきりのぎょけん》」を、親王が天皇となるときまで、ずっと私蔵し続けたという。

頼通は藤原道長《ふじわらのみちなが》の息子であり、当時、既に七十六歳。同年、親王は三十四歳。己《おの》が子よりも年下で、藤原と縁のない者に礼を尽くす気などなかったのだろう。

親王は「私が持っても無益だ。欲しいとも思わない」と言ったらしいが、心中如何《いか》ばかりなものであったか。

尊仁親王を戴く東宮坊《とうぐうぼう》の役職者らは、一大党派を作っていた。だが、いずれにせよ、皆、不遇であり、権左中弁藤原隆方《ごんのさちゅうべんふじわらのたかかた》に「待《ま》ち幸《ざいわ》い」――皇位に即《つ》くのを当てにして待っている連中と皮肉られるような立場にあった。

その親王の学士に、やはり藤原の血を持たない大江匡房が選ばれたのは、単に匡房の才能が買われただけではなかっただろう。

匡房自身も意味はわかっていたはずだ。

廃太子になれば、自分は一生、日の目を見ないまま終わる……。

しかし、翌年（一〇六八）、大きな転機が訪れる。

東宮に留《とど》められること二十三年にして、尊仁親王が天皇として即位したのだ。

後三条天皇《ごさんじょうてんのう》の誕生である。

天皇より七歳年下の匡房は、直《ただ》ちに蔵人《くろうど》に任ぜられた。朝廷の機密や行事、事務のすべてに関係する側近だ。

このとき、匡房は昇殿の衣装がなかったために、人のものを借りて参内《さんだい》したという。当時の大江家の資産状況は不明だが、ゆとりはなかったに違いない。

また、十年前に起きた火災によって、大極殿《だいごくでん》が使えないままとなっていたため、即位式も東宮御所閑院邸《かんいんてい》にて行われるという有様だった。

しかし、いずれも些細《ささい》なことだ。後三条は皇位を勝ち取った。

後三条天皇三十五歳。大江匡房二十七歳。若々しい政権の誕生だ。

摂関家の圧力に屈せず、東宮の地位を守り通した後三条は、「たけき御心《みこころ》」の持ち主と記されるごとき人物だった。

以前、「待ち幸い」と皮肉った藤原隆方は、陪膳《ばいぜん》（天皇への食事の給仕）を拒否されて隠居《いんきょ》。壺切御剣を渡さなかった関白頼通は宇治に籠もった。

あっという間の逆転劇だが、後三条は剛毅《ごうき》なだけの人物ではない。

少し後の話になるが、頼通の子である左大臣師実《もろざね》は、宇治に籠もった父に命じられ、内裏《だいり》に日参した。

主上《おかみ》は日に二、三回、「殿上に誰がいるか」と尋ねる。そのたびに師実の名前が挙がった。そんなことが続いた数カ月後、師実は後三条天皇に呼び出される。

用件は、賢子《けんし》を東宮の后《きさき》に召すというものだった。

賢子は藤原道長の孫に当たる源顕房《みなもとのあきふさ》の娘であり、師実は彼女を養女としていた。これが現実となれば、摂関家と天皇家は再び関わりを持つこととなる。

師実がそれを父頼通に報告すると、頼通は「素晴らしい主上だ」と泣いたという。

源顕房、即ち村上源氏《むらかみげんじ》の血を入れたことは、のちの災いの種にもなったが、後三条は誠意や忠心を無下にできる質《たち》ではなかったのだ。

ゆえに東宮時代からの臣下に対する処遇は篤《あつ》く、匡房もその中に入っていた。

実際、匡房に対する信任は、かなりなものであったようだ。が、心情的な部分を抜きにしても彼は優秀な人材だった。

後三条天皇即位の翌年、匡房は蔵人・東宮学士《とうぐうがくし》・中務大輔《なかつかさのたいふ》（禁中の政務を取り仕切る中務省の次官）を兼任したまま、靫負佐左衛門権佐《ゆげいのすけさえもんのごんのすけ》に任官される。

靫負佐は警察的な役職である衛門府《えもんふ》に属し、検非違使《けびいし》（警察業務を主とし、訴訟・裁判をも扱う令外官）の非違《ひい》を検察糾明《けんさつきゅうめい》する機能を持つ。その中、左衛門権佐は、時を決めて担当範囲を巡回警護する実務に当たる。

匡房についての記録の中に、武芸に優れていたとの記述はない。だが、匡房がこの役に就いていたとき、市中の強盗は鳴りを潜めたと伝わっている。

直接的な武力に頼らず、効率を上げる方法を、彼は知っていたのだろうか。

また同年十二月、匡房は蔵人から右少弁《うしょうべん》に任じられている。

右方《うほう》の弁官《べんかん》は兵部《ひょうぶ》、刑部《ぎょうぶ》、大蔵《おおくら》、宮内《くない》の諸省を管轄《かんかつ》。今の内閣府もしくは官房長官のような役目であり、政局の中枢《ちゅうすう》にあって最も重要な職務とされていたポストだ。

これだけの役職を兼任するのは、名誉以上に実務として過酷だっただろう。後三条天皇陣営はそれほどに人材不足だったのか……。

いや、のちに「二朝《にちょう》の侍中《じちゅう》（蔵人）、三帝《さんてい》の師《し》」と仰がれた匡房だ。彼の前ではほとんどの人が色褪《いろあ》せて見えたに違いない。そしてそれ以上に、天皇と匡房、ふたりが理想とする国の形が一致していたのではなかろうか。

匡房が右少弁に就いた同年、後三条天皇は「延久《えんきゅう》の荘園整理令《しょうえんせいりれい》」を発令する。

貴族や寺社が持つ特権的な私有地、即ち荘園を規制する法律だ。

似たような法は既に過去、何度も発令されている。しかし、所有者である国司《こくし》自らが審査を行っていたことと、膨大な荘園を持つ藤原氏が自らの荘園を除外扱いにしたために、ほぼ「ザル法」になっていた。

「延久の荘園整理令」では、このザルの目を埋《う》めるため、審査機関を中央に作って細かな規制を設けた上で、審査対象を摂関家領や大寺社領にまで拡大したのだ。

結果、摂関家や大寺社の経済力は削減され、皇室の経済は立て直された。

当時にあっては画期的なものであり、日本史の教科書にも載っている。

匡房はこの荘園整理令の成立に関わり、激務にもかかわらず、発令後の事務を自ら四年に亘《わた》って執《と》り続けた。

匡房自身、政策の遂行《すいこう》に並々ならぬ意欲を持っていた証《あかし》だろう。

その甲斐あって、延久四年（一〇七二）四月に大極殿は再建した。だが、その新成を祝ったのも束の間、同年十二月八日に後三条天皇は譲位《じょうい》した。

体調不良が原因だったと言われているが、これによって、二十歳の東宮貞仁親王《さだひとしんのう》が即位。白河天皇《しらかわてんのう》となる。

匡房は白河天皇の蔵人になると同時に、その弟である新東宮・実仁親王《さねひとしんのう》の学士を兼ねた。

白河は傍流とはいえ、藤原北家《ふじわらほっけ》の血を引いている。ゆえに後三条天皇は、三条源氏《さんじょうげんじ》を母に持つ実仁親王が成長するまでの中継ぎ的存在と、白河天皇をみなしていた。

この中で、藤原系白河を支えながら、源氏系実仁の学士を務める匡房の立場はひどく微妙だ。ここでもし後三条の院政が開始されていたならば、彼は菅原道真の二《に》の舞《まい》になったのではないか――そういう意見もある。しかし、幸か不幸か、譲位の翌年五月、後三条上皇は崩御した。享年《きょうねん》四十。

匡房はひどく嘆いたと伝わっている。

しかし、時間は止まってくれない。翌正月、匡房は白河天皇より美作守《みまさかのかみ》に任じられる。

道真の配流《はいる》とは違い、美作守就任は左遷《させん》というわけではない。

当時、国司になることは、任地の租税収入が確保できるということだった。個人の資産を増やすには、何より有り難い任官だったのだ。

事実、美作守就任後、匡房は土地を買い、もとの邸《やしき》も修復している。また、受領《ずりょう》として蓄財したあと、当時としても広大な千種殿《ちぐさでん》を買い取った。

千種殿は広さ四町、約二百五十二メートル四方に及ぶ約一万九二四四坪の土地だ。匡房はそこに大江家代々の文書を保管するために、校倉造《あぜくらづく》りの文庫、書庫を造ったという。

どれほどの蔵書があったのか……。

ともあれ、昇殿の衣装を人から借りねばならなかった匡房も、漸《ようや》く殿上人《てんじょうびと》らしい生活を得ることが叶《かな》ったのだ。

政争恐るるに足らず

大江匡房は白河天皇の下《もと》で職務に専念し、順調に出世を重ねていく。

この間、彼は源氏系実仁親王の東宮学士の兼務も続けた。そして、即位を阻止しようとする藤原系白河サイドとの間を行き来している。

匡房の本心は知らないが、どちらからも疎《うと》まれず、どちらにも偏《かたよ》らない、このバランス感覚は素晴らしい。

後日、白河上皇は自らを「文王《ぶんおう》」と自賛する。理由は匡房を抜擢し、文章道《もんじょうどう》を尊んだからだ、と。

両陣営にとっても、手放し難い人物だったのは間違いない。

しかし、彼が生き延びた理由の一番は、やはり個人の性格にある。

政治の中枢にいながらも、匡房は終生学者としての矜持《きょうじ》を崩さなかった。ゆえに、派閥争いには加わらず——逆に言うなら、華々しい歴史の表舞台には立たぬまま、その生涯を終えたのだ。

美作下向より京に戻った承保《じょうほう》四年（一〇七七）。新春から疫病《えきびょう》が流行し、匡房は妻と死別する。いつ、どのような妻を娶《めと》ったのか、生憎《あいにく》、記録は残っていないが、当時、妻は妊娠していたと伝わっている。同年八月には白河天皇の第一子敦文親王《あつふみしんのう》も病に罹《かか》り、世間には疱瘡《ほうそう》が流行。改元や特赦、祈禱《きとう》等が行われたが、甲斐無く九月に敦文親王は亡くなった。

承暦《じょうりゃく》四年（一〇八〇）、匡房は美作守から権左中弁となる。同時に、息子の大江隆兼《おおえのたかかね》が蔵人に任命されている。隆兼は匡房の長男で、父の期待に背《そむ》かぬ俊英だったらしい。

匡房自身の出世もまだ止まらない。

翌年八月には左中弁に昇進。そして、永保《えいほう》四年（一〇八四）、四十三歳にして、備前権守《びぜんのごんのかみ》、式部権大輔《しきぶのごんのたいふ》、東宮学士をも兼任しながら、内閣府に相当する弁官ポストの最高位・左大弁《さだいべん》に就任する。

藤原でも源でもない血筋にありながら、才能だけで、これだけの地位を勝ち取ったのだ。匡房の有能、そしてそのバランス感覚には舌を巻かざるを得ない。

翌年、政局は大きく動く。

応徳《おうとく》二年（一〇八五）十一月、後三条天皇がその即位を望んでいた実仁親王が疱瘡を患《わずら》い、僅か十五歳で亡くなったのだ。これを受けて、白河は一年を待って、八歳の善仁親王《たるひとしんのう》を立太子させて同日譲位。親王を堀河天皇《ほりかわてんのう》とする。

この立太子と同時の即位は、実仁の弟・三宮輔仁親王《さんのみやすけひとしんのう》に皇統《こうとう》が移るのを避けるため、即ち源氏を牽《けん》制《せい》した藤原氏側の画策だった。

ゆえに、白河は譲位後すぐさま院政を敷き、東宮を空位のままとした。

この少し前、匡房は従三位《じゅさんみ》に昇進。堀河即位三年後には参議《さんぎ》となっている。無風のままの昇進だ。源と藤原の皇統争いを横目に見ながら、大江氏は匡房をして、堂々百四十年ぶりに公卿《くぎょう》の地位に返り咲いたのだ。

誰も足を引っ張らない……引っ張れないと言うべきか。

古今に通じ、博覧強記《はくらんきょうき》にして和漢の詩作にも長《た》けた男は、政治の中枢にいながらも政争には巻き込まれない。

もちろん、彼をけむたがる人も少なくなかった。

応徳二年九月のこと。

参議右大弁《うだいべん》藤原通俊《ふじわらのみちとし》は、『後拾遺和歌集《ごしゅういわかしゅう》』を選進《せんしん》した。

当時、第一の歌人と言われていたのは源経信《みなもとのつねのぶ》だ。その経信をさしおいて、通俊が和歌集を選して天皇に奉《たてまつ》ったのは、彼自身の申し出によるものだ。通俊は己こそ当代一の歌人であると自負していた。

そんな通俊はあるとき、匡房に面と向かって、こう言った。

「あなたは漢詩に優れているのに、なぜ、勝手知らぬ道に入って和歌を好むのか」

匡房は余程腹が立ったのか、あるいは争うのが嫌だったのか、ぶっきらぼうに返している。

「しからば今日以後、和歌の道をば、ふつと止《や》めましょうずる」

このときは、その場にいた経信が「野相公《やしょうこう》（小野篁）も在納言《ざいのどうげん》（在原業平）も和漢を共にたしなまれたではないか」と、とりなして事なきを得る。

仲裁《ちゅうさい》に入るふりをして、小野篁《おののたかむら》や在原業平《ありわらのなりひら》という、その時代屈指の詩人と匡房を並べるとは、経信もなかなかのものだ。この言葉を聞いた通俊は、余計に腹が立ったのではなかろうか。

しかし、実際、和歌の才は、通俊より匡房のほうが比較にならないほど勝《まさ》っていた。

のちの嘉保《かほう》二年（一〇九六）、白河上皇の前栽合《せんざいあわせ》において、匡房の歌は源行宗《みなもとのゆきむね》に敗北を喫《きっ》するが、そのとき、三宮輔仁親王は「匡房に合って勝つということは、義家の顔を打つようなものだ」と評している。

源義家は当代一の武将だ。それに比せられる匡房は当代一の歌人であったということになる。

その証拠として『百人一首』を持ち出すことに是非はあろうが、小野篁、在原業平はもちろん、大江匡房、源経信の歌はあっても、藤原通俊の歌は採られていない。

そして余談だが、通俊が選進した『後拾遺和歌集』は、のちに経信が激しく批判して評価を下げる。通俊のうぬぼれが腹に据えかねたゆえだろう。

ともあれ、管絃《かんげん》の上手であったとか色好みだったという話はないが、文に通じるものに関して、当時、匡房と肩を並べる者はなかったと言っても過言ではない。

また、この頃、匡房は藤原師通《ふじわらのもろみち》の侍読《じどく》（家庭教師）となっている。

師通は後三条天皇と対立した頼通の孫だ。しかし、やはり匡房はこだわりなく侍読となった。

これによって、彼は摂関家とも繋がりを持つことになる。

世渡り巧者とも言えようが、思うに、匡房は真実、学問のみを見ていたのではあるまいか。学究の徒であり、才能豊かであるならば、血筋や派閥など、どうでもよかったような気がする。

師通も然《しか》り。晩年に親交を深める藤原実兼《ふじわらのさねかね》も皆、才能豊かで浮わついたところのない性格を持った青年だった。

学問を愛する人ならば、血筋も年齢も関係ない。それが匡房のスタンスだ。

藤原師通は匡房よりも十九歳年下だった。そして学問好きだったため、匡房を偉大な師と仰いだ。互いに書物の貸借《たいしゃく》をするなど、かなり親密だったと伝わっている。

実際、師通は日記の中で、匡房のことを「いみじきもの」と敬愛して記している。匡房もまた師通を「御心ばえたけく、すがたも御能もすぐれ」と評し、彼の晴れのときの姿を見て、絶賛する気に入りようだった。

当時、匡房の屋敷は、二条の北・東洞院《ひがしのとういん》の西。師通の屋敷である後二条殿《ごにじょうでん》は、二条の南・東洞院の東と、両者の家もまた近かった。

後二条殿は藤氏長者《とうしのちょうじゃ》の邸宅だ。そこに匡房は呆れるほど粗末な衣装を着たまま、毎日、無愛想に通ってきた。そして、師通は内大臣《ないだいじん》左大将の身分であるにもかかわらず、風折烏帽子《かざおりえぼし》をきちんと着けて話をしたと伝わっている。

この時代、学問や才芸をもって職とする人は、衣服にこだわるべきではないという風潮があった。『中外抄《ちゅうがいしょう》』（藤原忠実の談話を中原師元が筆録した聞書）には「諸道の人、上古は衣服を好まず、才芸をもつて先とすなり」と記されている。

ならば匡房はやはり、自身の本領は学問にあると自負していたに違いない。

「永長の大田楽」始末

寛治《かんじ》八年（一〇九四）。

師通が関白の位《くらい》に就くと、匡房は数輩を越えて権中納言に抜擢。十一月、従二位《じゅにい》に進む。これで匡房は菅原道真以来、学者としての最高位を得たことになる。

この昇進の前後から、匡房は師通の依頼を受けて、全二十一巻からなる有職故実書《ゆうそくこじつしょ》『江家次第《ごうけしだい》』を記し始める。

晩年まで記され続けた『江家次第』は、当時の朝儀《ちょうぎ》の集大成だ。月ごとにまとめられた儀式次第は、しつらいや手順はもちろんのこと、席の着順まで記されており、現代に至るまで一級の資料とされている。

「延久の荘園整理令」同様、匡房にとってはやりがいのある仕事だったに違いない。

ただ、異例の昇進だったため、この頃から匡房は徐々に敵を増やしていった。

匡房の薫陶《くんとう》を得た師通は、後三条天皇に倣《なら》った理想的な政治を行おうとしたために、白河上皇との対決姿勢を強めていく。加えて、師通は堀河天皇の信任をも得ていたので、堀河派と白河派、そして三宮輔仁擁立派が睨《にら》み合《あ》う形となってしまったのだ。

師通は延暦寺日吉社《えんりゃくじひよししゃ》の強訴《ごうそ》を断固たる態度で退けるなど、物事の道理を重視する生真面目で豪健《ごうけん》な性格だった。

一方、白河上皇は院政によって独裁的立場を強化する一方、数々の女性と関係を結ぶなど、精力的かつ享楽的な人物として知られている。

そんな両者の性格の違いは、永長《えいちょう》元年（一〇九六）に起こった「永長《えいちょう》の大田楽《だいでんがく》」で明らかになる。

騒動の発端は、摂津住吉大社《せっつすみよしたいしゃ》を訪れた民衆を、検非違使《けびいし》が強引に排除しようとしたことにある。

これに抵抗した民衆三十八人が往生《おうじょう》（入水自殺）したために、現場に居合わせた検非違使・楽人《がくにん》はすべて死穢《しえ》に触れてしまった。

当時、死などの穢《けが》れは接触感染するものと考えられていた。ゆえに穢れに触れた者は物忌《ものいみ》をして、一定期間、他との接触を断つのが常識だった。

にもかかわらず、検非違使たちは都に戻って参内し、貴族たちと接触したため、穢れを中枢にまで及ぼしてしまう。

事実を知った宮廷側《きゅうていがわ》は、慌ててすべての神事の延期を決定する。その中には一カ月後に迫っていた松尾社《まつおしゃ》の祭礼も含まれていた。

しかし、突如「松尾明神は祭りの遅延を望んでいない」という童謡《わざうた》が流行し、市中では自主的な田楽が挙行され始める。

その田楽はやがて夏の祇園御霊会《ぎおんごりょうえ》になだれ込み、大田楽へと発展。都市機能が完全に麻痺するまでの騒ぎとなった。

こういった宗教がらみの狂騒《きょうそう》は『日本書紀《にほんしょき》』にある「常世《とこよ》の虫《むし》」から江戸時代の「ええじゃないか」に至るまで、たびたび日本史上に現れる。ただ、「永長の大田楽」が他と違うのは、本来、騒動を制するべき殿上人らも一緒に浮かれ騒いだことだ。

七月十二日には、殿上人たち自らが田楽を企画。もどきを堀河天皇に見せている。そののち、彼らは白河上皇のいる六条仙洞御所《せんとうごしょ》へ行き、上皇とその娘、郁芳門院媞子内親王《いくほうもんいんていしないしんのう》の前でもどき芸を披露したのち、内裏に戻って明け方まで踊り狂った。

上皇と媞子内親王はこの企画をいたく気に入って、翌日、近臣三十余人に田楽装束を着せて内裏へ向かわせ、主上と中宮《ちゅうぐう》の前で披露。そこで更に殿上人二十余人のにわか田楽を加えて、冷泉院《れいぜいいん》、次いで大宮御所《おおみやごしょ》にも押しかけて、夜を徹して舞い踊った。

十四日にも騒ぎは続き、その間、宮中はがら空《あ》きとなった。

また、十九日には郁芳門院の侍臣たちによって田楽が企画。再び内裏において披露され、乱痴気騒《らんちきさわ》ぎが繰り広げられた。

最初の穢れはどこへ行ったのか……。

ともあれ、殿上人のほとんどを巻き込んで行われたこの騒動を、師通は徹底的に無視し続けた。忌《き》避感《ひかん》は相当強かったようで、残された彼の日記にも、この一連の騒ぎについてはひと言たりとも触れられていない。

一方、このとき、匡房は伊勢の外宮遷宮行事《げくうせんぐうぎょうじ》の責任者であると同時に、仗議《じょうぎ》（公家会議）の主催者になっていた。

しかし、騒ぎに現《うつつ》を抜《ぬ》かした殿上人らは、今度は穢れを言い訳に遷宮行事をサボタージュする。それをなんとかしようにも、上皇はじめ、多くの貴族が田楽に加わったため、匡房は一部始終に関わらざるを得ない立場となった。

師通の師である匡房が、田楽を楽しんだとは思えない。実際、もどき田楽に加わった貴族のリストに、大江匡房の名は見えない。

ただ、匡房は後日、このときのことを『洛陽田楽記《らくようでんがくき》』に残している。

「一城の人、みな狂えるが如し。けだし霊狐の所為《せい》なり」として詳細を連ね、最後に媞子内親王の薨《こう》御《ぎょ》に触れて「ここに知る、妖異の萌《きざ》す所、人力及ばざるを」と続けている。

乱痴気騒ぎを霊狐の仕業《しわざ》とし、媞子内親王はその妖気に触れて亡くなったのだと言わんばかりだ。

傍観を決め込んだ匡房の筆は一部始終を活写《かっしゃ》しているが、その眼差しは冷ややかだ。

だが、結局は板挟みになったのだろう。永長二年一月二十三日、匡房は病と称して、遷宮行事を離任してしまう。

実は騒動の最中に、匡房は母を看取《みと》っていた。離任の理由は、忌中ゆえ、神事に関われなくなったことが大きいだろう。だが、親を亡くした悲しみや、政務と騒動のストレスで、本当に具合が悪くなってしまった可能性もある。

大宰府出向とその最期

大田楽の翌年、匡房は大宰権帥《だざいのごんのそち》を兼任し、次の年の承徳《しょうとく》二年（一〇九八）、筑紫《つくし》に下向する。

職務放棄をした自責の念から、大宰府行きを申し出たという説もある。

真相はどうあれ、五十八歳にして、匡房は大宰府へ赴《おもむ》いたのだ。

彼が十六歳で文章得業生となったのは、菅原道真より早い。匡房と道真はかなり似ているところがあるが、大宰府行きもまた同様だ。

道真が大宰府に左遷されたのは、五十六歳のときである。匡房の下向は左遷ではないものの、道真より二歳遅れただけの、ほぼ同年代となっている。

のちに記すが、匡房は菅原道真をかなり意識し、敬愛していた。

ゆえに、この大宰府下向も、もしかしたら、道真に己の人生を重ねての決断であったかもしれない。

ただ、道真は赴任後《ふにんご》二年で亡くなるが、匡房はこののちも長らえている。鬼籍《きせき》に入《い》ったのは、彼の愛する者たちのほうが先だった。

大宰府任期中、師通が三十八歳の若さで死去する。

比叡山《ひえいざん》はその死を、強訴を退けた日吉山王《ひよしさんのう》の祟《たた》りだと喧伝《けんでん》した。事実はどうあれ、これで白河上皇に楯突く者はいなくなった。

匡房は康和《こうわ》四年（一一〇二）に、大宰府から帰京《ききょう》する。その出立間際、彼は一子隆兼の訃報を聞く。

匡房にはふたりの実子と、養子・養女がいたとされるが、長男の隆兼は匡房最愛の息子だった。

そんなことが重なったためか、鎌倉時代の説話集『古今著聞集《ここんちょもんじゅう》』には、こんなエピソードが残っている。

――海路で都に戻る途中、匡房は任期中に「道理」で取った財物《ざいもつ》を船一艘に積み、「非道」で取った

財物を別の船に積んで運ばせたところ、嵐に遭って、道理の船は沈没し、非道の船のみが残った。

それを知った匡房は、こう呟いた。

「世ははや末になりにけり。人はいたく正直なるまじき也《なり》」


この世はもう末世になり、人間は正直なだけでは駄目なのだ……。

そう呟いた匡房の帰任を待っていたのは、堀河天皇の病状悪化という現実だった。

即位以来二十年間、東宮は空位のままだった。堀河の子はまだ三歳で、三宮輔仁は三十歳。次こそ皇位を取り戻そうと、三宮派の公卿らは左大臣源俊房《みなもとのとしふさ》を首班《しゅはん》と仰いで、三宮輔仁擁立に動く。

帰任と同時に、匡房はついに菅原道真を追い越して正二位にまで至ったが、白河と三宮、どちらの派にも属する素振《そぶ》りは見せなかった。

彼はまた、ここでも局外傍観《きょくがいぼうかん》を決め込んだのだ。

そして不穏な空気のままで過ぎた四年後の長治《ちょうじ》三年（一一〇六）、匡房は再度の大宰府権帥に任じられる。

今度こそは、実質上の左遷だったのかもしれない。が、彼は非難を浴びながらも、頑として筑紫には赴かなかった。そして権中納言の位も辞して、病と称して自宅に籠もった。

そんな匡房の許を訪れる人はもう、ほとんどいない。

若い頃、匡房がつきあった多くは、年長の学識豊かな人々だった。老いてのち、親交を深めたのは学問の弟子という立場の者だ。

ゆえに長年の友は先に去り、のちの知人たちはまだ、年寄りの相手をして暮らすには若すぎた。天才ゆえに、学問のみを見ていたゆえに、彼は孤独となったのだ。

嘉承《かしょう》二年（一一〇七）七月、堀河天皇崩御。

次代天皇には、白河の子・鳥羽《とば》が立てられた。その五年後の永久《えいきゅう》元年（一一一三）、三宮輔仁の護持《ごじ》僧《そう》を務める三宝院阿闍梨仁寛《さんぼういんあじゃりにんかん》が、鳥羽天皇の呪詛《じゅそ》、暗殺を企《くわだ》てるという事件が起きた。いわゆる「永《えい》久《きゅう》の変《へん》」である。

この事件は白河派の陰謀説が有力だが、これによって三宮輔仁は閉門蟄居《へいもんちっきょ》。源俊房を筆頭とする村上源氏は政治生命を絶たれ、この世は白河の思うままになる。

しかし、それより二年前の天永《てんえい》二年（一一一一）――匡房は大蔵卿《おおくらきょう》に任ぜられながらも、七十一歳で人生の幕を閉じていた。

臨終の直前、当日の昼に、匡房は老後に記した日記を自ら焼き捨てている。

そこに何が記されていたのか。

知ることはもう叶わない……。

地味と言ったが、なかなかに魅力的な人物ではないか。

そう思うのは私の欲目かもしれないが、一歩間違えれば、対抗勢力によって命まで奪われかねない位置にいながら、大江匡房は最後まで泳ぎ切ったのだ。

運が強い。芯が強い。そして真面目な人物だ。

だが、政治的抗争を悉《ことごと》く排除した彼は、その分、誰もが知るような歴史的著名人にはならなかった。

匡房は後三条・白河・堀河三代の天皇に仕え、和歌・漢詩はもとより、歴史、儀式、遊芸から兵学に至るまで通じていたとされている。

『中右記《ちゅうゆうき》』の作者・中御門《なかみかど》右大臣《うだいじん》藤原《ふじわらの》宗忠《むねただ》は、匡房のことを「才智は人を過ぎ、文章は他《た》に勝る。まことに天下の明鏡なり」と絶賛している。

だが、続けて、彼はこう記す。

「但し心性《しんせい》は歪曲《わいきょく》、すこぶる直《ちょく》ならざる事あり」

心性は歪曲――ひねくれ者。

そう言われた彼の真実はどこにあったのか。

大江匡房とはナニモノだったのか。

これからじっくり見ていきたい。

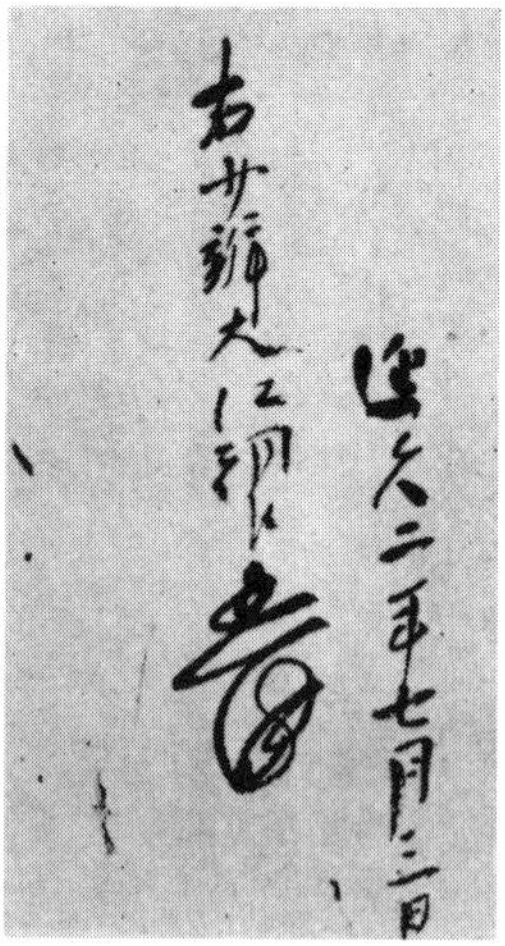

大江匡房自署（「東大寺東南院文書」内「延久二年七月三日条」より／川口久雄『大江匡房』吉川弘文館より転載／所蔵：正倉院）

二　小野篁と熒惑星

冥官登場

伝奇・伝説が好きならば、小野篁《おののたかむら》冥府通《めいふがよ》いの話は知っているはずだ。

一番、有名な話は『今昔物語《こんじゃくものがたり》』「巻二十第四十五話　小野篁依情助西三条大臣語（小野篁、情けによりて西三条大臣《にしさんじょうのおとど》を助くること）」だろうか。

今更という人も多いだろうが、まずは軽く紹介しよう。

――小野篁がまだ学生《がくしょう》だった頃、あることで朝廷が篁を処罰した。しかし当時、西三条大臣であった藤原良相《ふじわらのよしみ》が何かにつけて篁を弁護してくれた。そのことを篁は心中嬉しく思っていた。

年月が経ち、篁は宰相《さいしょう》に、良相も右大臣になった。

暫《しばら》くするうち、良相は病気になって数日のうちに亡くなってしまった。死ぬと同時に、彼は閻魔《えんま》王《おう》の使いに捕縛され、閻魔王宮にて罪を定められることになった。

見渡してみれば、閻魔王宮に仕える臣下が居並ぶ中に小野篁がいる。

良相が不思議に思っていると、篁は笏《しゃく》を手にして、閻魔王に申し上げた。

「この日本の大臣は心正しく、人のために良いことをする方です。このたびの罪は、私に免じてお許しください」

「非常に難しいことではあるが、そなたの願いゆえ許してつかわそう」

閻魔王の言葉を聞いて、篁は早速、捕縛した者に向かって「早く連れて帰れ」と命じた。途端、良相は生き返った。

病は次第に快方に向かった。彼は誰にも閻魔王宮でのことを話さなかったが、ある日、参内《さんだい》すると篁がひとりで座っている。そこで良相は思い切って、件《くだん》のことを訊いてみた。

「冥途でのことは極《きわ》めて忘れ難い。あれは一体、どういうことか」

篁は少し微笑んで、

「先年のご親切がとても有り難かったので、そのお礼に申したことです。但し、このことはゆめゆめ人には仰《おお》せなさいませんように。誰も知らないことですから」

良相はこれを聞いて、篁が閻魔王宮の臣であることを知った。そして「人には情けをかけてやるべきだ」と、会う人ごとに熱心に説いた。

この話が自然と世間に知られ、篁は閻魔王宮の臣として、この世とあの世を往《い》き来《き》していると、誰もが恐《おそ》れ戦《おのの》いたのだ。


小野篁は平安初期に実在し、嵯峨天皇《さがてんのう》に仕えた官僚だ。位階《いかい》は従三位《じゅさんみ》で参議《さんぎ》。学問、詩歌《しいか》、武芸に秀《ひい》でた天才肌の人物だが、その直情径行《ちょくじょうけいこう》により「野狂《やきょう》」とも呼ばれた。

遣唐副使《けんとうふくし》に任じられたとき、遣唐大使の藤原常嗣《ふじわらのつねつぐ》と争って乗船拒否。嵯峨上皇《さがじょうこう》の怒りに触れて、一時期、隠岐《おき》に流されている。

――大江匡房《おおえのまさふさ》の話がなぜ、小野篁から始まるのか。

首を傾げる方も多いだろう。

理由はある。

それはこの伝説に、匡房が関わっているからだ。

小野篁が地獄の冥官《みょうかん》であることを最初に記したのは『江談抄《ごうだんしょう》』。匡房の談話をまとめたものだ。

大江匡房には、その名を冠した幾冊かの書物が遺《のこ》っている。それらは追々機会があれば紹介することとして、過去から現在まで一番多く引用されるのが『江談抄』だ。

一般的に、『江談抄』は平安時代後期の説話集とされる。だが、匡房自身の話、漢詩の解説、琵琶《びわ》や笛などの由来も多く、『古事談《こじだん》』や『今昔物語』などの説話集とは少し趣が異なっている。

残っている話は二百五十話ほど。藤原実兼《ふじわらのさねかね》が匡房の話を記録したものとされている（現在、筆録者は複数と考えられている）。

「抄」とあるからには、元々はもっと多くの話が伝わっていたに違いない。

この『江談抄』には写本がいくつかあり、大きく「類聚本系《るいじゅうほんけい》」と「古本系《こほんけい》」に分かれている。

それらをまとめた『類聚本系　江談抄注解』（江談抄研究会　武蔵野書院）、『古本系　江談抄注解［補訂版］』（江談抄研究会　武蔵野書院）、『江談抄　中外抄《ちゅうがいしょう》　富家語《ふけご》』（新日本古典文学大系　岩波書店）から、小野篁関連の説話を拾うと五つ、あるいは六つになる。

なぜ数が定まらないかというと、『今昔物語』に記された蘇生譚《そせいたん》に類似したものが、篁の名のないまま「第二の冥官」として紹介されているからだ。

これを篁とすれば六つ。数に入れないならば五つだ。

冥官話のほか、『江談抄』における小野篁関係の話は、百鬼夜行《ひゃっきやぎょう》の話、嵯峨天皇に才を試された話、白楽天《はくらくてん》との詩の相似《そうじ》、「野狂」と呼ばれた理由などが挙げられる。

大江匡房は小野篁をかなり意識していたようだ。

『江談抄』中、最多のエピソードを誇るのは菅原道真《すがわらのみちざね》だが、小野篁の話も目立つ。このふたりの共通点は優秀な頭脳と詩歌の才能、そして、当時権勢を誇っていた藤原氏以外で公卿《くぎょう》にまで昇り詰めた人物ということだ。

大江氏に生まれ、公卿となった匡房は大いに共感しただろう。源経信《みなもとのつねのぶ》が匡房の才を小野篁に比したときも、まんざらではなかったに違いない。

次に『江談抄』の中、篁と百鬼夜行の出てくる「第二の冥官」の話を紹介したい。

「第二の冥官」か「第二座」か

「第二の冥官」の話は、類聚本系ではふたつに分かれて記されている。一方、古本系の『水言鈔《すいげんしょう》』（『水言』は「江談」の文字から旁を取ったもの）では、ひとつにまとまっている。どうも『水言鈔』のほうが原形に近いらしいので、ひとつの話として記してみよう。（ ）内は私の補遺となる。

——小野篁と藤原高藤《ふじわらのたかふじ》が中納言・中将であったとき、朱雀門《すざくもん》の前で百鬼夜行に遭遇《そうぐう》した。高藤が車から降りると、鬼は彼を見て「尊勝陀羅尼《そんしょうだらに》」と呟いた。高藤は知らなかったが、彼の乳《う》母《ば》が衣の中に尊勝陀羅尼を籠めておいたのだ。（だから、鬼は「尊勝陀羅尼」と呟いた。鬼は尊称陀羅尼を恐れるので、乳母は高藤の身を案じ、衣に陀羅尼を縫い込めておいたのだ。そのことを知らせるためか、）小野篁はそのとき厚意をもって、高藤を鬼神に遭わせた。

（しかし、その厚意は通じなかった。）それから五、六日経った頃、篁は政務に向かう途中、陽明《ようめい》門《もん》の前で、高藤に車の簾《すだれ》や鞦《しりがい》を切られた。このとき篁は左中弁《さちゅうべん》だった。篁は高藤の父である藤原冬嗣《ふじわらのふゆつぐ》の家に行き、この模様を話していると、高藤は頓死《とんし》してしまった。だが、篁がその手を持って引き起こすと、高藤はすぐさま蘇生《そせい》した。

高藤は庭に下りて、篁を拝していわく、

「にわかに閻魔庁に到る。この弁、第二の冥官に坐《ざ》せられる。よりて拝するなり」と。

第二の冥官ともなると、百鬼夜行をも自在に操れるのか。篁は乳母の愛情を教えるために、高藤を百鬼夜行に遭遇させたのか。それにしてもやりすぎというか……高藤が怒るのもわかる。

派手でコミカルな話だが、篁が左中弁だった頃、高藤は八歳。また、冬嗣は高藤の父ではなく祖父なので、適当といえば適当な話だ。

ただ、ここで篁が第二の冥官とされたことから、『江談抄』にあるもうひとつの「第二の冥官」の話も小野篁のものとされ、『今昔物語』に至ることになる。

そのもうひとつの話は以下だ。

――源公忠《みなもとのきんただ》が頓死した。しかし三日後に生き返り、「これから参内する」と言う。家人は取り合わなかったが、あまりに言うので、人々に助けられて参内した。

滝口《たきぐち》の戸《と》より参って、事の次第を申し上げると、醍醐天皇《だいごてんのう》は驚き騒いで公忠にお会いになられた。

公忠はこう語った。

『突然死んで、わけもわからぬうちに閻魔庁に参りました。すると、門前にひとりの人がおります。背は一丈（約三メートル）余り、紫の袍《ほう》を着けて、金字で書いた書状を捧げて訴えて言うには、「延喜《えんぎ》の帝《みかど》（醍醐天皇）の行いはまったく穏やかではない」と。

また、堂の上には朱や紫の衣をまとった人が三十人ばかりおりました。その中の第二座の者が笑って「延喜の帝はすこぶる思慮に欠けた振る舞いをする人だ。あるいは改元するのではないか」と言いました。こういうことが終わって、夢のように生き返りました』

これによって、たちまち延喜を「延長《えんちょう》」に改元したという。

この話は『古事談』や『荏柄天神縁起《えがらてんじんえんぎ》』にもあり、系図『尊卑分脈《そんぴぶんみゃく》』の中、源公忠の項には「依延喜御事頓死蘇生人」――延喜のことで頓死して蘇生した人、と添え書きされるほど、当時は有名だったらしい。

元々の話の肝《きも》は冥官ではなく、改元の理由にあったのだ。

史書『日本紀略《にほんきりゃく》』では、改元の理由を水害と疫病《えきびょう》としているが、この年の延喜二十三年（九二三）の三月二十一日に東宮《とうぐう》である保明親王《やすあきらしんのう》が死去しており、世間ではこれを菅原道真の怨霊《おんりょう》の仕業《しわざ》と噂したという。

そして改元は四月十一日に行われ、同月二十日には菅原道真を本官右大臣に復し、正二位《しょうにい》を追贈している。

つまり、紫の袍を着けた人物は菅原道真であり、「穏やかではない行い」とは、道真を大宰府に左《さ》遷《せん》したことになるわけだ。

この話が高藤のエピソードの近くにあるため、「第二座」の者も小野篁であるとされた。だが、道真が左遷される以前に、小野篁は亡くなっている。この人物が篁だとしても、生身のまま現《うつつ》と冥府を往き来していたわけではない。

また、改元を促した人物は、堂の上に居並ぶ三十人ばかりの中の「第二座」であり、「第二の冥官」ではない。

果たして同一人物か否《いな》か。私にはやや疑問が残るのだ。

「死の六道」と「生の六道」

ともあれ、『江談抄』に記されたこれらの話から『今昔物語』などに記された冥官伝説が生まれ、篁は昼は朝廷に、夜は閻魔庁に勤めたという伝説が定着する。

そして、京都・六道珍皇寺《ろくどうちんのうじ》（京都市東山区大和大路通四条下ル）にある井戸から地獄に通ったという話ができて、人々の注目を集めるようになったのだ。

六道珍皇寺は歴史ある寺院だが、何度も火災に遭っているため、創建すら定かではない。

ただ『今昔物語』には、のちに珍皇寺となる愛宕寺《おたぎでら》を造立《ぞうりゅう》し、梵鐘《ぼんしょう》を鋳造《ちゅうぞう》したのは小野篁だという説話が残る。この頃にはもう、篁は珍皇寺と縁を結んでいたのだ。

ちなみに、珍皇寺には先祖の精霊《しょうりょう》を迎えるために撞《つ》く「迎え鐘」がある。しかし、それが『今昔物語』の鐘と同一のものかはわからない。

迎え鐘は京都三条の矢田寺《やたでら》（寺町三条上ル天性寺前町）にある「送り鐘」と対になっており、ここの『矢《や》田地蔵縁起《たじぞうえんぎ》』にも、寺の創建と小野篁との関わりが記されている。

『矢田地蔵縁起』の原話が載る『元亨釈書《げんこうしゃくしょ》』は、元亨二年（一三二二）に成立。この辺りから近世までのある時期に、篁といえば地獄！　という認識が一気に広がったのだろう。

とはいえ、冥府通いに井戸を使ったという話は、中世までの文書にはない。

一方、桃山時代《ももやまじだい》に制作された『珍皇寺参詣曼荼羅《さんけいまんだら》』には、右上隅に井戸が描かれ「小野乃たかむらめいとへの御かよひのい□」と記されている。

けれども、宝永《ほうえい》五年（一七〇八）に記された『京内《きょううち》まいり』の珍皇寺についての記述では、「篁はゑんま王の化身にて　此所より地獄に通ひ給ひし所なりとて　庭に方二間《ほうにけん》程に芝をふせて残せり」とある。篁は直接、地面から地獄に往き来していたことになっているのだ。

地獄への通《かよ》い路《じ》は諸説揺れながら、井戸に定着したと見ていいだろう。

行きと帰りの井戸も定まった。

現在、珍皇寺では旧境内から発見された井戸を「黄泉《よみ》がえりの井戸」と呼び、冥府からの出口としている。しかし、江戸時代には京都・嵯峨の福正寺《ふくしょうじ》（明治期に廃寺）が出口と考えられていた。

入り口の珍皇寺は「死の六道」、出口の福正寺は「生の六道」だ。

今、福正寺跡にほど近い清涼寺《せいりょうじ》（京都市右京区嵯峨釈迦堂藤ノ木町）には「生の六道　小野篁公遺跡」との石碑が立つ。

また、梅原猛《うめはらたけし》『京都発見　一』（新潮社）には、福正寺跡の竹藪《たけやぶ》から七つの井戸が発見されたと記されている。

珍皇寺は東の葬送地・鳥辺野《とりべの》の入り口で、側には六道《ろくどう》の辻《つじ》がある。福正寺は西の葬送地・化野《あだしの》の入

「珍皇寺参詣曼荼羅図」（所蔵：六道珍皇寺）　右上に井戸が見える。

り口に当たり、住所表示は「六道町《ろくどうちょう》」だ。

ふたつの寺は東西軸《とうざいじく》における対であり、葬送地としての対でもあった。また、碑の立っている清涼寺には愛宕神社《あたごじんじゃ》があり、西に聳《そび》える愛宕山《あたごやま》の表参道に繋がっていた。珍皇寺は元・愛宕寺だ。

もっとも珍皇寺の愛宕は「おたぎ」と読み、戦後消滅した郡名「愛宕郡《おたぎぐん》」に由来する。ゆえにこれは対とは言えないが、人々の意識の中では繋がっていたのかもしれない。

この愛宕という名称は、のちに大きなテーマとして甦《よみがえ》ってくるのだが……今は名を記すだけに留《とど》めておこう。

もうひとりの冥官

小野篁冥府通いの祖型《そけい》は『江談抄』にある。

篁が閻魔庁に通っていたと、最初に言い出したのは匡房だ。このエピソードが後代、大きな広がりを見せたと知ったなら、匡房はどう思うだろう。

「そっちではなく……」と苦笑いしたのではなかろうか。

実はこの『江談抄』、篁の話のすぐ後に続けてもうひとり、閻魔庁に出入りできる人物が紹介されているのだ。

何を隠そう、大江匡房本人だ。

話は藤原実兼《ふじわらのさねかね》が直接書き留めた形を保って伝わっている。

――江都督《ごうととく》（匡房）は話のついでにこう言われた。

「この頃、世間の人は、私のことをどのように言っているのだろう」

実兼は尋ねる。

「今初めてそういうことを仰《おっしゃ》るのはなぜですか？」

「うむ。世の人が皆、言っていることがあると聞いている。先年、陰陽道《おんみょうどう》の僧都慶増《そうずきょうぞう》が来て言うには、世間の人はあなたが熒惑星《けいこくせい》だと言っております。ですから、私はあなたに閻魔庁への訴えをしたいと思って参りました、と。このことを聞いてから、私は自分でも特殊な人間ではないかと思うのだ。

唐《とう》の太宗《たいそう》のとき、熒惑の精は燕《えん》と趙《ちょう》の間の山に降りた。李淳風《りじゅんぷう》という者が熒惑の精が降りたと言ったので、太宗が人を遣わせて見にいかせたところ、白髪の翁《おきな》がいたという。また、李淳風自身も熒惑の精だ。このような精というものは何にでもある」

この話は『水言鈔』では冒頭、第一話に記されている。

『江談抄』本来の順番は不明だが、少なくとも『水言鈔』においては、匡房の性格・性質を紹介するのに恰好のエピソードとみなされたのだろう。

匡房は熒惑の精であり、閻魔庁に出入りを許される人物だった。

しかし話がぐたぐだで、後半が唐の説話になってしまっているため、この一節は世に広まらなかった。

匡房自身、語っているうちに、自分を熒惑星に喩《たと》えることが恥ずかしくなったのではなかろうか。そう思えるほどの尻すぼみだ。

慶増に言われて、匡房はなんと返答したのか。頷《うなず》いたのか、否定したのか。大事なところも抜けている。

ゆえに岩波書店版『江談抄』の解説では、晩年の匡房は熒惑の精同様、白髪だったのか、などと記されて、内容には向き合ってもらえない。

白髪が的外れかどうかはともかく、匡房自身も言葉足らずだ。第一、これでは熒惑星と閻魔庁との繋がりが全然わからないではないか。

熒惑星は火星を表す漢名だ。

主に戦いや、熱を伴《ともな》う病などを司《つかさど》る凶星とされ、陰陽道では星が逆行するときは戦争や疫病、君主に異変が起きると警戒された。

西洋でも火星は戦いの神・Marsの名を持っているので、火星の攻撃的性格は世界共通と言っていい。

但し、東洋における熒惑星は、人の姿を取ってしばしば地上に現れる。

『江談抄』では、李淳風（唐代の天文学・数学者）と白髪の老人。『扶桑略記《ふそうりゃっき》』等に記された聖徳太子《しょうとくたいし》がらみの話では成年男子。中国六朝時代《りくちょうじだい》、東晋《とうしん》にて四世紀に記された『捜神記《そうじんき》』では、子供の姿を取っている。

『捜神記』（巻八　二三五条）の話は、熒惑星が子供の姿を取って地上に降り立ち、「三国はいずれ司馬氏《しばし》のものとなる」と予言したというものだ。

熒惑星は未来の政変を告げる星でもあったのだ。

そうして戦乱や病など、人の生死に関わるゆえに、熒惑の精は閻魔庁との往来ができるともみなされたらしい。

「らしい」と記したのは、典拠《てんきょ》が見当たらないからだ。だが、この認識がなければ、大江匡房＝熒惑の精＝閻魔庁とのコネクションという話の筋が通らない。

陰陽道の僧都が語り、匡房自身も語ったからには、当時、それなりの共通認識として受容されていたのだろうが……。

閻魔庁と往き来することのできる星は、もうひとつある。

北斗七星の柄杓《ひしゃく》の先、「破軍星《はぐんしょう》」と呼ばれる星だ。

小野篁はこの破軍星の化身とされた。

「閻魔第三冥官云々。破軍星垂跡也《すいじゃくなり》」

小野氏の系図には、篁の横にこう添えられている。室町時代《むろまちじだい》に記された『下学集《かがくしゅう》』にも同様のことが記されているが、篁が「第二」ではなく「第三冥官」とされるのは、匡房の時代より随分後だ。

ゆえに系図の添え書きも、室町時代以降に加えられたものと見ていいだろう。

破軍星と熒惑星の働きはかなり似ている。

陰陽道では破軍星を北斗七星の剣先（柄杓の柄の尖端）になぞらえ、破軍星が示す方角を万事凶として忌んだ。また、破軍星は名のとおり、戦《いくさ》の命運を握る星であり、その方向に向かって戦う者は勝ち、逆らう者は負けるとされた（逆の説もあり）。

凶星ながらも強い力を持ち、世の戦乱に関係するのは熒惑星と同様だ。

そして、熒惑星と閻魔庁、匡房との関係が推測の域を出ないのと同じく、破軍星と閻魔庁、篁との関係もまた、確かな文献が見当たらない。

「人の生死に関わるゆえに、閻魔庁との往来ができるとみなされたらしい」としか、言えないのが現状だ。

岩波書店版『江談抄』の解説では、小野篁が丑年《うしどし》生まれだったため（延暦二十一年壬丑生まれ）、本命属《ほんめいぞく》星信仰《しょうしんこう》における丑年の本命星・破軍星が振り当てられたとしている。が、そんなことを言ったら、丑年生まれの人は皆、地獄と往還《おうかん》できることになってしまう。

ここはやはり、篁の性格と冥府通いの伝説に丑年の生まれを加えて、破軍星の化身としたと見たい。

ともあれ、熒惑星と閻魔庁を結んだ話も『江談抄』が最古となる。

そして、篁の冥官伝説と、匡房熒惑星説は並んで記されている。

のちの時代、篁に破軍星の化身と添え書きをした人物は、『江談抄』のふたつの話を知っていた確率が高い。

熒惑星としての冥官の座は、既に匡房が占《し》めている。ゆえに類似した性質の破軍星を篁に充《あ》てたのではなかろうか。

匡房の話がなければ、篁の系図にはこう記されても不思議ではなかった。

――「閻魔第三冥官云々。熒惑星垂跡也」

いや、この文は本来、大江氏の系図の中、匡房の脇に添えられるべきではなかったか……。

『江談抄』の中の小野篁

大江匡房は小野篁を慕っていた。

『江談抄』の話を読むと、生真面目に敬愛するというより、ファン心理に近いものを感じる。

ゆえに前述以外のエピソードも、篁を持ち上げつつ、楽しそうに語っている。


——白楽天（白居易《はくきょい》。唐代の代表的な詩人）は小野篁が詩に優れていると聞き、遣唐使として篁が来るのを待ちわびて、望海楼《ぼうかいろう》という楼《たかどの》まで構えた。（結局、篁は来なかったが）白楽天が亡くなって暫《しばら》くしてから、日本に彼の詩文集が渡来した。その中、篁が作った詩と一言一句《いちごんいっく》変わらないところが三カ所もあった。それで人々はますます篁を珍重《ちんちょう》するようになったのだ。（『江談抄』第四十八）

——嵯峨天皇が御所に秘蔵されていた『白氏文集《はくしもんじゅう》』（白居易の詩文集）の一篇を小野篁に見せたところ、篁は「遙」の字を「空」にすれば、一層、美しい詩になるでしょうと答えた。天皇は驚いて「この句は白楽天のものだ。実はお前を試そうとして、わざと一字を変えてみた。もとは遙ではなく空の字なのだ」と言い、汝《なんじ》の詩情は白楽天と同じだと感心なさった。文章にまつわる故事《こじ》は、こ

の話が一番だろうね。（『江談抄』第四　五）

語り手である匡房が妙に得意そうなのが面映《おもは》ゆい。

そしてもうひとつ。

『江談抄』から、世に広まった話がある。

――嵯峨天皇の時、「無悪善」という落書《らくしょ》が世間に多く出回った。篁はこれを「さがなくはよかりなまし（悪い嵯峨がなくてよいであろう）と読むのだ」と言った。

それを耳にした天皇は、篁本人が書いたに違いないと仰って、篁を罰しようとした。篁は天皇に申し上げた。

「そんなことは絶対あってはならないことです。私が処罰されれば、才学の道は以後、途絶《とだ》えてしまいます」

天皇は「それもそうだ。では、この文を読んでみろ」と、このように書いた。

「一伏三仰不来待書暗降雨慕漏寝」

篁はこれを「月夜には来ぬ人待たる、かき曇り、雨も降らなん恋つつも寝ん」と読み解いた。（『江談抄』第三　四十二）

この説話は鎌倉時代に成立した『宇治拾遺物語《うじしゅういものがたり》』バージョンのほうが知られている。

『宇治拾遺物語』では、嵯峨天皇が出した問題は「子子子子子子子子子子子子」。篁の回答は「猫の子の子猫、獅子の子の子獅子」となっている。

こちらのほうが頓知《とんち》としては面白い。だが、白楽天と並び称された篁を語るには、『江談抄』の話のほうが相応《ふさわ》しいに違いない。

道真・篁・大江匡房

いきなり、小野篁に多くを割《さ》いてしまったが、これは仕方のないことだ。

英明な官僚。生きながら閻魔の庁を往還する破軍星の化身。「野狂」の名を持つ変わり者。篁は自らのことを詩に詠《よ》んでいる。

「暗《そら》に野人と作《な》す天の与へし性《せい》　狂官は古《いにしえ》より世の呼びし名」

恰好好い。ヒーローの名乗りそのものではないか。

小野篁の持つオーラは、安倍晴明《あべのせいめい》にも似た華やかさだ。本書の主役は大江匡房ではあるが、小野篁が注目を集めることに異論はない。

同じ天才でも、他人の記録にある匡房は、公卿になっても衣服に構わず、誰にでもずけずけ物を言う偏屈《へんくつ》な人物として記されている。浮名もなく、容姿の記述も一切ないので、その頭脳なくば目立たない人物だったに違いない。

だが、いずれにせよ、今に伝わる小野篁伝説はすべて大江匡房が語る『江談抄』から始まっている。

匡房こそが、篁を伝奇物語のヒーローにしたのだ。

しかし匡房はなぜ、こんなにも小野篁を意識したのか。

先程、ファンに近いと記したが、それ以上に、私は彼が自身と小野篁を重ねていたのではないかと考えている。

『江談抄』にて、最も多く語られるのは菅原道真だ。詳しくはのちの章に譲るが、この道真と篁にはいくつかの共通点がある。

共に天下の秀才で、詩才に富み、藤原氏に所縁《ゆかり》のない公卿ということ。そして物語の中、道真は紫《し》衣《え》を着て閻魔庁の門に立ち、篁は第二の冥官となる。

ふたりは地獄に堕ちたのではない。死者を裁く側にある。裁かれるのは一体、誰か。

もしかすると、匡房の中には、世を恣《ほしいまま》にしてきた藤原氏の影があったのかもしれない。

ならば、藤原氏に忍従《にんじゅう》を強《し》いられて、同じ条件を満たす匡房にも、篁・道真と並ぶ資格があるはずだ。ゆえに熒惑の精として、彼は自ら閻魔庁への通行手形を持つに至ったのではなかろうか。

だが、もしそうであるならば、怨霊となった道真や、地獄を往来する篁と同じほどの呪力をも匡房は持っていなければならない。

匡房にその自負はあったのか。言うほどの力を持っていたのか。

——あった、と、私は考えている。

それは匡房の力であり、そしてそれ以上に、遙か古から続いてきた大きな力だ。

三　鉄鼠の血

『江家次第』の権威

『古事談《こじだん》』に、こんなエピソードが載っている。

——江帥《ごうそつ》（大江匡房《おおえのまさふさ》）は大変な相人《そうにん》（人相を占う人）である。
藤原清隆卿《ふじわらのきよたかきょう》が因幡守《いなばのかみ》であった頃、院のお使いとなって江帥のもとへ行った。ちょうどそのとき、江帥は持仏堂《じぶつどう》へ入って念誦《ねんじゅ》をしていた。そのため、御使者を縁《えん》に据えて、明障子《あかりしょうじ》を隔てて謁見《えっけん》なされた。

清隆卿は「自分は院の使いであるのに、奇怪なことだ」と思いながらも、数刻の間、問答した。帰参《きさん》のとき、江帥は障子を細く開けて清隆卿を喚《よ》び返《かえ》し、「あなたは官は正二位《しょうにい》・中納言、寿命は六十六だ」と言った。果たして、その言葉どおりであった。

明障子を隔てては、顔や様子を見ることはできない。

声や気配だけで、相手の運命を知ることのできる人物として、匡房は紹介されているのだ。

『古事談』には、そのほかにも相人の話がいくつかある。また『水言鈔《すいげんしょう》』には、平家《へいけ》は昔から人の相を見ることを伝えているとある。

匡房と同時代に生きた源顕房《みなもとのあきふさ》は、相人として有名だったらしく、『古事談』にいくつものエピソードが載っている。しかし、顕房は普通に対面して人相を視た。匡房が別格とされたのは、明障子を隔てるという不思議な方法を採《と》ったからだろう。

もっとも、私が気になるのは、障子の内側で匡房が何をしていたか、だ。

単に神経を研《と》ぎ澄《す》ませていたのか、あるいは運命を知るために、何かの手順を踏んでいたのか。

生憎《あいにく》、この答えは出ない。

『続古事談《ぞくこじだん》』には、こんな話もある。

――匡房がまとめた『江家次第《ごうけしだい》』が内裏《だいり》にあることを心配した人物が、燃えない倉のようなところに移したらどうかと言ったところ、匡房は答えた。

「日本国失《う》せずばこの文失《う》すべからず、朝家《ちょうか》失《う》すべき期《とき》たらば、この文失《う》すべし。火災をおそるべからず」

つまり、大江の書が燃えるときは、京《みやこ》が終わるときだと言ったのだ。

果たして匡房の死後数十年、仁平《にんぺい》三年（一一五三）四月十五日、京に出火があり、大江家万巻の書を納めた千種殿《ちぐさでん》も、『江家次第』も灰燼《かいじん》に帰《き》した。そしてその後、日本は保元《ほうげん》の乱《らん》に突入する。

『続古事談』作者は匡房の持つ人外の力に思いを馳《は》せ、「実質的な京は既に滅んだのか」と嘆いている。

先に記した「非道の船」の話と少し似ているが、匡房の死後、永久《えいきゅう》の変《へん》、保元・平治《へいじ》の乱を経て、鎌倉時代に突入していったことを思うと、この説話は少々気味が悪い。

戦乱・政変を予言する熒惑星《けいこくせい》の働きと似ているとも言えるだろうか。

もっともこれらは、当時における噂話レベルの説話だ。しかし、そう言ってしまったら、小野篁《おののたかむら》も同じになる。

史実の篁は野狂《やきょう》と呼ばれるほどの変わり者ではあったものの、超常的な力を示す逸話《いつわ》は『江談抄』以前には残っていない。

一方、史実の中においても、大江匡房は神仏や呪法、占いなどの神秘的な世界に積極的に近づいていった。

陰陽道《おんみょうどう》はもとより宿曜道《すくようどう》、密教、神道《しんとう》にも関わって、凡人には及びもつかない博覧強記《はくらんきょうき》という武器を手に、祭祀《さいし》や法要、呪法を主導した。

主導的な立場を取って、彼が皇家《こうか》に薦めた呪法を並べると、北斗曼荼羅法《ほくとまんだらほう》、尊星王法《そんしょうおうほう》、冥道供《みょうどうぐ》、帝釈天供《たいしゃくてんぐ》、大元帥法《たいげんすいほう》など。王法の安泰《あんたい》と帝皇《ていおう》の延命を祈願する秘法の北斗護摩法《ほくとごまほう》をも、匡房は知っていたと記される。

そんな彼の下《もと》、白河上皇《しらかわじょうこう》は自ら創建した法勝寺《ほっしょうじ》に、新たに北斗曼荼羅堂を造立《ぞうりゅう》する。そこに木造北斗曼荼羅一字金輪仏頂如来《いちじきんりんぶっちょうにょらい》一体、北斗七星、九執曜天《くしゅうようてん》、十二宮神《じゅうにぐうしん》、二十八宿《にじゅうはっしゅく》等の像五十六体を納め、北斗星辰《せいしん》の威力を頼んで自身の延命を図っている。

これもまた、匡房が指導したに違いない。

表に出て派手なことはしない。だが、この時代の皇家の信仰や神仏観を作り上げたのが匡房だ。後《ご》三条《さんじょう》・白河・堀河《ほりかわ》に仕えて、三帝《さんてい》の師《し》と称せられた男は、三帝が敬《うやま》う超常的な対象をも定めていったのだ。

これは大変なことだ。

宮中行事は大江匡房ひとりによって、この時期、大きく変化した。

匡房が宮中の儀式次第をまとめた『江家次第』は、当時の有職故実《ゆうそくこじつ》を知るための一級資料とされている。だが、匡房と同時代を生きた藤原忠実《ふじわらのただざね》は、『江家次第』についてこんなことを言っている。

「近年の識者、皆悉《ことごと》くこれを持つ。而《しか》るに件《くだん》の次第、頗《すこぶ》る僻事候《ひがごとそうろ》ふ由《よし》」

――『江家次第』を最近の知識人たちは皆持って参考にしている。しかし、中身にはとても事実と異なることが多い、と。

藤原忠実は、匡房と親交のあった師通《もろみち》の息子。匡房よりも三十七歳年下だが、白河院政期《しらかわいんせいき》には、共に政務に就いている。ということは、共に宮中行事にも参加していたはずであり、彼の言う「僻事」が的外れとは断じ難い。

匡房も、同時代の人が読むことは想定の内にあったはずだ。徒《いたずら》に、でたらめを並べるのは不自然だ。

ならばなぜ、匡房は事実とは異なることを残したのか。記憶違いか。違うだろう。

思うに、彼は自分の記述が後世に定着することを見越していたのではあるまいか。

例えば、今で言う節分「追儺《ついな》」について、匡房はこう記す。

「方相氏《ほうそうし》は仙華門《せんかもん》から北の廊下を渡る。上卿《しょうけい》以下が後ろに随《したが》って御前を度《わた》り、南殿《なでん》の辺りにて陰陽寮《おんみょうりょう》の祭文《さいもん》を読み上げる」

ここまで方相氏は鬼を祓《はら》う側にいるのだが、そののち、

「方相氏が滝口《たきぐち》の戸《と》から出た後、殿上人《てんじょうびと》が長橋の上や孫庇《まごびさし》から弓で射た」と。

方相氏のこの扱いは『江家次第』で確定される。

これはのちの時代に引き継がれ、十四世紀前半に後醍醐天皇《ごだいごてんのう》が記した『建武年中行事《けんむねんじゅうぎょうじ》』という故実書にまで、方相氏は追われ、鬼と同様の扱いをされて矢で射られる。

後醍醐天皇の記述では、射る行為は儀礼的なものになっている。だが、『江家次第』にその記述はない。ゆえに、方相氏は本当に射られてしまったのではないかと、危惧《きぐ》する研究者もいるほどだ。

現在、平安神宮《へいあんじんぐう》や吉田神社《よしだじんじゃ》で行われている追儺の行事は、一度、廃絶したのちに近代に復興したものだ。復興後の方相氏は鬼を追う役に徹しているが、それ以前は異なっていた。

いや、元々の中国における方相氏も、弓矢で射られて祓われたりする役ではない。『江家次第』以前の追儺は、果たしてどうだったのか。

真実はわからない。けれど、『江家次第』が成った天永《てんえい》二年（一一一一）以降、二百年以上、この作法が受け継がれてきたのは確かだ。

忠実がいくら僻事が多いと唸《うな》っても、匡房はそれを正式な宮中行事に据えたのだ。

恐るべき権威——。

呪術師匡房

大江匡房は雨乞《あまご》いの祈願文《きがんもん》をはじめとして、神仏への「願文《がんもん》」を大量に記している。

願文とは、文字通り、神仏に願を立てるとき、趣旨を書いて奏《そう》する文書だ。内容はいわゆる祈願から、仏事の供養《くよう》まで様々にある。

これらは神仏に願いを通すために記されるもので、ただの文章とは違う。美しい言葉を選ぶのはもちろん、神仏にダイレクトに働きかける力を持たねばならないものだ。

匡房はそれを大量に記した。

その数は、のちに一冊の書物としてまとめられたほどに多い。

面白いのは、これらの中に、他人に頼まれての代筆が多く含まれていることだ。

晩年の三年間のみを数えても、彼が代筆した願文は、帝皇・后妃《こうひ》から無名の庶民、女性に至るまで四十三通にも及ぶという。理由はもちろん、匡房の言葉こそが神仏の御心を動かすという世間の評価があったがゆえだ。

自負はあった。

堀河院中陰《ちゅういん》（四十九日）の願文は、公的には別の人に任されたのだが、匡房は正式な依頼を受けぬまま、独自に作って世に示した。

当時、凶事《きょうじ》の願文は、二通に及ぶことがないのが慣例だった。

そのタブーを犯した匡房は「文狂――ふみのたぶれびと」「物《もの》の怪《け》に憑《つ》かれたか」とまで罵《ののし》られる。

しかし、匡房の気持ちはわかる。

幼いときから手塩《てしお》に掛《か》けて育てた堀河だ。その魂を速やかに浄土に赴《おもむ》かせるための祈願文を、人任せにできるわけはない。

匡房はこう思ったに違いない。

――自分の言葉なくして冥王は動かぬ。院の成仏は約束されない。

強い自負があったゆえ、彼は願文を書いたのだ。

大江匡房は自他共に認める最強の「言霊使《ことだまつか》い」でもあったのだろう。

占いにも、匡房は才があった。

先程、『江家次第』の瑕疵《かし》を指摘した忠実の言葉は、彼の言談をまとめた『中外抄《ちゅうがいしょう》』に記されている。

そして同じく『中外抄』には、匡房との実際のやりとりが、こんな形で残っている。

——堀河天皇が危篤《きとく》となったとき、大江匡房は内裏に召された。

とるものもとりあえず、匡房が萎《な》えた直衣《のうし》を着て参内《さんだい》したところ、関白藤原忠実から、筮竹《ぜいちく》を用いた易《えき》で天皇の病状を占えと言われる。

匡房はこう答えて断った。

「もとより私は筮など仕《つかまつ》りませぬ。復推《ふくすい》を仕るのみです。この御病悩《ごびょうのう》大事の折に誰が筮など立てられましょう。山を戴いているという卦《け》にお逢いになった人が、山を戴くとしたらやりきれないことではございませんか」

話には説明が必要だろう。

復推というのは他人が占った後を占い、重ねて推考《すいこう》することだ。

方法は別の占いで行うか、同じ占法で別の人間が行うか。どちらにせよ、復推を行う人物もまた、占いができなければ務まらない。

匡房は、その復推をした。そして、このときの結果については、過去の記録に残っている。

崩御の前年、堀河天皇に対して西山君快尊という者が為《な》した易占《えきせん》に、匡房は復推している。そのときの復推で、匡房は「宗廟《そうびょう》の祟《たた》りがある」と判じているのだ。

忠実への返答は、それを踏まえてのものだ。

「山を戴く」とは「祟り」という言葉を忌《い》んでの言い換えだ。「山を重ねる・現す・示す」とも言い、山に山を示すと「祟」という文字になる。つまり、

――「宗廟（先祖）の祟りという卦が出た天皇が、本当に祟りでお亡くなってしまっては、やりきれないではないか」

匡房はこう訴えて、卦を立てるのを拒《こば》んだのだ。

匡房は過去の復推にて出した結果を後悔していたのだろうか。筮など仕らぬと言いながら、彼は自身の復推を「卦」と語り、易占の用語を使っている。

実際、匡房は過去に数度、易についての勘文《かんもん》をしている。勘文とは、由来や先例を調べて作成した意見書だ。

古典文書《こてんもんじょ》から考察して意見をまとめたとも考えられるが、実際に復推しているのだから、彼はやはり易占が出来、ゆえに忠実は匡房に卦を立てろと指示したのだろう。

今でこそ、易占は誰でも学べる占いのひとつになっている。

最近はあまり見なくなったが、少し前までは夕方になると「易」の看板を出した占い師が、路上に机を出していたものだ。

しかし匡房の時代、「易占は高位尊貴な占法とされて日常的には用いられず、学ぶ者も稀」（『王権と神祇』今谷明　思文閣出版）な占法だった。不注意に学んで祟りを受けた説話も存在するほどだ。

ゆえに、もし匡房が易占を学び、卦を立てることができたというなら、それだけで稀《まれ》な存在だったと言っていい。

陰陽師や神官が国家公務員だったこの時代、占いもまた国家規模で重宝された。

中でも、宮中で行われる「軒廊御卜《こんろうのみうら》」は、当時、最高の権威を持った卜占《ぼくせん》だった。

そこで用いられるのは、亀の甲羅《こうら》を灼《や》いて、その亀裂の形で占う灼甲《しゃっこう》と、天文と日時、干支《かんし》を組み合わせて占う六壬《りくじん》だ。

前者は神祇官管轄《じんぎかんかんかつ》の「官卜《かんぼく》」。後者は陰陽寮管轄の「寮占《りょうせん》」。いずれも易占は用いない。

その時代に、匡房は易占ができた。先の相人の話と併《あわ》せて、彼は占いに関して相当深い知識を持っていたのだろう。

無論、占いや陰陽道が好きな貴族はほかにもいた。

時代は下るが、保元の乱の中心人物のひとりである藤原頼長《ふじわらのよりなが》は、陰陽師に師事して六壬占《りくじんせん》や卜占を学び、「見百鬼之術」を学んで、鬼を視《み》ようと試みている。結局、鬼は現れなかったが……。

話を戻す。

『江談抄』の中で、大江匡房は六壬に用いる式盤《しきばん》についての疑問も記している。六壬を用いた記録はないが、知識は持っていたのだろう。

また、嘉承《かしょう》三年（一一〇八）には、白河法皇の御覧になった夢を解《と》いている。その他、文字占いをしたり、物忌《ものいみ》の是非を決めたりと、現在、私たちがイメージする陰陽師そのものの活動をしている。

一体、彼は何者で、何がどこまでできたのか。

私は大江匡房が本当に地味な人物だったとは思わない。とはいえ、彼を伝奇小説の主役に相応《ふさわ》しい、霊能者に仕立て上げたいわけでもない。

敢えて言葉を探すなら、彼は時代のトリックスターだ。そして、その存在の源《みなもと》には「大江」という血が深く深く、絡みついていると考えている。

頼豪との因縁

系図を調べるというのは、面白い反面、退屈でもある。

ひとりの人物の前後左右に知らない名前が並んでいるし、彼らを調べようと思っても手がかりすらない場合も多い。

大江匡房にも兄弟姉妹が三人いた。当時の慣例により、名を記されない女性がふたり。そして頼毫《らいごう》という兄弟がひとり、だ。

頼毫には「阿闍梨大僧都《あじゃりだいそうず》」との添え書きがあり、出家したことはわかる。だが、どこの寺院に籍を置いたか、確認する手段はない。

ただ、頼毫は「頼豪《らいごう》」に似ている。そして、たしか頼豪は匡房と関係していたはずだ……。

大江家の系図を初めて見たとき、私はそう記憶を辿《たど》った。

妖怪好きの人ならば、頼豪、そして鉄鼠《てっそ》という名称には馴染みがあるだろう。

頼豪は実在した僧侶だが、伝説では、死してのちに比叡山《ひえいざん》の経文を食い荒らす巨大な鼠の妖怪、即ち鉄鼠となったとされる人物だ。

ちなみに鉄鼠の名はのちの時代、鳥山石燕《とりやませきえん》によってつけられたものだ。

この話は『平家物語』『源平盛衰記《げんぺいせいすいき》』『太平記《たいへいき》』に載っている。伝説の舞台は白河天皇の時代、即ち大江匡房の時代だ。そして、話には匡房その人が登場してくる。

――園城寺《おんじょうじ》即ち三井寺《みいでら》の頼豪僧都は、白河天皇より皇子の誕生祈願を命じられた。勅命《ちょくめい》を受けた頼豪は一心不乱に祈禱《きとう》をし、承保《じょうほう》元年（一〇七四）十二月十六日、見事に念願の皇子、敦文親王《あつふみしんのう》を誕生させた。

天皇は喜び、「恩賞は望みどおりに行う」と仰《おお》せになった。そこで、頼豪は以前からの宿願《しゅくがん》であった戒壇院《かいだんいん》設立を願い出た。

戒壇院とは、僧となる資格を有するための受戒《じゅかい》を行う場所を指す。本来、出家をしただけの者は沙《しゃ》弥《み》と呼ばれて、受戒した者のみが僧とされたのだ。

当時、戒壇院は限られており、その施設を設けることは、三井寺を国定寺院に格上げすることと等しかった。

頼豪はこれを申し出て、天皇は一度は頷《うなず》いた。だが、話を聞きつけた延暦寺は猛反対した。

延暦寺も三井寺も、共に天台宗《てんだいしゅう》だ。当時、延暦寺に戒壇院はあったが、三井寺にはその施設がなかった。ゆえに三井寺の僧である頼豪は戒壇院を望んだのだが、これは長年に亘《わた》る両寺院の確執《かくしつ》が元になっている。

十世紀の末、第三代天台座主《ざす》であった円仁《えんにん》と、五代座主円珍《えんちん》の教義が異なったため、それぞれを信じる門徒が対立。争いの末、円珍の門徒は下山して、三井寺を本拠地とした。これを機に、天台宗は大きくふたつに分裂する。

長久《ちょうきゅう》二年（一〇四一）、朝廷は三井寺に戒壇院を設立しようとし、その可否を諸宗に問うた。だが、延暦寺のみが反対し、設立の話は流れてしまった。

以後、戒壇院問題はたびたび紛争の原因になり、南北朝時代《なんぼくちょうじだい》まで両寺は互いに焼き討ちを繰り返す。特に三井寺は延暦寺の手によって、十度以上焼亡《しょうぼう》したという。

結局、時代の趨勢《すうせい》もあり、三井寺に戒壇院が設立されることはなかったが、頼豪の申し出は、そんな時代の中での出来事だった。

頼豪の願いを聞き入れたと知った延暦寺側は、訴訟をも辞さない旨《むね》の嘆願書を持って訴えた。朝廷側は「綸言《りんげん》（天皇の言葉）は一旦口から出た以上、取り消すことはできない」と、その要求を却下した。

しかし、延暦寺側は納得せず、各寺社の門戸を閉ざしてあらゆる祈禱を中断したため、朝廷も無視することが叶《かな》わずに、結局、戒壇院設立の勅許《ちょっきょ》は破棄されることになってしまった。

頼豪は激怒し、涙を零《こぼ》した。

当然だ。

一番悪いのは、軽はずみに恩賞を与えると言った天皇で、二番目に悪いのは横車《よこぐるま》を押した延暦寺だ。頼豪は勅命を受け、見事、役目を果たしている。しかも一度は頷いた約束だ。あまりに酷《ひど》い仕打ちと言えよう。

「戒壇院建立を願い出んがために、老いの身に鞭打《むちう》って肝胆《かんたん》を砕《くだ》いてご祈禱申し上げたのです。その願いが叶わないとなれば、思い死ぬほかはございません」

頼豪は泣きながら三井寺に帰り、持仏堂に立て籠もって飲食を断った。様子を聞いた天皇は心落ち着かず、政務も怠りがちになり、堪《こら》えきれなくなって、当時、美作守《みまさかのかみ》であった大江匡房を召し出した。

「汝《なんじ》は頼豪とは深く師僧と檀那《だんな》の縁《えにし》を結《むす》んでいる。三井寺に出向いて、頼豪を宥《なだ》めてほしい」

仰せつかった匡房は内裏から装束をも改めず、束帯《そくたい》を正して頼豪の許に向かった。

持仏堂に着いてみれば、明障子は護摩の煙に煤《すす》けて黒ずみ、身の毛もよだつ空気が漂っている。

匡房は大床《おおゆか》に佇んで来訪を告げたが、音もない。

それでも待ち続けると、やがて張り巡らせた幕の内より人の出てくる気配があり、障子が荒々しく引き開けられた。

見れば、老いた僧の白髪は伸びて銀の針のごとく、目は窪《くぼ》み、手足の爪も伸びたまま、全身は護摩の煙で煤け汚れて、顔の正体すら定かではない。

天狗《てんぐ》もかくやと思えるほどの恐ろしげな様相で、頼豪は嗄《しわが》れた声を出した。

「汝は宣旨《せんじ》の御使《みつかい》として入ってはならぬ。ただ、年来の師壇《しだん》の契《ちぎ》りは浅くない。最後の見参《けんざん》と思い、対面したのだ。有り難いと思うがよい。主上《おかみ》は今更何を仰せられるのか。天子に二言はないという。それを破ったのならば、今はただ、祈り出し参らせし皇子と共に魔道へ赴くのみ。汝との今生《こんじょう》の見参もこれが最後だ」

言い終えると、頼豪は再び音を立てて障子を閉めた。その後はもう、気配もない。

力及ばず、匡房は帰った。

そして二十一日目（または百日目）、頼豪は壇上にて結跏趺坐《けっかふざ》し、手に五鈷杵《ごこしょ》を持ったまま餓死、入滅《にゅうめつ》した。

やがて、敦文親王の枕元に妖しい白髪の老僧が現れるようになる。白河天皇は祈禱に縋ったが効験《こうげん》はなく、結局、親王は幼くしてこの世を去った。

その後、比叡山の祈禱によって、のちの堀河天皇が誕生する。だが、堀河天皇は在位二十二年、数え二十九歳にて白河法皇に先立って崩御した。世間はこれも、頼豪の怨霊《おんりょう》の仕業《しわざ》と噂した。

その前後のことだ。頼豪の怨霊は、鉄の牙と石の体を持った八万四千匹の鼠に姿を変えて、比叡山の経典や仏像を食い荒らした。これを防ぐ手当ては無く、比叡山は頼豪を社《やしろ》に祀《まつ》って、その怨念を鎮めざるを得なかった。

比叡山は今でも大きな鼠を「頼豪鼠《らいごうねずみ》」と呼んでいる……。

さしもの匡房も、命を捨てての怨念には太刀打ちできなかったのだ。

「頼豪」と「頼毫」

記した話は、前述三つの資料から詳しい部分を継ぎ合わせて説明を補足したものだ。

改めて読むと、比叡山の仕打ちがあまりにひどくて、頼豪に同情してしまう。

だが、私がこの話を俎上《そじょう》に載《の》せたのは、頼豪を擁護《ようご》するためではない。匡房が登場するシーンに、不思議なことが記されているからだ。

資料に記される天皇の言葉を、年代順に比べてみよう。

『平家物語』長門本《ながとほん》。

「汝は契深からんなり」

「鉄鼠」（鳥山石燕『百鬼夜行 三巻拾遺三巻』より／所蔵：国立国会図書館デジタルコレクション）

『源平盛衰記』

「汝は師壇の契深し」

残る『太平記』には、天皇の言葉は記されていない。匡房も直接は登場せず、話は簡潔にまとめられている。だが、頼豪を紹介する一文にはこう書かれている。

「白河院の御宇《ぎょう》に、江帥匡房の兄に、三井寺の頼豪僧都とて、貴き人有《あり》ける」

なんと『太平記』では、頼豪は匡房の兄として紹介されているのだ。

大江氏の系図に記された「頼毫」という兄弟は「阿闍梨大僧都」との添え書きがあった。寺院の名前は記されてない。だが、なんとなく臭《にお》うのは確かだ。

もっとも頼豪伝説は、後代になって作られた話だ。

三つの資料のうち、最後に記された『太平記』は、ふたりの師弟関係を踏まえて、頼豪を匡房の兄としたのかもしれない。

そして『太平記』に兄とあるため、系図に「頼毫」が加えられた、あるいは『太平記』作者が系図を見て、兄のひと文字を加えた可能性もある。

大体、頼豪と匡房は三十九歳離れている。物語に沿うならば、親王の没年時には匡房は三十六、頼豪は七十五歳。兄弟としては差がありすぎるし、それ以上に、大江氏の系図での「頼毫」は匡房の弟の位置に記されている。

やはり、ふたりは別人だろう。

だが、匡房に頼豪と似た名を持つ弟がいて、もしかすると、その弟は三井寺に所属しており、もうひとつもしかすると「頼毫」の僧名は「頼豪」に授《さず》けられたのでは、という推測はいまひとつ捨てきれない。

ゆえに「契深く」、頼豪を兄と記しても、不自然ではないと思われたのでは……などと想像してしまうのだ。

史実としての頼豪は、宇合《うまかい》を祖とする藤原式家《ふじわらしきけ》、伊賀守有家《いがのかみありいえ》の子だ。没年は応徳《おうとく》元年（一〇八四）で、敦文親王はそれより七年前の承保四年（一〇七七）に亡くなっている。そのため、頼豪伝説はそれ自体が虚構とされている。

しかし、だからといって、伝説すべてが現実と無関係というわけではない。

鼠の妖怪と化した頼豪に手に焼いた比叡山は、日吉大社《ひよしたいしゃ》・東本宮「鼠《ねずみ》の秀倉《ほくら》」にそれを祀った。

一方の三井寺も、「十八明神社」または「ねずみの宮」に頼豪を祀ったとし、社は北の比叡山を睨《にら》んで建つ。

両寺の社は本来、別の働きを持っており、頼豪以前から存在していた。そのため、学術研究上では頼豪説は否定されている。

裏を返せば、わざわざ否定するほどに浸透《しんとう》していたということだ。

両寺の確執、そして頼豪鼠の話は、リアリティを持って当時の人に受《う》け容《い》れられていたのだろう。頼豪の享年は甲子年《きのえねどし》なので、余計に鼠と頼豪は結びつけられたのかもしれない。

鼠を横に措《お》くとしても、頼豪が戒壇院設立を強く望んでいたのは確かだ。

そして、それは後三条天皇の寿命にも影響を与えたとされている。

後三条天皇呪殺の疑惑

園城寺の寺誌『寺門伝記補録《じもんでんきほろく》』によれば、後三条天皇の時代、戒壇院設立の奏請《そうせい》が受け入れられなかったため、頼豪ら三人の僧が憂いて蟄居《ちっきょ》すると、呼応するごとく新羅明神《しんらみょうじん》の社頭《しゃとう》が激しく鳴動したという。

長久二年以来、何度目の奏請かは不明だが、後三条時代の奏請に頼豪は関わっていた。

そして、社頭の鳴動ののち、後三条天皇は病を得る。皇位を退き、新羅明神に祭文《さいもん》を奏上《そうじょう》して謝したものの、まもなく崩御したとある。

新羅明神とは、智証大師《ちしょうだいし》円珍が唐《とう》から帰国する途中、船中に現れた護法神《ごほうしん》だ。

その働きは複雑で、ここに記す余裕はないが、三井寺の重要な神として現在も祀られている。

その新羅明神が、頼豪たちの蟄居によって祟りを為した。

つまり、頼豪は間接的に、後三条天皇を呪殺したということになる。

先に記したとおり、匡房は堀河天皇の病を宗廟の祟りと判じている。この宗廟、即ち先祖の祟りとは、後三条天皇が新羅明神に祟られた因縁《いんねん》を指す可能性はないのだろうか。

もしや、のちの頼豪伝説は、後三条から堀河天皇まで続く頼豪の怨念を短縮化して、物語にしたのではないか。

または後三条時代、伝説に似たやりとりが匡房と頼豪の間に、実際あったのではないか……。

この辺りは曖昧《あいまい》なままだが、実は頼豪を鎮め祀った「鼠の秀倉」そのものも、後三条天皇に関係しているのだ。

『異神　中世日本の秘教的世界』（山本ひろ子　平凡社）によると、『耀天記《ようてんき》』という書物に、以下のような話が載るという。


――後三条天皇がまだ東宮《とうぐう》だったときのこと。

東宮は金剛寿院座主《こんごうじゅいんざす》覚尋《かくじん》に皇位に即けるよう御願書《ごがんしょ》を託し、日吉社へ赴かせた。

覚尋は大宮の楼門《ろうもん》で護因《ごいん》という法師に遭遇《そうぐう》する。護因は自分が御願書を預かって神に取り次ごうと執拗《しつよう》に迫るので、覚尋は御願書を彼に委《ゆだ》ねた。

それから何年もしないうちに、東宮は即位した。感激した天皇はすぐさま日吉社に行幸《ぎょうこう》した。


覚尋は天皇の護持僧《ごじそう》で、のちに天台座主となった人物だ。一方、護因は延暦寺西塔《さいとう》の法師で、日吉社東本宮にある樹下宮《じゅげぐう》を管理する僧――即ち樹下僧《じゅげそう》の始まりとされる。そして「鼠の秀倉」を管理したのは、この樹下僧と呼ばれる人々だった。

つまり、即位に関わった僧が管理した祠《ほこら》に、間接的とはいえ、後三条天皇を呪った頼豪は鎮め祀られたということだ。

興味深いのは、この護因が死してのち、天狗に似た姿を取ってしきりに祟ったとされることだ。なぜ祟ったかはわからない。だが、それによって護因は現在、「鼠の秀倉」近くの「流護因社《ながれごいんしゃ》」に祀られている。

護因と後三条天皇の繋がりは、これだけではない。

南北朝期に記された天台学僧の著作では、なんと護因の生まれ変わりが後三条天皇だったという、時系列が逆転した話までが出てくるのだ。

実際、ネットで軽く検索しただけで、流護因社の祭神を「樹下僧護因（後三条天皇）」と記すところが、ひとつならずヒットする。

後三条天皇を即位させた護因が死したのちに祟り、護因の生まれ変わりが後三条天皇で、天皇を呪ったのが頼豪で、頼豪を鎮め祀った社は、護因を始祖とする樹下僧が管理するもので……？

なんだかもうわからない。

何か別の謎が隠れているような気もするが、ここはこれまでにしておこう。

いずれにせよ、頼豪の力は凄まじい。

後三条天皇の後、敦文親王、そして堀河天皇と、伝説上では皇位を継ぐべき親王と、ふたりの天皇の死に関わっている。

また、白河院の愛娘《まなむすめ》である郁芳門院《いくほうもんいん》は永長《えいちょう》元年（一〇九六）、二十一歳で死去しているが、これも頼豪の仕業と噂された。

まさに皇家に祟る怨霊だ。

その頼豪と匡房に親交があり、後代、兄弟とまでみなされたのはなぜなのか。

匡房の地位や立場からすれば、頼豪とは対立関係にあっても不思議ではない。にもかかわらず、天皇を呪殺した頼豪は、匡房と縁を結ぶのに相応しいとされたのだ。

どうしてだろう。

単に物語の設定上、都合のよい位置にいただけか。

それとも説話を記した人々は、大江匡房のいずこかに、ほの暗い影を感じていたのか。

多分、答えは両方だ。

なぜなら頼豪以外にも、匡房――大江の一族は伝奇的な物語に、特に鬼と鬼退治の一族に、不思議なほどの関わりを持っているからだ。

四　大江一族と頼光四天王

大江家の人々

大江匡房《おおえのまさふさ》と頼豪《らいごう》の関係は、伝説の中から出てこない。

だが、大江氏の系図には史実と説話それぞれに魅力的な、あるいは不思議な、または謎に満ちた人物が多くいる。

『百人一首』に大江氏の歌が六首も採られていることをご存じだろうか。

月見れば　千々《ちぢ》に物こそ悲しけれ　わが身一つの秋にはあらねど　大江千里《おおえのちさと》（二十三番）

あらざらむ　この世のほかの思ひ出に　いまひとたびの逢ふこともがな　和泉式部《いずみしきぶ》（五十六番）

やすらはで　寝なましものを小夜《さよ》更《ふ》けて　かたぶくまでの月を見しかな　赤染衛門《あかぞめえもん》（五十九番）

大江山《おおえやま》　いく野の道の遠ければ　まだふみもみず天《あま》の橋立《はしだて》　小式部内侍《こしきぶのないし》（六十番）

恨みわび　干さぬ袖だにあるものを　恋に朽《く》ちなむ名こそ惜しけれ　相模《さがみ》（六十五番）

高砂《たかさご》の　尾《を》の上《へ》の桜咲きにけり　外山《とやま》の霞《かすみ》立たずもあらなむ　権中納言《ごんのちゅうなごん》匡房（七十三番）

大江千里は匡房の七代前、千古《ちふる》の兄で平安時代中期の人だ。官人としては不遇だったが、いわゆる「中古三十六歌仙《ちゅうこさんじゅうろっかせん》」のひとり。宇多天皇《うだてんのう》の勅《ちょく》により、家集『句題和歌《くだいわか》』を献上するほどの歌人だった。

和泉式部は大江雅致《おおえのまさむね》の娘。また、六十番の小式部内侍の母でもある。五十九番の赤染衛門は匡房の曾祖父・大江匡衡《おおえのまさひら》の妻。六十五番の相模は千古の息子から分かれた大江氏である公資《きんより》の妻。権中納言匡房は、もちろん大江匡房だ。

氏を冠さない女性がいるために紛れているが、この人数は多いと言えよう。大江は学問の家系だったが、歌人としても優れた一族だったのだ。

これらの人々を手がかりに、匡房の周辺を語っていこう。

疑問を抱《いだ》かずに流せるのは、大江千里ひとりだけだ。

和泉式部は系図からして大層ひどい。怪しい、ではなく、ひどいのだ。

父とされる大江雅致は、なんと系図上では匡房の息子として記されているのだ。

和泉式部は藤原道長《ふじわらのみちなが》と同時代の女性であり、紫式部《むらさきしきぶ》の日記にも名前が出てくる人物だ。享年《きょうねん》は長元《ちょうげん》九年（一〇三六）頃。その人物が、没後に生まれた匡房の孫とされるのはどういうわけか。

大江雅致は系図によっては、実父不詳または養子と添え書きされる人物で、名前も雅致だったり匡《まさ》致《むね》だったりと曖昧《あいまい》だ。元々が詳細不明らしい。

但し、実在したのは確かなようだ。

十一世紀初頭に成立した『拾遺和歌集《しゅういわかしゅう》』にて和泉式部は「雅致女式部」、藤原道長『御堂関白記《みどうかんぱくき》』では「江式部《ごうしきぶ》」と記されている。

また、『日本大百科全書（ニッポニカ）』には、和泉式部の「出仕先は大進《だいしん》であった父の縁で、冷泉皇《れいぜいこう》后昌子内親王《ごうしょうしないしんのう》のもとであったといわれる。」と記される。

わからないのは、大江雅致がどこから出たのかということだけだ。そこが明らかにならないために、和泉式部は系図上、おかしな位置に据えられている。

誰か検《あらた》めてくれないだろうか……。

和泉式部と小野小町

和泉式部は多情な女性だったとされている。

藤原道長には「浮《う》かれ女《め》」などと評されて、また、同僚だった紫式部は日記の中にこう記す。

「和泉式部といふ人こそ、面白う書き交しける。されど、和泉はけしからぬ方こそあれ」

文才はあるが、素行不良というわけだ。

素行はともかく、恋多き女性だったことは確かだ。しかし不幸な人でもあった。

彼女は最初、和泉守橘道貞《いずみのかみたちばなのみちさだ》と結婚したものの、冷泉天皇皇子為尊親王《ためたかしんのう》と関係して、道貞と離婚。為尊親王と死別したのち、為尊親王の弟・敦道親王《あつみちしんのう》と関係を結ぶ。だが、敦道親王とも死別。のちに藤《ふじ》原保昌《わらのやすまさ》と再婚。その後、娘の小式部内侍に先立たれ、晩年は詳《つまび》らかになっていない。

多情というより、情と無常の狭間《はざま》に生きた女性に思える。だが、彼女は好色とみなされたばかりか、和泉式部の許に通ったせいで、ふたりの親王は死んだとまで言われてしまうのだ。

加えて、何が引き金となったのか、和泉式部は伝説世界の住人となり、全国に足跡《そくせき》を残していく。

岩手県、福島県、岐阜県、愛知県、三重県、大阪府、兵庫県、京都府、山口県、佐賀県、長野県……。出生地や没地も多いが、愛猫《あいびょう》に由来の温泉など、話は多岐《たき》に亘《わた》っている。

柳田國男《やなぎたくにお》はその理由を、中世、伝説を語り歩く女性たちが諸国を巡ったためと述べている。詳しいことは柳田の『女性と民間伝承』に譲る。しかし、どうして、その素材に和泉式部が選ばれたのか、理由は皆目わかっていない。

語り継がれた伝説の中には、不可思議なものも交ざっている。

和泉式部は鹿から生まれた――いわゆる異常出生譚《いじょうしゅっしょうたん》だ。

愛知県新城市《しんしろし》の鳳来寺《ほうらいじ》には、修験僧《しゅげんそう》・利修上人《りしゅうしょうにん》の小水を舐めた牝鹿《めじか》が生んだ子が和泉式部だとの伝承が残る。鹿の子ゆえに、彼女の足の指はふたつしかなく、いつも足袋《たび》を穿《は》いていたという。

この伝説は九州にもあり、佐賀県杵島郡白石町《きしまぐんしろいしまち》の福泉寺《ふくせんじ》では、和泉式部は子のない老夫婦が薬師如《やくしにょ》来《らい》に祈ってできた子で、牝鹿が産んで乳を飲ませていたといった話になる。

彼女が鹿の子とされた理由もまったく見当つかないが、奇妙な話なのは確かだ。

日本各地に伝説が残る人物は弘法大師空海《こうぼうだいしくうかい》はじめ、数多く存在する。その中、女性の筆頭は小野《おのの》小町《こまち》ではなかろうか。

ご存じのように小野小町も和歌に優れた人物だったが、多情とされた和泉式部とは裏腹に、美貌を鼻に掛けた薄情な女性とされる話が多い。

和歌の才を讃《たた》える物語もあるものの、年老いたのちの惨《みじ》めな生活や、髑髏《どくろ》になって野晒《のざら》しになっている話など、懲罰的《ちょうばつてき》に語られる。

言い寄る数多《あまた》の男性になびくことがなかったことから、「穴」のない女性と噂され、そこから穴のない針を「小町針《こまちばり》」「まち針」と呼んだのだとか。

これもまあ、ひどい話だが、興味深いのは小町が小野篁《おののたかむら》の孫とされていることだ。

孫と記す系図は『尊卑分脈《そんぴぶんみゃく》』。これも時代を考えると、かなり強引なことになっている。孫ではなく、篁が若い頃の子供ならぎりぎり合うかも、といった程度だ。和泉式部ほどではないが、齟齬《そご》があると言っていい。

小野篁と大江匡房は、親族の女性を通しても、やはりどこか似通《にかよ》っているのだ。

ふたりの共通点は、前の章で記している。

小野篁は破軍星《はぐんしょう》の化身で冥官《みょうかん》。大江匡房は熒惑星《けいこくせい》の化身で冥官。

その篁の孫とされるのが小野小町で、匡房の孫と記されるのが和泉式部だ。

ふたりの女性は共に異性関係に問題があると噂され、片方は足の指が足りないとされ、片方は「穴」がないと言われて、物語の題材となる。

小野小町はかきくどく深草少将《ふかくさのしょうしょう》に百夜通《ももよかよ》えば許すと応《こた》え、少将は最後の晩、雪のために凍死してしまう。

和泉式部は求婚してきた藤原保昌に、紫宸殿《ししんでん》に咲く桜（または紅梅）が欲しいと所望《しょもう》して、夜陰《やいん》に忍び込んだ保昌は警護に矢を射掛けられながらも花を手折《たお》って、和泉式部と結ばれる。

前者は『通小町《かよいこまち》』、後者は『花盗人《はなぬすびと》』という謡曲《ようきょく》になり、『花盗人』は祇園祭《ぎおんまつり》の山鉾《やまぼこ》「保昌山《ほうしょうやま》」として今も見られる。

いずれもいわゆる難題婿《なんだいむこ》、課題婚《かだいこん》の話だが、小町の相手は凍死して、和泉式部の相手は実際の夫になっている。

また、和泉式部は出生に、小野小町は老後と死後に異常な話が添えられる。加えて、なんと小野篁は、不犯《ふぼん》の女性が筍《たけのこ》と交わってできた子だとの説話もあるのだ。

匡房の孫は鹿の子で、篁は自身が筍の子……。並べると笑ってしまうのだけど、鏡映しのこの相似《そうじ》、あるいは反転はなんなのか。

系図は死後に作られるもので、孫の名前や添え書きも後代になって記されたものだ。もちろん記した伝説も、のちの時代に成立している。

小野篁伝説は『江談抄《ごうだんしょう》』が初出だが、その他の篁伝説は室町時代《むろまちじだい》以降に作られて、和泉式部、小野小町の伝説もほぼ同時期の成立とされる。

大江匡房本人だけが目立たぬ位置にいるものの、なぜ匡房と篁の立ち位置はこうも似ているのだろうか。

どちらかがどちらかに寄せたのか。なんらかの意図があったのか。

気になるが、小野氏を追いかけるのは難しい。

小野《おのの》妹子《いもこ》から始まる小野氏は、篁、小町、能書家《のうしょか》で「三跡《さんせき》」に数えられる道風《とうふう》以降、徐々に没落してしまう。匡房の時代になるともう、名前すら出てこなくなる。ゆえに、ふたつの氏をこれ以上縒《よ》り合《あ》わせることは、私にはできない。

篁関連はのちほどまた顔を出すので、ひとまずはここまでにしておきたい。

鬼の住処と大江氏

大江にはまだ謎がある。

『百人一首』に採られた残る三人、赤染衛門・小式部内侍・相模について述べていこう。

三人には伝説と言われるものはない。家族や伴侶《はんりょ》についての不審があるのみだ。

やや順番が前後するが、単純なところから記していきたい。

まずは相模。

相模は大江公資《おおえのきんより》の妻。相模の名は公資が相模守《さがみのかみ》だったことから来ている。父は源頼光《みなもとのらいこう》だ。

頼光の妻は陰陽家《おんみょうか》・賀茂忠行《かものただゆき》の孫であり、相模は妻の連れ子だった。匡房と血の繋がりはないものの、大江一族であることは間違いない。

源頼光は清和源氏《せいわげんじ》・源満仲《みなもとのみつなか》の嫡子《ちゃくし》であり、父と同じく摂関家《せっかんけ》に仕えて、藤原道長の側近となった。

しかし、そんな現実よりも、大江山の鬼・酒呑童子《しゅてんどうじ》討伐を率いた武将と言うほうが通りがよかろう。

赤染衛門は匡房の曾祖父・大江匡衡《おおえのまさひら》の妻である。

匡衡は春宮学士《とうぐうがくし》から尾張守《おわりのかみ》に転じて赴任《ふにん》するとき、赤染衛門を伴《ともな》った。同じ頃、源頼光は春宮大進《とうぐうたいしん》と美濃守《みののかみ》を兼任。共に春宮（東宮）に仕えたふたりが隣同士の国に赴任することになったため、両者は書状を往復してそれぞれの門出を祝っている。このことから、ふたりには同僚以上の親交があったとされている。

ここで一度、和泉式部に戻りたい。和泉式部の最後の夫は藤原保昌だ。

藤原保昌は史実としては藤原道長の家司《けいし》だが、酒呑童子の物語中、いくつかの古いバージョンでは、頼光と共に隊長格で鬼討伐のメンバーに入っている。

つまり、大江氏は頼光と藤原保昌という、酒呑童子討伐隊と深い縁《えにし》を結《むす》んでいるのだ。

ここでもう、きな臭《くさ》さを感じる人もいるだろうが、もう少し話を続けよう。

『百人一首』に採られた小式部内侍の歌は「大江山　いく野の道の遠ければ　まだふみもみず天の橋立」というものだ。優れて技巧的な歌である上、『古今著聞集《ここんちょもんじゅう》』に載る逸話《いつわ》も楽しく、爽快だ。

だが、歌の解釈は措《お》いておこう。

問題は、この「大江山」にある。

大江山といえば鬼の住処《すみか》、酒呑童子の居場所として認識している人がほとんどだろう。だが、酒呑童子の本拠地とされる大江山には、実は候補地が二カ所ある。

拙著（『加門七海の鬼神伝説』朝日新聞出版）に詳しく述べてあるので、ここでは簡単に記しておきたい。

大江山候補地の一カ所目は、丹後国《たんごのくに》（京都府与謝野町）と丹波国《たんばのくに》（京都府福知山市）の境域に聳《そび》える、標高八三二・六メートルの大江山、別名千丈ヶ嶽《せんじょうがたけ》だ。鬼の住処としての認知度は圧倒的にこちらが高い。

もう一カ所は、山城国《やましろのくに》（京都市内）と丹波国（京都府亀岡市）を隔てる標高四八〇メートルの大枝山《おおえやま》。現在の老ノ坂峠《おいのさかとうげ》にあたる。ここも古くは「大江山」と記されていた。

二カ所の山には、それぞれに所縁《ゆかり》の鬼伝説が存在する。

千丈ヶ嶽の大江山には、酒呑童子の登場以前にふたつの鬼退治伝説がある。

ひとつは『古事記《こじき》』の崇神天皇時代《すじんてんのうじだい》、開化天皇《かいかてんのう》の第三皇子彦坐王《ひこいますのおう》（日子坐王）が玖賀耳之御笠《くがみみのみかさ》という鬼を討ったという話。もうひとつは、六世紀の末、用明天皇《ようめいてんのう》皇子と伝わる麻呂子親王《まろこしんのう》が、英胡《えいこ》・軽《かる》足《あし》・土熊《つちぐま》という鬼を退治したといった話だ。

片や、老ノ坂峠の大枝山には「首塚大明神《くびづかだいみょうじん》」がある。ここは頼光一行が京《みやこ》へ戻る途中、酒呑童子の首を埋《う》めたとされる場所だ。

ふたつの山のどちらがより伝説の舞台として相応《ふさわ》しいのか、未だ決着はついていない。

さて。

千丈ヶ嶽の名を持つ大江山は、古くは「与謝《よさ》の大山《おおやま》」と呼ばれていた。

それが大江山となったのは、大江氏の祖・大江音人《おおえのおとんど》が丹後の国司《こくし》として赴任したとき、途中に越えた大山を「大江山」と呼んだことに始まる。

大江氏は天武天皇時代《てんむてんのうじだい》以来、土師宿禰《はにしのすくね》を名乗っていた。だが、延暦《えんりゃく》九年（七九〇）、桓武天皇から大《おお》枝朝臣《えのあそん》の姓を賜《たまわ》り、その後貞観《じょうがん》八年（八六六）に音人の奏請《そうせい》により、大枝から大江に改姓している。

一方、山城国の大枝山は、桓武天皇《かんむてんのう》の頃までは、大和の菅原《すがわら》、河内《かわち》の百舌鳥《もず》と並んで、土師《はじ》一族が集住する地域だった。この大枝山の「大枝」はもちろん、改姓前の大枝氏に由来する。

つまり、二カ所のオオエヤマはいずれも大江氏に所縁があるということだ。

そして鬼討伐の大将である源頼光は相模の父で、匡房の祖父とも交友があり、和泉式部は、やはり鬼討伐に関わった藤原保昌に嫁《か》している。

これは偶然の範囲だろうか。

源頼光は説話世界ではヒーローだが、実際の武士としての活躍は皆無に近い人物だ。

但し、大江匡房『続本朝往生伝《ぞくほんちょうおうじょうでん》』には「武士には満仲、満正《みつまさ》（中略）、頼光、皆これ天下の一物《ひとつもの》なり」とある。

多分、身内贔屓《みうちびいき》も兼ねて、匡房は名前を出したのだろう。

この一文が頼光を武士として評価したものの始まりとなる。そして『続本朝往生伝』ののち、源氏は武家の棟梁《とうりょう》と呼ばれるようになっていくのだ。

ふたつの家紋

鬼退治の伝説においては、藤原保昌より渡辺綱《わたなべのつな》のほうが有名だろう。

綱は頼光四天王《らいこうしてんのう》のひとりとして数えられている。この渡辺氏も、存在感を発揮するのは綱より後の時代となる。

綱の子孫は「渡辺党《わたなべとう》」と呼ばれる武士団を形成し、内裏警護に従事する滝口武者《たきぐちのむしゃ》となっている。また、瀬戸内海における水軍の親王的な存在でもあり、皇室領である大江御厨《おおえのみくりや》を統轄《とうかつ》した。

大江御厨という言葉に反応してしまいがちだが、生憎《あいにく》、大江御厨と大江氏自体は関係ない。

ただ、渡辺綱の曾孫・伝《つとう》は、白河・堀河天皇二

大江氏

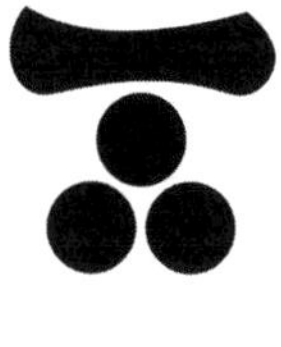

「一文字三つ星」

渡辺氏

「三つ星に一文字」
別名「渡辺星」

代の滝口大夫《たきぐちのだいぶ》となっている。匡房と交流があったかどうかは不明だが、同時代の人間として認識はしていたに違いない。

それよりも私がひっかかるのは、渡辺と大江、ふたつの家の紋の相似だ。いや、相似と言うのとは少し違うか。

まずは両者を並べてみよう。

大江と渡辺の家紋は、「一」の位置が異なるのみだ。

果たして、これも偶然なのか。

両家の紋については、それぞれに由来と解釈が為《な》されている。

まず、大江氏の「一文字三つ星紋」。

こちらは大江氏の遠祖とされる阿保親王《あぼしんのう》が一品《いっぽん》（親王の位階の第一位）に叙《じょ》されたことから、「一品」の字を表体化して「一文字《いちもんじ》三《み》つ星紋《ぼしもん》」としたという。大江の後裔《こうえい》である毛利《もうり》なども、同じ家紋を用いている。

渡辺氏の家紋は通称「渡辺星《わたなべぼし》」と呼ばれている。現在まで、多くの渡辺氏が独占的に用いる紋だ。

「渡辺星」の三つの星は、オリオン座の中央部に並んだ恒星を表す。中国ではそのそれぞれを大将軍星《たいしょうぐんせい》、左将軍星《さしょうぐんせい》、右将軍星《うしょうぐんせい》と呼び、合わせて「三武星」「三将軍」または「将軍星」とした。

ゆえに、この星は武神の象徴として信仰されるようになり、そこに一文字を加えることで、敵に打ち勝つという意味があるとされてきた。

紋は似ているが、由来は別だ。

大体、武神云々《うんぬん》は大江氏では通じない。もっとも大江氏の末裔《まつえい》・毛利も「一文字三つ星」を使っている。もし、毛利が大江とは関係のない氏族であったら、この紋も渡辺星同様に武家の印とされただろう。それがそうならなかったのは、大江の家が武士ではなく、学者の家筋《いえすじ》だったからだ。

ふたつの紋の三つ星は、住吉三神《すみよしさんじん》を表すという説もある。

三神とは、底筒男命《そこつつのおのみこと》・中筒男命《なかつつのおのみこと》・表筒男命《うわつつのおのみこと》だ。

室町時代の能役者、金春禅竹《こんぱるぜんちく》が著《あらわ》した『明宿集《めいしゅくしゅう》』では、この住吉の三神を日月星宿《じつげつせいしゅく》の神としている。

また、大和岩雄《おおわいわお》氏は『日本の神々　神社と聖地』（谷川健一編　白水社）の中で、「筒」が星を表す古語である例を引き、住吉三神はずばりオリオン座の三つ星ではないかと推《すい》している。

いずれにせよ、摂津国一宮《せっつのくにいちのみや》である住吉大社周辺はまさしく渡辺の本拠地だ。

星は海上で方角を知る目当てになったので、日月星でもオリオンでも、水軍を率いる渡辺氏には相応しいと言っていいだろう。

では、大江氏の家紋はどうなのか。

本当に「一品」の表体化なのか。ならばなぜ、この家紋は「一品紋」ではなく、「一文字三つ星紋」と呼ばれるのか。

住吉界隈《かいわい》には、大江氏の祖である土師《はじ》氏もいた。

氏族の成立時期を思えば、渡辺よりも土師・大江のほうが古い。となれば、先に大江の紋があり、そののち、渡辺星ができたのか。

いや、家紋の成立は平安中期頃とされ、当時の公家《くげ》が持ち物に記したのが始まりと言われている。

ならば、ふたつの紋の成立は同時期でも不思議ではない。

気になるのは、両者の家紋が意味ありげに似ていることのみだ。また、強引なのを承知で言えば、両家の紋を重ねると、上下に線のできた姿がまさにオリオン座そのもの、即ち二十八宿《にじゅうはっしゅく》のひとつ「参宿《しんしゅく》」に見える——ということだ。

これもまた、偶然の範囲か否《いな》か。

古代中国における二十八宿の解釈をまとめた『二十八宿占』（幾喜三月　楽史舎）によると、参宿の性質は「斬り殺すことを司《つかさど》る」「天刑《てんけい》」また「水官」とある。

「水官」の性質は住吉には相応しいものの、そのほかはやや物騒だ。形成する星にもそれぞれ名前や役割があり、中央の三つ星は「三将軍」のほか、天秤《てんびん》の横木とみなされて、命を司るとされる。

その三つ星を囲う四つの星を、大江と渡辺の家紋に照らすと、各々「一」の部分となる。渡辺氏の「三つ星に一文字」の下部となる一文字に相当するふたつの星は、参宿では両足とされており、左足が「後将軍」、右足が「偏将軍」と名づけられている。

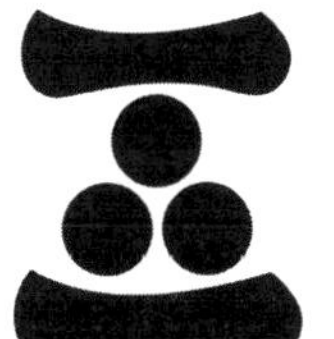

両家の紋を重ねたもの

ゆえに、渡辺の家紋を参宿の下半分とするならば、すべて将軍の名が冠された武家らしい紋となるわけだ。

一方、大江氏の「一文字三つ星紋」を参宿の上半分と見るとどうなるか。

一文字両端の星は両腕となり、左腕は「天門《てんもん》」、右腕は「天獄《てんごく》」。三つ星を「命を司る」ものと解釈し、ここに「天獄」を加えれば、イメージは熒惑星や破軍星に近くなる。

つまり、地上での生殺与奪権《せいさつよだつけん》を行使する武門としての渡辺氏と、超常的な星の力をもって命そのものを差配する大江氏と。

両氏の紋が「参宿」を二つに分けたものとするなら、こんな解釈ができようか。

だが、これでは「天門」の意味が抜けてしまう。

天門とは、なんなのか。

実は天門は地上にもある。

そして、この地上の天門こそが、大江山の名付け親である一族と、大江山に鬼退治に行った一党を結びつける鍵なのだ。

五　天門攻略

戻橋の鬼と鵺

京都の鬼で有名なのは、酒呑童子《しゅてんどうじ》以外では戻橋《もどりばし》の鬼、いわゆる茨木童子《いばらきどうじ》の話だ。

但し、話の初出『屋代本《やしろぼん》平家物語』「剣巻《つるぎのまき》」に茨木童子の名は出ない。それを承知の上でまずざっと、物語を読んでいただきたい。

――ある晩、源頼光《みなもとのらいこう》は四天王《してんのう》のひとりである渡辺綱《わたなべのつな》に一条大宮《いちじょうおおみや》への使いを頼んだ。夜陰《やいん》に及んで物騒なため、頼光は綱に「鬚切《ひげきり》」の刀を預けて、馬を用いさせた。

用を足しての帰り道、綱が一条戻橋を渡っていくと、年の頃二十歳《はたち》あまりの美女が、たったひとりで橋の東詰《ひがしづめ》から南へ歩いていくのが見えた。綱が橋の西側を過ぎると、女は馴れ馴れしく語りかけてきた。

「あなたはどちらへ参るのですか。私は五条辺りに用事があって参る途中ですが、夫もなくひとりで、夜も更《ふ》けてしまって怖いのです。送ってくださいませんでしょうか」

綱は急いで馬より飛び下り、「お乗りください」と言いながら、女を抱いて馬に乗せた。

川の東を南に行き、やがて正親町《おおぎまち》の小路へ着くと、女は綱に振り向いた。

「実は五条にはさしたる用事もないのです。私の住処《すみか》は都の外。そこまで送ってくださいませんか」

「いいですよ。どこまでもお送りいたしましょう」

調子よく綱が頷《うなず》くと、女はにわかに姿を変えて、恐ろしい鬼に変化《へんげ》した。

「いざ、我《わ》が行くところは愛宕山《あたごやま》ぞ！」

鬼は綱の髻《もとどり》を摑《つか》んで、乾《いぬい》を指して愛宕の方へ飛び立った。

綱は少しも騒がず刀を抜いて、鬼の腕を切り離した。鬼はそのまま愛宕へ飛び去り、綱は北野天《きたのてん》満宮《まんぐう》の廻廊《かいろう》の上にどうっと落ちた。

髻に付いた鬼の腕を見てみれば、皮膚は真っ黒く、銀の針のごとき毛がびっしり生えている。その腕を持って戻ると、頼光はひどく驚いて、陰陽師《おんみょうじ》・安倍晴明《あべのせいめい》を呼んだ。

「七日間、家を閉ざして物忌《ものいみ》をし、仁王経《にんのうきょう》を講読《こうどく》しなさい」

腕を見た晴明はそう申しつけた。

頼光はそれに従って、晴明に鬼の腕を封じさせ、綱には物忌をさせることにした。

そうして六日目の黄昏《たそがれ》どき。綱のところに、養母である伯母が訪ねてきた。

「物忌中です。明日ならお入れいたします」

綱は言ったが、伯母は聞き入れなかった。

自分がどれほど綱を慈《いつく》しんで育てたか、立派な武士となった甥を誇らしく思っているかを並べ立てて、彼女は嘆いた。

仕方なく綱が扉を開けると、伯母は喜んで中に入って、色々話をした後に、綱に物忌のわけを尋ねた。

綱が事情を説明すると、伯母は鬼の腕が見たいと言った。

断ったものの、またも恨み顔をされたため、綱は厳重な封じを解いて伯母の前に腕を置いた。

伯母は腕を手に持って、つくづくとそれを眺めていたが、たちまち恐ろしげな鬼の姿を現して、

「これは我が手なれば取っていくぞよ」

飛び上がって破風《はふ》を蹴破《けやぶ》ると、光るものとなって虚空《こくう》に消えた。

このこと以来、渡辺の家は破風を造らなくなった。

また、鬼の手を斬って以来、「鬚切」は「鬼丸《おにまる》」と名を改めた。

続けて、もうひとつ。

時代は下るが、源三位頼政《げんさんみよりまさ》の鵺《ぬえ》（原文は鵼）退治の粗筋《あらすじ》も『平家物語』に添って記しておきたい。

――仁平《にんぺい》（一一五一～一一五三）の頃、近衛院《このえいん》御在位のとき、主上《おかみ》が夜な夜な怯《おび》えられるという出来事があった。効験《こうげん》のある僧などに命じて祈禱《きとう》させたが、変化はなかった。

丑《うし》の刻《こく》頃、東三条殿《ひがしさんじょうでん》の森の方から一叢《ひとむら》の黒雲が湧き上がって御殿《ごてん》の上を覆う。すると、天皇は必ず怯えられた。

公卿《くぎょう》たちは詮議《せんぎ》した。

堀河院《ほりかわいん》御在位のときにも同じようなことがあった。だが、当時の将軍であった源義家《みなもとのよしいえ》が南殿《なでん》の大《おお》床《ゆか》に控え、御悩《ごのう》の刻限に三度弓弦《ゆづる》を弾《はじ》いて鳴らし、「前陸奥守《さきのむつのかみ》、源義家」と声高《こわだか》に名乗ると、人々は身の毛のよだつような気がして、以来、主上が怯えられることもなくなった。

その先例に従って、武士に命じて警護をさせようと、源平《げんぺい》両家の武士の中から源三位頼政が選び出された。

当時まだ兵庫頭《ひょうごのかみ》であった頼政は、「目にも見えない妖怪変化を退治せよとの仰《おお》せなど、聞いたこともない」と言いつつも、帝の命令なので参内《さんだい》した。

頼政は信頼している郎等《ろうど》である猪早太《いのはやた》ひとりを連れて、南殿の大床に控えた。

刻限になると、東三条殿の森の方から黒雲が湧き、御殿の上にたなびいた。睨《にら》み上《あ》げると、雲の中に怪しい物の姿がある。

頼政は南無八幡大菩薩《なむはちまんだいぼさつ》と心に念じて矢を放った。手応えがあった。

「得たりや、をう」

叫ぶと同時に猪早太がさっと近づいて、落ちたところを取り押さえ、柄《つか》も拳も突き抜けんばかりに続けざま九回刀を刺し込んだ。

内裏《だいり》の人々が手に手に火を持ってこれを見ると、頭は猿、体は狸、尾は蛇、手足は虎の姿で、その鳴き声は虎鶫《とらつぐみ》に似ていた。

近衛天皇は感動のあまり、頼政に獅子王《ししおう》という剣《つるぎ》をお与えになった。

その後、二条院《にじょういん》御在位のときも頼政は鵺を退治した。

「あはの辻」と鵺退治

綱の話も源三位頼政の話も、いわば名刀の由来譚《ゆらいたん》だ。それをなぜ、ここで語るのか。

……これから先、暫《しばら》くはややこしい話が続くのだが、なんとかおつきあい願いたい。

戻橋の話と鵺の話には、刀以外にも共通点がある。先に鵺の話をしよう。

まず、鵺が現れた東三条殿の森の方とはどこなのか。

現在京都市内で「鵺」伝説の残る土地は三カ所ある。

ひとつは二条公園（京都市上京区主税町）の北側にある鵺池《ぬえいけ》。

もうひとつは鵺塚陵墓参考地《りょうぼさんこうち》（京都市伏見区深草車阪町）。一時期、後高倉上皇《ごたかくらじょうこう》の陵墓候補地だった方円《ほうえん》墳《ふん》だ。

三つめが大将軍神社《たいしょうぐんじんじゃ》（京都市東山区長光町）辺り。かつて、鵺の森と呼ばれていた場所だ。

これら三カ所が鵺出現の場所と伝わっているのだが、生憎《あいにく》、私は頷けない。以下に理由を述べてみよう。

まず、ひとつめの鵺池は大内裏《だいだいり》の中にあり、血のついた鏃《やじり》を洗った場所とされているので、鵺を退治した後の話だ。

ふたつめの鵺塚陵墓参考地は平安京外の東南にあり、三条からはかなり遠い。

三つめの大将軍神社は三条通りに建つものの、鴨川《かもがわ》を越えた東にあり、やはり平安京の区域からは離れている。

史実の中での東三条殿は、大内裏の東南、辰巳《たつみ》（巽）の角。場所で言うなら、二条大路南西洞院大《にしのとういんおお》路東《じひがし》だ。

東三条殿そのものは摂関家《せっかんけ》の象徴的邸宅とされ、里内裏《さとだいり》としても用いられた格式の高い邸《やしき》だ。しかし、東三条殿の森の方となると話は変わる。

伝承地をすべて無視して、「東三条殿の森の方」を探すなら、出てくるのは平安京初期に造営された苑池《えんち》・神泉苑《しんせんえん》となる。

神泉苑は竜神（善女竜王）の住処と言われ、往時は今の数倍大きな池があり、雨乞《あまご》いの場所にもなっていた。天長《てんちょう》元年（八二四）には西寺《さいじ》の守敏《しゅびん》と東寺《とうじ》の空海《くうかい》が祈雨《きう》の法《ほう》を競い合い、空海が勝ったと記録に残る。

また、小野小町《おののこまち》、そして大江匡房《おおえのまさふさ》も神泉苑で雨を祈っている。

記すと神聖な場所に思えるが、この神泉苑の東北角と大内裏の東南角に当たる二条大宮の交差点は「あははの辻《つじ》」と呼ばれる魔所だった。

『大鏡《おおかがみ》』には右大臣藤原師輔《ふじわらのもろすけ》や、その娘婿で左大臣に進んだ源高明《みなもとのたかあきら》が、ここで鬼や物《もの》の怪《け》に遭遇《そうぐう》したと記されている。

藤原師輔の話を記そう。


——夜ふけに「あははの辻」を通りかかった九条右大臣藤原師輔は、突然、慌てて従者に命じた。

「御車《みくるま》の牛を外して轅《ながえ》を下ろせ」

「何事ですか」

不審に思った従者が車に近づくと、師輔は笏《しゃく》を両手で持って俯《うつぶ》している。その様子は誰かに畏《かしこ》まっているかのように思われた。

「車は榻《しじ》に立てかけるな。随身《ずいじん》たちは轅の左右の軛《くびき》のもとに控え、大きな声で先払いをしろ。雑《ぞう》色《しき》らも声を絶やすな。お前たちも側にいろ」

師輔は言い、牛を車の陰に隠して、自身はひたすら尊勝陀羅尼《そんしょうだらに》を詠《よ》み続《つづ》けた。

そして一時間ほど経ったのち、彼は御簾《みす》を上げて、「もう大丈夫だ。牛を車に掛けて出発しろ」と言った。

だが、御供の人には何があったのか、まったく理解できなかった。百鬼夜行《ひゃっきやぎょう》の姿は師輔にしか見えなかったのだ……。

「あははの辻」の語源はよくわからない。

人がアワワと慌てる様子とも言われるが、物の怪の高笑いを表現しているようにも思える。しかし、当時「アワワ」や「あはは」が、音声表現として存在していたのかどうか、疑問に思う節もある。

それはともかく、私は鵺はこの辺りから現れたと考えている。

『百鬼夜行の見える都市』（田中貴子　ちくま学芸文庫）でも、この「あははの辻」こそが「夜行」の出発点ではなかったか、と記している。

辻はあの世とこの世の境目であり、神霊《しんれい》や妖怪が行き交う場所だ。

そして、それ以上に「あははの辻」が相応《ふさわ》しいと私が思うのは、この場所が神泉苑の東北角であり、大内裏の東南角であるからだ。

乾の力

鵺には方位が関係している。

江戸時代後期に成立した『理斎随筆《りさいずいひつ》』（志賀理斎著）では、鵺退治伝説は頼政が魔祓《まばら》いのため四方位を射る「屋越《やごし》の蟇目《ひきめ》」を行ったことを指すのだろうと記している。

鵺の体それぞれを「頭は猿＝未申／坤《ひつじさる》（南西）」「尾は蛇＝辰巳／巽《たつみ》（南東）」「手足は虎＝丑寅／艮《うしとら》（北東）」とし、源三位頼政の連れた猪早太が戌亥／乾《いぬい》（北西）を意味するとして、鵺にない方位を埋《う》め合《あ》わせるため、猪早太を入れたという推察だ。

　私の考えも半分は同じだ。しかし、全部は頷けない。四方位を示すと言うなら、鵺の胴体を狸とせずに犬か猪にすればいいだけだ。

　素直に方位に当てはめるなら、鵺には乾が欠けているという解釈になる。

　鵺の姿は猿（申）から始まる時計回りになっている。

　その胴体がなぜ欠けたのか。猪早太を連れた頼政が、戌と亥の欠けた鵺を倒す意味はなんなのか。

　そこで出てくるのが、戻橋の鬼だ。

　愛宕山を住処とし、綱の髻を摑んだ鬼は「乾ヲ指テアタコ山へ飛行ク」（原文）。

　単に愛宕山とするのではなく、作者は乾を意識している。後代、同じ物語を記した『前太平記《ぜんたいへいき》』「羅生門《らしょうもん》」では、乾が一層強調されて、安倍晴明による腕の封じをこう描写している。

「鬼の手をば朱の唐櫃《からびつ》に入れ、戌亥の隅の蔵にお

方位としての鵺

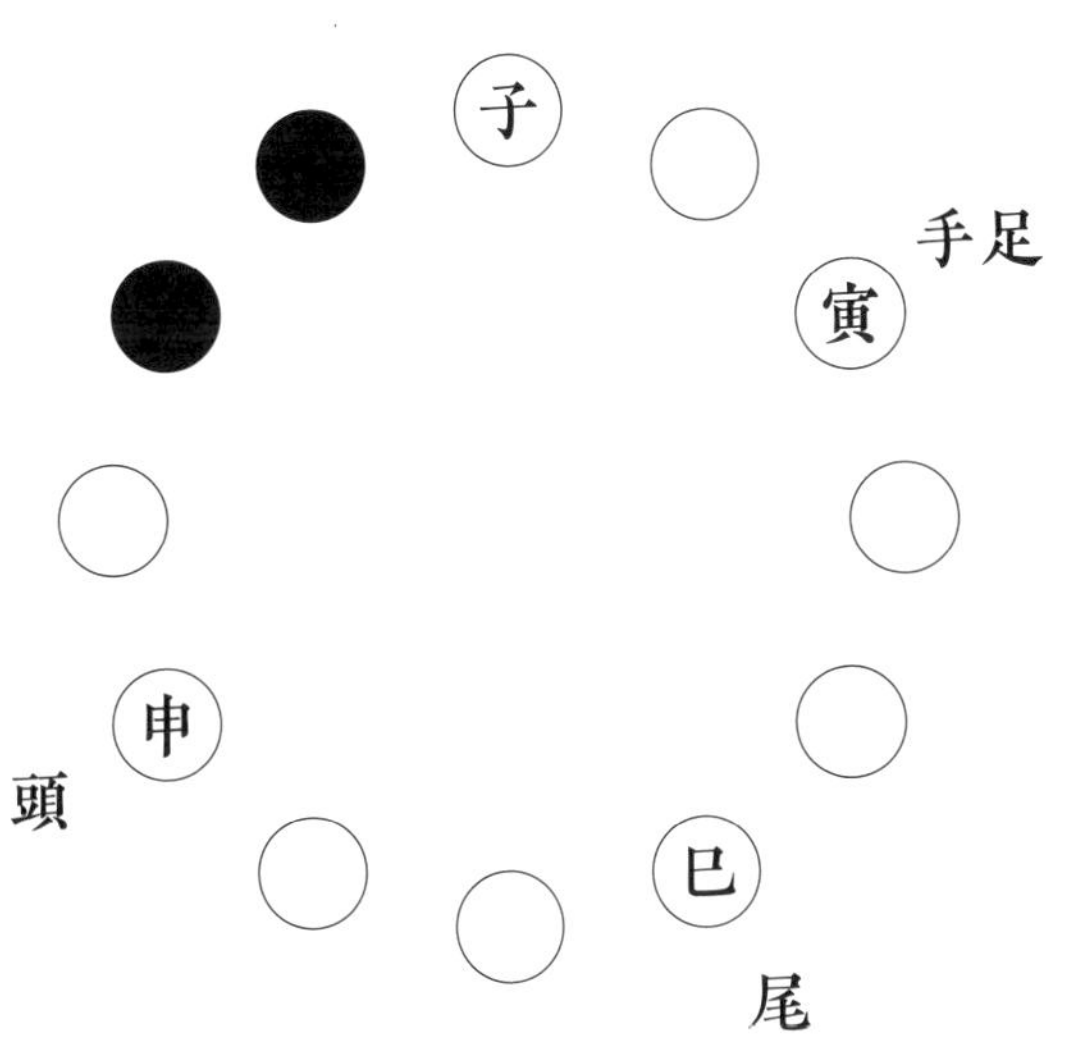

さめ、注連飾《しめかざり》して」

唐櫃もまた、キーワードだ。

浦島太郎の玉手箱をはじめ、説話世界では封じられた箱の中には超常的な宝が入っていることになっている。

安倍晴明伝説でも、龍宮《りゅうぐう》に行った晴明が「石の匣《はこ》」を所望《しょもう》して呪術を得たとの話がある。

封じられた箱・櫃《ひつ》は、それ自体が異界なのだ。そこに「乾」を付《ふ》することで、異界はより強力になる。

では、乾とは一体、何なのだろう。

陰陽道《おんみょうどう》では北東（艮）を「鬼門《きもん》」、南東（巽）を「地戸《ちと》」、南西（坤）を「人門《じんもん》」、北西（乾）を「天門《てんもん》」と呼ぶ。

また「天門」・「地戸」は「神門《しんもん》」・「風門《ふうもん》」という名でも呼ばれる。

現在、日本では艮の「鬼門」ばかりが知られているが、乾は「神門」とも呼ばれ、神の居場所と

天門などを記した方位図

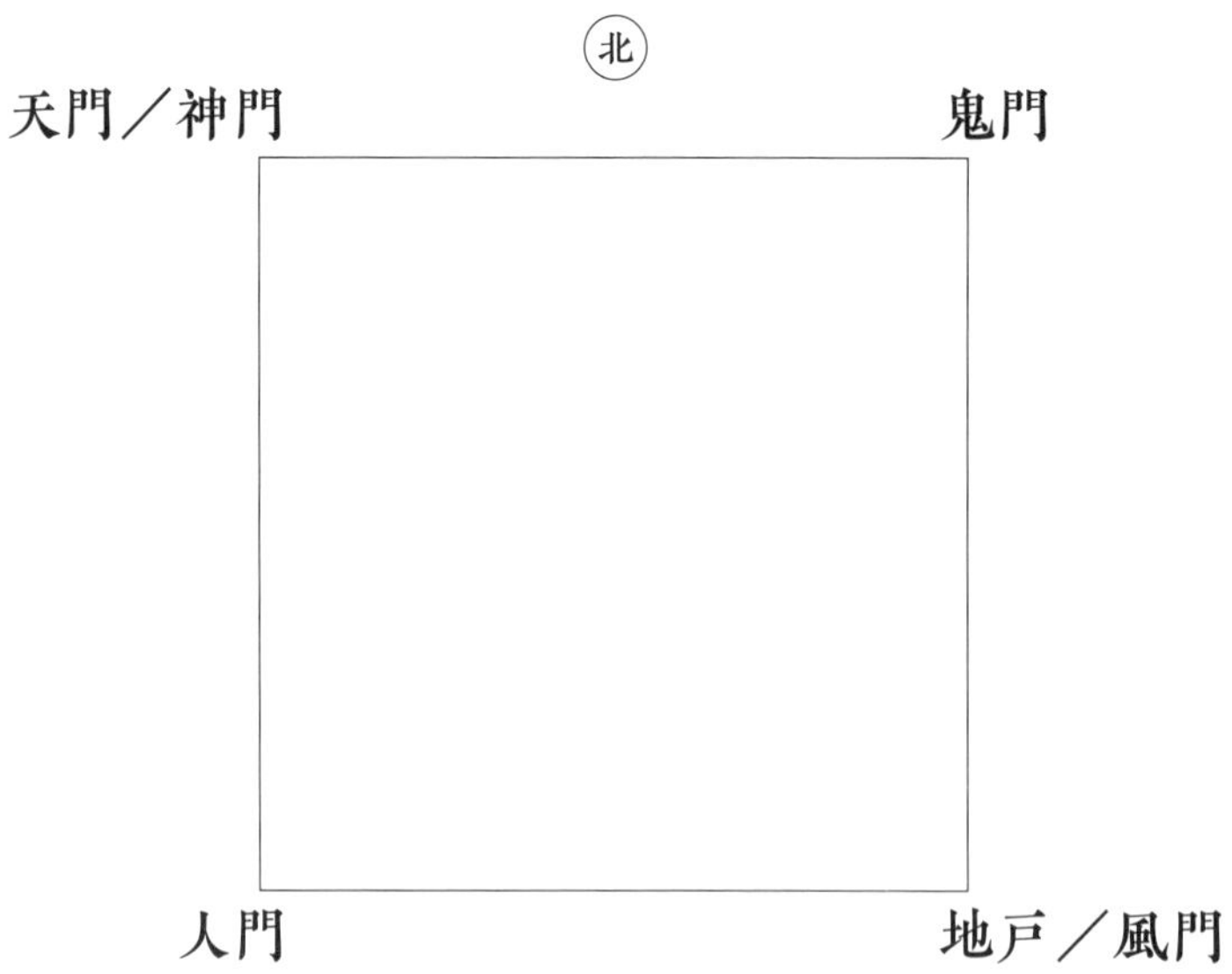

されてきた。

一般的に、鬼門は鬼の来る方位とされて忌避《きひ》される。しかし「人門」と対であるのなら、鬼門もまた人間に関係すると見ていいだろう。

中国における「鬼」は本来、人の霊、死霊《しれい》を表す言葉だ。ゆえに東北と南西を結ぶラインは人の霊が行き交い、人の生死に関わる道だと考えられていたのではないか。

とはいえ、日本における「鬼」は元々「モノ」と読み、ただの霊を超えた存在を示す。そのため、大内裏の鬼門に住んだ安倍晴明、その近所に屋敷を構えた頼光が、異形《いぎょう》としての鬼を退治をすることになる。

また、時代は異なるが、鬼門の対角線上にある「人門」即ち大内裏の裏鬼門には、小野篁《おののたかむら》の屋敷があった。

小野篁の冥官伝説《みょうかんでんせつ》については記したとおりだ。

冥府・地獄という場所は、当然ながら死後、人間が行く場所だ。鬼門・人門が人の生死に関わるならば、篁が人門に居を構えていたのも、考えると含蓄《がんちく》がある。

一方、北西と南東を結ぶ天門・地戸は、文字通りの天と地——常人の手には負えない強大なエネルギーの通り道となる。

この天門ラインには、超常的な力を持った人物が住んだ形跡はない。

しかし、意味あるものが皆無というわけでもない。

平安京概略図を見ていただきたい。

大内裏の巽、即ち地戸には神泉苑、そして「あははの辻」がある。ここに言葉を加えるならば、「あははの辻」は神泉苑の鬼門の角にも当たっている。

つまり「あははの辻」界隈は鬼門と地戸という、警戒すべき方位が重なりあった場所だったということになる。

百鬼夜行が出るのもわかる。

一方、大内裏の乾には、北野天満宮がある。

北野天満宮は平安京の外に位置しているが、鬼から逃れた渡辺綱が落ちたのは「北野の社《やしろ》の廻廊の上」だ。

綱はこれを神助《しんじょ》とし、のちに石灯籠を奉納した。灯籠は今も境内にあり、鬼を斬ったとされる刀「鬼切丸《おにきりまる》」も、天満宮の宝物館に収蔵されている。

これらはすべて、鬼が「乾を指して愛宕山」へ向かう途中、起こったことに基づいている。鬼の住まいとされた愛宕山もずばり、天門ラインの上に乗る。

平安京概略図

天門は神門とも称せられるが、このラインにおわす神霊は決して穏やかなものではないのだ。

西日本で「あなし」と称されている風は、北西、即ち天門から夏場に吹いてくる強風で、疫病《えきびょう》をもたらすとされていた。

その向かい、地戸に当たる神泉苑は、貞観《じょうがん》五年（八六三）、都に疫病が流行《はや》った際、疫神鎮《えきじんしず》めの御霊《ごりょう》会《え》が初めて行われたところでもある。

ここで疫病を鎮めたのも、当てずっぽうというわけではないだろう。

天門から吹いた「あなし」を地戸で受けとめていたのだろうか。神泉苑は疫病としての鬼の檻《おり》でもあったのか。いずれにせよ、天門ラインは疫神の通り道でもあったのだ。

それだけではない。

先に、小野篁が人門に住んでいたと記したが、この篁に縁のある六道珍皇寺《ろくどうちんのうじ》も大内裏から見た天門ライン上の巽、つまりは地戸に位置している。

加えて、珍皇寺の側を通る通りは五条通《ごじょうどおり》（現・松原通）だ。

戻橋の鬼が口にした「愛宕山」「五条辺り」、そして北野天満宮は、すべて天門ラインに乗っているのだ。

大体、最初からこの話は、乾をはじめとした方角を意識するようにできている。

源頼光が使いを頼んだ「一条大宮」は大内裏の鬼門の角。女が立っていたのも鬼門の戻橋だ。

一条戻橋の異界性については、陰陽師に興味のある人はご存じだろう。

戻橋の下は安倍晴明が式神《しきがみ》を隠した場所で、晴明が父を蘇生《そせい》させた場所でもある。また、橋の東詰《ひがしづめ》では毎夜拍物《はやしもの》が聞こえるという魔所としての話もあり、橋占《はしうら》をする場所でもあった。

その橋の東詰から、女は「五条辺り」――鬼門から南下するよう、綱に言う。目的地が違うと言い出すのは「正親町小路」だ。

正親町小路（今の中立売通にほぼ相当）では、さして距離は稼いでいない。愛宕山を乾に据えて、途中で北野天満宮を通るなら、五条のほうが相応しい。だが、なんらかの都合で、作者はふたりを五条には至らせなかった。

見方を変えるなら、天門ラインの力を少し殺《そ》いでいるとも言えるだろう。

五条まで至れば綱を助けることはできない、と作者は考えたのであろうか。

愛宕とは何か

ここで鬼の住処とされた「愛宕」について調べてみよう。

京都で「愛宕」と言えば、まず思い浮かぶのは標高九二四メートルの愛宕山だ。

山城国《やましろのくに》と丹波国《たんばのくに》の国境に位置する山で、山頂の愛宕神社は火防《ひぶせ》の社《やしろ》として知られている。

天狗信仰《てんぐしんこう》でも有名だ。伝説では、ここに九億四万余の天狗が集まったとされており、愛宕の天狗「太郎坊《たろうぼう》」は日本第一の天狗とされている。

戻橋の鬼が空を飛んだのも、愛宕に住む異形＝天狗との認識が、作者にあったのかもしれない。

愛宕神社の創建は古く、『延喜式《えんぎしき》　神名帳《じんみょうちょう》』（九二七）丹波国桑田郡《くわだぐん》の項に「阿多古神社」として載っている。

伝承では、大宝《たいほう》年間(七〇一～七〇四)、役行者小角《えんのぎょうじゃおづぬ》が泰澄《たいちょう》を伴《ともな》って愛宕山に登って山を開き、愛宕山頂の尾根続きにある朝日峯《あさひがみね》に神廟《しんびょう》を造立《ぞうりゅう》したのが始めとされる。また、天応《てんおう》元年(七八一)、光仁天皇《こうにんてんのう》の勅《ちょく》により、和気清麻呂公《わけのきよまろこう》と慶俊僧都《きょうしゅんそうず》が、王城鎮護《おうじょうちんご》の神として社を鎮座《ちんざ》したという。

しかし、太郎坊の名は祭神の中には入っていない。

現在の祭神は、本宮(端の御前)稚産日命《わくむすびのかみ》・埴山姫命《はにやまひめのみこと》・伊弉冉尊《いざなみのみこと》・天熊人命《あめのくまひとのみこと》・豊受姫命《とようけひめのみこと》、若宮(奥の御前)雷神・迦倶槌命《かぐつちのみこと》・破无神《はむのかみ》、奥宮は大国主命《おおくにぬしのみこと》ほか十数社となっている。

もっともこれは神仏分離令後の措置《そち》であり、それ以前の愛宕神社は白雲寺《はくうんじ》または愛宕権現《あたごごんげん》と呼ばれ、祭神迦倶槌命は勝軍地蔵《しょうぐんじぞう》を本地仏《ほんじぶつ》(神の本来の姿とされた仏)とする神仏習合の社だった。

火の神ゆえに火伏となり、勝軍地蔵ゆえに、愛宕社は武家から崇敬《すうけい》された。明智光秀《あけちみつひで》が本能寺《ほんのうじ》に入る前、ここで御籤《みくじ》を引いたのも、この本地仏があったからだ。

但し、愛宕山はご祭神とご利益を並べて終わるような場所ではない。

「あたご」の語源にはいくつかの説がある。

愛宕神社の祭神である火の神・迦倶槌命の誕生に因《よ》って、母の伊弉冉尊が死んだことから、「あたご」は「仇子」(あだこ)の転訛《てんか》だという説がひとつ。

麓《ふもと》近くに化野《あだしの》があり、周辺が古くからの葬送地であったことから、「徒《あだ》」――儚《はかな》く移ろいやすい命を表すゆえに、それが「アタゴ」の言葉にも適用されたとの説もある。

加えて「仇」+「場所」とされ、敵対する場所とも解釈された。

……何に敵対するというのか。

愛宕神社の若宮には、迦倶槌命と共に雷神が祀《まつ》られている。そのため、雷神こそが天狗信仰の原形ではないかとの説もある。

元慶《がんぎょう》四年（八八〇）の記録には「授丹波国阿当護山無位雷神。破无神、並従五位下」とあり、雷神に位《くらい》を授《さず》けている（破无神の詳細は不明）。

私はこの迦倶槌命と雷神、即ち、火と雷の神こそが「天門」を司《つかさど》る神ではないかと考えている。

ひとつの理由は、このライン上に北野天満宮が乗っているからだ。

ご祭神は菅原道真公《すがわらのみちざねこう》――天神様だ。

日本最大の怨霊《おんりょう》とも言われる道真公は、その祟《たた》りの象徴として雷を用いた。

日本神話において、伊弉冉尊の死と関係するのも火と雷だ。

伊弉冉尊は迦倶槌命を産んだとき、ホトを焼かれて亡くなった。妻の死に激昂した伊弉諾尊《いざなぎのみこと》は迦倶槌命を斬り殺す。と、その剣の鍔《つば》から滴《したた》った血が、建御雷之男神《たけみかづちのおのかみ》という雷神になる。そしてその後、妻を求めて黄泉国《よみのくに》に下った伊弉諾尊は、蛆《うじ》と共に四肢に雷をまとわりつかせた伊弉冉尊の骸《むくろ》を見る。

火の神・迦倶槌命は母殺しであると同時に、父に殺された子供だ。そして雷は迦倶槌命と伊弉冉尊、双方の死に関係している。

そういう恐るべき存在を神と祀ったのが愛宕山だ。そして、対を為《な》す「地戸」におわすのが神泉苑の竜神――水神なのだ。

両者は火と水という、対極にして根源的な存在だ。

人は火を用い、水を治めることで文明を築いた。両者は重要でありながら、一旦、暴れだすと人の手には負えなくなる。場合によっては、我々に容易に死をもたらす存在だ。

これが天門ラインにいる神の正体なのではないか。

とすれば、「神門」の神が心優しい存在ではないのは納得できる。そして、その災厄《さいやく》のみがクローズアップされたとき、怨霊となり、疫神となり、鬼となるのではなかろうか。

当然ながら、方位としての天門ラインは全国どこにでも存在する。東京にも、沖縄にも、各家庭にもある。しかし、平安京の「神門」はまったく一筋縄ではいかない。

愛宕山には比叡山延暦寺《ひえいざんえんりゃくじ》より古い月輪寺《つきのわでら》という寺があるのだが、梅原猛《うめはらたけし》『京都発見　一』（新潮社）によれば、そこには小野篁刻の仏像が納められていたという。

またも小野篁だ。

伝説を思い出していただきたい。

篁が冥界《めいかい》への往来に使った入り口は「死の六道」珍皇寺、出口は「生の六道」福正寺《ふくしょうじ》。

福正寺跡にほど近い清涼寺《せいりょうじ》には「生の六道　小野篁公遺跡」との碑が立っており、境内に建つ愛宕神社からは愛宕山に至る表参道が延びていた。

一方、前述したごとく、六道珍皇寺は元の名称が愛宕寺《おたぎでら》で「五条辺り」に建っており、東の葬送地・鳥辺野《とりべの》の入り口に当たっている。福正寺のあった六道町《ろくどうちょう》は、西の葬送地・化野への入り口だ。

どちらをどう通っても、あの世に続く道が開く。

いや、道ではなく、穴と言うべきか。

漢和辞典を広げると、愛宕の「宕」とは岩屋、大きな石の洞穴を示すと記してある。訓読みでは「ほしいまま」となり、大げさに揺れる、または勝手に動く様子を表して、放蕩《ほうとう》の「蕩」と同意となる。

岩屋は異界、鬼の国への通路だった。『御伽草子《おとぎぞうし》』版「酒呑童子」では、頼光一党は「千丈嶽《せんじょうたけ》を登りつつ、暗き岩穴十丈ばかりくぐり出て」鬼の国の入り口に立つ。そして、そこで出会った女は「此所《ここ》は鬼の岩屋」と語るのだ。

小野篁に仮託された冥界への入り口が、芝の敷かれた庭から井戸へと変化したのも、愛宕の「宕」が縦穴を穿《うが》ったからではなかろうか。

古くは「阿多古」と記された地に「愛宕」の漢字が当てられたのも、鬼の国の入り口に、ほしいままに揺れ動く天門ラインの強大な力を感じたからではないか。

そして、もしかすると愛宕山は大江山の前衛峰、

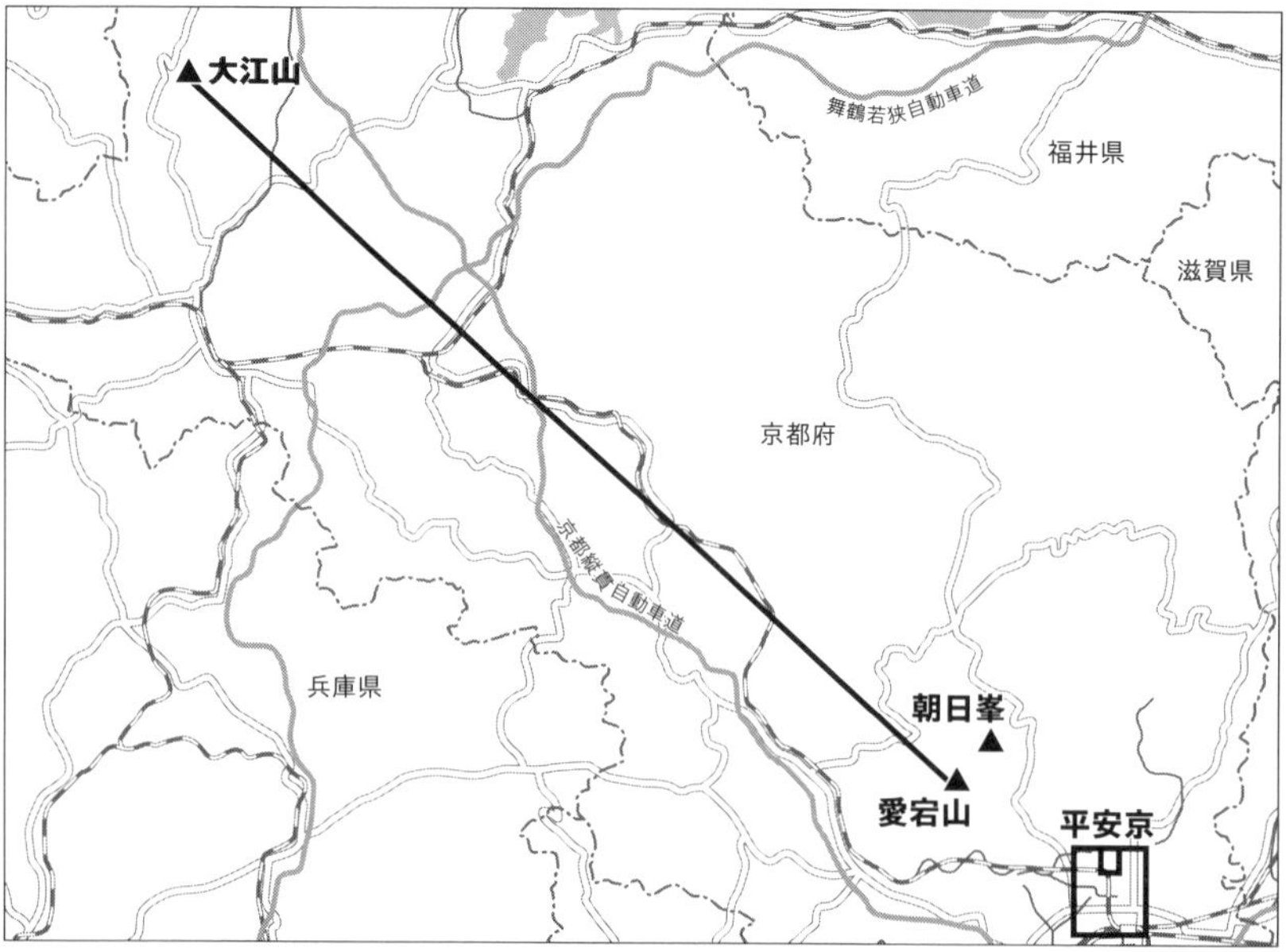

愛宕山と乾

あるいは真に鬼の国に至るためには通らねばならない通過儀礼的な場所として、意識されていたのでは……。

その前衛に住んでいたのが、のちに酒呑童子の配下とされる戻橋の鬼、茨木童子だ。

茨木童子が酒呑童子の部下とされたのも、ふたつの山の関係が下敷きにあったように思われる。

仮定ばかりを連ねたが、ただの妄想《もうそう》とは言い切れない。

大江山はまさに都の乾、愛宕山の乾に当たっているのだ。

鬼は鬼門にいるのではない。神の門に棲んでいる。

火、雷、疫病、御霊《ごりょう》、冥界、鬼。

これこそが神門、乾の力だ。

鬼の腕

ここで再度、戻橋の鬼に目を向けたい。この話にはもうひとつ、重要なキーワードが存在する。

「腕」だ。

鬼の腕とは何なのか。

少し深読みしてみよう。

一般的に「腕」は身体の一部を指すが、日本語には別の意味がある。

腕前・凄腕《すごうで》・手腕・腕が上がる・腕が立つなど、技術や業《わざ》を示す言葉がひとつ。もうひとつは腕試し、腕っぷし、腕が鳴るなど、力を表す表現だ。

鬼の話が記されている『平家物語』「剣巻」は、名のとおり刀の由来を語り、伝説によって刀剣の権威付けをするものだ。そこで腕を技術とみなせば、鍛冶《かじ》・製鉄《せいてつ》が妥当だろうか。

実際、鬼伝説に製鉄、即ちタタラとの関連を指摘する研究者は多い。ならば、綱が奪った腕に象徴されるのは、鍛冶の技術とも言えるのか。あの伝説は技術の受け渡し、または奪い合いとも読めようか。

とすれば、綱が籠もった六日間は技術を習得する時間、あるいは資料などを書き写すために与えられた時間であり、その技術の習得を経て、源氏《げんじ》の刀はグレードアップされたのだ。……と、してもいいのだが、いまひとつ自分で納得できない。

事実、大江山はニッケル鉱山、愛宕山では珪石《けいせき》が採取されたらしいが、鬼に比されたタタラ衆や金《かな》山衆《やましゅう》の跡はないからだ。

一方、腕が象徴的な「力」なら、様々な解釈ができる。鬼の力、天門の力、あるいはその両方か。

いずれにせよ頼光たちは、そのすべては奪えなかった。

七日目が抜けてしまったからだ。

情けない、としてもいいのだが、これは物語の上の話だ。予定調和だったのだろう。

完全に乾の力を得てしまえば、彼らは鬼殺しではなく、鬼そのものになってしまう。説話の作者はそんなことは望んでいない。

誰もが恐れる乾の力は誇示したい。しかし、頼光たちは人のままでなくてはならない。ゆえに詰めを甘くする。綱を五条に至らせなかったのと同様だ。

それでも、だ。

何度も何度も、源氏は執拗《しつよう》に乾を攻める。

もうひとつの話は北野天満宮にある。


――戻橋の事件が起きた同年夏頃、源頼光は瘧病《おこりやみ》に冒《おか》されて寝込んでいた。何をしても治らず、頭痛と高熱が三十日以上も続いた。ある日かなり重篤《じゅうとく》になったが、少し病状が落ち着いたので、看病していた四天王は別室に退いた。

夜が深くなった頃。微かな燭《ともしび》の陰から、丈が七尺もある法師がするすると歩み寄ってきて、索《なわ》を捌《さば》いて頼光に付けようとした。頼光は驚いて起き上がり、

「何者なれば頼光に縄を付けんとする。憎い奴め」

と、枕元に立ててあった膝丸《ひざまる》という刀を取って斬りつけた。

騒ぎを聞きつけた四天王は走り寄り、頼光に事の次第を尋ねた。

灯台の下を見れば血が零《こぼ》れている。手に手に火を灯《とも》して見ると、血痕は妻戸《つまど》より出て簀子《すのこ》に続いていた。

その血の跡を辿《たど》っていけば、北野の中（または後ろ）にある大きな塚穴の中に至った。すぐさま塚を掘り崩すと、山蜘《やまぐも》がいる。縄で縛ったが、四尺の縄では足りないほどの巨大さだ。それを搦《から》め捕《と》らえると、頼光の病は漸《ようや》く癒《い》えた。

仲間たちは今後のためにもと、山蜘を鉄の串に刺して河原に晒《さら》した。

このことによって、膝丸は「蜘切《くもきり》」と呼ばれるようになったのだ。

天門争奪

『平家物語』にはいくつかの異本があり、各々内容が微妙に異なっている。「剣巻」は屋代本にのみあり、そこに戻橋の話に続けて山蜘の話が記される。

『平家物語』はもともと琵琶法師《びわほうし》の語り物として流布《るふ》したために、正確な成立時期はわかっていない。異本もそれぞれ後世に手を加えられたりしているが、鎌倉時代後期延慶《えんきょう》二年（一三〇九）以前には成立したと考えられている。

一方、酒呑童子の物語で最古となるのは、南北朝《なんぼくちょう》から室町初期《むろまちしょき》辺りに作られた『大江山絵詞《おおえやまえことば》』だ。

今ここで、源氏関係の鬼の話を成立と内容の順に沿って記すなら、大江山の酒呑童子、愛宕山に住む戻橋の鬼、北野の山蜘、最後に鵺の話となろうか。

これらを乾、天門を中心とした見方をすると以下となる。

一、天門（大江山）の酒呑童子は討ち取られたが、首は都の中に入っていない（老ノ坂峠の首塚大明神、異説では宇治の宝蔵）。

二、天門（愛宕山）の鬼は腕を取り返した。

三、天門（北野）の山蜘は討ち取られた。

四、鵺は地戸（東三条殿の方角）から来るのみで、猪早太は源氏の郎党《ろうとう》となっている。

鵺以外、大江山も愛宕山も北野天満宮もすべて、天門という乾に関係している。

頼光即ち源氏を称揚する物語の制作者らは、乾の力を源氏のものにするために、何度も物語を紡いだのだ。

時代の最後、頼政が鵺を仕留められたのは、既に手元に乾の力があったからか。鵺から乾の方角が欠け、逆方向からやってくるのも、乾からやってくるだけの力が残っていなかったからか。

——もちろん、これらはただの説話だ。しかし、こうもしつこく繰り返されるのは、物語には現実を凌《しの》ぐ力があると思われていたからではなかろうか。

実際、今、小野篁の評判は冥官としてが第一で、現実的な地位は二の次だ。「閻魔大王《えんまだいおう》の側近は参《さん》議《ぎ》でもありました」といった具合に。

安倍晴明も呪術師的側面がまず語られて、次に陰陽師本来の仕事である天文や暦作りが挙げられる。

物語は現実を浸食し、凌駕《りょうが》し、変容させるのだ。

ゆえに、乾の力を奪取する頼光たちの活躍も、源氏の権威の上に輝いている。

だがしかし——本当に彼らが乾の力を意のままにできたかのかどうか。

アヤシイと、私は考えている。

小説家的な想像力を働かせてみよう。

綱は腕を奪い返され、鬼に破風を蹴破られる。破風は文字通り建物の風除け、「風を破る」役割を持つ。これを失ったことにより、渡辺の家は乾から疫病をもたらす「あなし」の風を破ることができなくなった。

鵺退治をした源三位頼政は、出世はしたものの、結局、平家《へいけ》の追討《ついとう》を受けて自害する。

そしてのちの、源実朝《みなもとのさねとも》……。

彼らには、驕《おご》りがあったのではなかろうか。

天魔が魅入る

鎌倉幕府第三代将軍源実朝は右大臣まで進んだが、鶴岡八幡宮《つるがおかはちまんぐう》で甥の公暁《こうぎょう》に殺される。

『承久記《じょうきゅうき》』では、これを「官打《かんうち》」という呪詛《じゅそ》の結果とみなしている。

「官打」とは過ぎた身分を与えることで、運や天命に負担を掛ける呪いだ。

事実、幕府と緊張関係にあった後鳥羽上皇《ごとばじょうこう》は、実朝にしきりに官位を薦め、実朝は権大納言《ごんのだいなごん》、兼《けん》左大将、内大臣《ないだいじん》、二十七歳にして右大臣へと異例の出世を遂げていった。

実朝が望んだとの説もあるが、官位を上げ続けたのは上皇だ。上皇はわかっていたのかもしれない。

それを諫《いさ》めたのが、大江広元《おおえのひろもと》——大江匡房の曾孫だ。

広元はすべての官位を返還したほうがいいと諫言《かんげん》した。だが、聞き入れられることはなかった。そして、実朝は辞世《じせい》となる歌を詠む。

「出《い》でていなば　ぬしなき宿となりぬとも　軒端《のきば》の梅よ春を忘るな」

なぜここで、菅原道真「東風《こち》吹《ふ》かば」の本歌取りなのか。今どきの言い方をするならば、完全に死亡フラグが立っている。

『吾妻鏡《あづまかがみ》』によると、死の当日、大江広元は涙を流して、「成人後は未だ泣くことを知らず。しかるに今近くに在ると落涙禁じ難し。これ只事《ただごと》に非《あら》ず。御束帯《ごそくたい》の下に腹巻を着け給うべし」と忠告する。

しかし、これも聞き入れられず、実朝は公暁に斬り殺される。公暁も直後に殺されて、頼光の父・満仲《みつなか》を祖とする源頼朝《みなもとのよりとも》、源氏三代の頭領の血はここで絶えることになる。

骨肉相食《こつにくあいは》む源氏の歴史は、陰惨すぎて好きではない。が、この場面に菅原道真の歌と大江匡房の曽孫が揃っているのは興味深い。

『承久記』によると実朝は最後、「広元やある」と叫んだとか。

大江匡房が平安時代後期の頭脳であったのと同じく、広元も源頼朝の側近となり、鎌倉幕府創設に多大な影響力を発揮した。

匡房に近い才と知識、立場にいたのは間違いない。

そして多分、官位の返還を促した広元は「官打」の意味を知っていた。

匡房の子である維順《これより》は大江家の家学《かがく》を襲《つ》いで、子と孫に伝授したという。その孫のひとりが広元だ。

『中外抄《ちゅうがいしょう》』には、匡房のこんな言葉が載っている。

「官位が高く、鬼瞰《きかん》（鬼神が隙を窺う、天魔が魅入る）がある場合、職を辞すれば齢《よわい》を延ばすことができる。
これが宿曜道《すくようどう》の秘説だ」

広元はこれを読んでいたのではないか。

鬼瞰——。

如何《いか》なる鬼が源氏の隙を窺《うかが》ったのか。

『承久記』はいわゆる軍記物語なので、完全な史実というわけではない。『平家物語』も『大江山絵詞』も、乾攻めの物語はみな、源氏が滅んだ後にできている。ゆえに、すべては私の妄想だ。それでも意図は感じてしまう。

大江山の名付け親である音人《おとんど》、匡房、そして広元。匡房の曾祖父と親交のあった頼光の娘は大江に嫁ぎ、頼光の子孫である実朝は、広元の忠告を容《い》れずに官打に倒れる。

大江と源の両氏は鬼を要《かなめ》に対立させられ、源氏は乾を攻め続け、天門の力は骨抜きにされる。

実際の武勇を超えて語られた数々の源氏の鬼退治もまた、一種の官打と言えるかもしれない。

物語がマジナイとして使えるならば、加えて、後世に残るよう、語り継がれたものならば、作者はこれらの話によって大江を貶《おと》め、源氏を殺し、平安京の天門ラインを潰したと言ってもいいかもしれない。

それは延《ひ》いては平安京そのものの解体に繋がったのではなかろうか。

……まあ、これ以上はやめておこう。

但し、乾と天門ラインがゆゆしきものであるのは事実だ。

説話上、源氏はその力を簒奪《さんだつ》したが、乾の力を殺《そ》ぐことなく、我が許に引き寄せた者もいる。

天門・地戸・人門の三方に気配を残す小野篁が、その筆頭となるだろうか。

いや、思い出してみてほしい。

小野篁と冥界を結びつけたのは誰なのか。小野篁伝説に、先鞭《せんべん》をつけたのは誰だったのか。頼光を「天下の一物《ひとつもの》」と称して、初めて評価したのは誰か。

非常に遠回りになってしまったが、大江に話を戻したい。

とはいえ、天門の話はまだ続く。

なぜなら乾に鎮座して雷神の力を得た御霊・菅原道真公は、大江氏と深い関係にあるからだ。

六　阿保親王

大江匡房、先祖を偽る

先に、私は大江氏《おおえし》の家紋「一文字三《いちもんじみ》つ星紋《ぼしもん》」は、遠祖とされる阿保親王《あぼしんのう》に由来があると記した。親王が「一品《いっぽん》」に叙《じょ》されたことから、その二文字を表体化して家紋としたといった話だ。

しかし、その前に私はこうも記している。

「大江氏は天武天皇《てんむてんのう》時代以来、土師宿禰《はにしのすくね》を名乗っていた。だが、延暦《えんりゃく》九年（七九〇）、桓武天皇《かんむてんのう》から大《おお》枝朝臣《えのあそん》の姓を賜《たまわ》り、その後貞観《じょうがん》八年（八六六）に音人《おとんど》の奏請《そうせい》により、大枝から大江に改姓したのだ。」

では、阿保親王の先祖は土師《はじ》なのか？

当然ながら、答えは否《いな》だ。

阿保親王は平城天皇《へいぜいてんのう》の皇子であり、土師宿禰とは関係ない。古典が好きな人ならば、親王の名は在原業平《ありわらのなりひら》とその兄行平《ゆきひら》の父として認識しているに違いない。

ただ、『尊卑分脈《そんぴぶんみゃく》』『本朝皇胤紹運録《ほんちょうこういんじょううんろく》』『大江氏系図』などでは、行平・業平の兄弟に大江音人が加えられている。

『尊卑分脈』では、在原業平・行平は垣武天皇の皇女伊都内親王《いとないしんのう》との間の子、音人はその母を中臣氏《なかとみし》とし、在原兄弟とは異母兄弟の関係として記される。また、平城天皇―阿保親王―大枝本主《おおえのもとたか》―大江音人とし、孫としている系図もある。

一方、『公卿補任《くぎょうぶにん》』では、音人の母を同じく中臣氏としながらも、その身分を阿保親王の侍女とする。父や祖父は土師氏系列の大枝姓だ。

現代では専門家のほとんどが大江の祖を土師氏とし、阿保親王は詐称《さしょう》としている。

『公卿補任』は九世紀頃から加筆され続けて、十世紀後半にほぼ成立、『尊卑分脈』の成立は十四世紀後半だ。つまり古くは土師氏を祖として認識されていた大江氏が、のちの時代に阿保親王を祖とするものに変化したのだ。

その間に何があったのか。

答えは既に出ている。

「そもそも大江音人が業平と同じく阿保親王の子あるいは孫であるとする説は、（中略）院政期、大江匡房（一〇四一－一一一一）の著書『続本朝往生伝』（康和年間〈一〇九九－一一〇三〉に成立）の中の大江音人伝に初めて現れるのである。」「（前略）一つの可能性として、匡衡の時代に既に歴然たる兆のあった藤原氏の急迫が、今や決定的な段階に達して、重代最後の名儒である匡房は、この脅威の前に、あえてこうした虚構の文字に走ったのではないか、ということも考えられよう。」（『今井源衛著作集 7』「大江音人阿保親王子息説をめぐって」今井源衛 笠間書院）

――そう。またも匡房《まさふさ》なのだ。

阿保親王説の初出となる『続本朝往生伝《ぞくほんちょうおうじょうでん》』には「参議左衛門督《さんぎさえもんのかみ》大江音人卿《きょう》は、大同《だいどう》（平城天皇）の後の阿保親王の子なり」とあり、匡房ははっきりと、大江は天皇家に連なる家系で、大枝を大江とした音人は阿保親王の子供だと語り……騙《かた》っている。そしてこれよりのちの時代に成立した系図から、土師氏の名は消えていくのだ。

多分、今の私たちが考える何倍も、大江匡房というブランドは強い力を持っていた。

藤原忠実《ふじわらのただざね》は匡房が記した『江家次第《ごうけしだい》』を「近年の識者、皆悉《ことごと》くこれを持つ」と言っていた。それは誇張ではなくて、事実だったに違いない。

三帝《さんてい》の師《し》と仰がれた匡房は、当代随一の学者で博覧強記《はくらんきょうき》。彼の言葉に間違いはなく、彼の著作を典《てん》拠《きょ》にすれば、疑義が生じることはない。

そう思われていたからこそ、後代の人は疑いもなく匡房の言葉を資料としたのだ。

実際、彼が記したことは九割九分、貴重な事実なのだろう。だが、著作の中で初めて触れられている故事《こじ》は――匡房以前、誰も記していないことは――どこまでが本当だったのか。

私はやはり、匡房は自らの影響力を自覚して、その上で様々な仕掛けをちりばめていったのだと思う。

それらについてはのちに詳しく語ることとし、今は系図に話を戻そう。

匡房が初めて世間に紹介し、その立ち位置を決定したのは、拙稿においては小野篁《おののたかむら》と源頼光《みなもとのらいこう》、そして阿保親王で三人目だ。

彼はなぜ、阿保親王を己の祖先としたのだろうか。また、どうして土師氏ではいけなかったのか。

今井源衛《いまいげんえ》氏は藤原氏の脅威の前に虚構に走ったとしている。だが、私はそれだけとは思えない。

なぜなら、土師氏を避けた理由が明白に残っているからだ。

類聚本系《るいじゅうぼんけい》『江談抄《ごうだんしょう》』（第三　六）の中、匡房はこう言っている。

「菅家《かんけ》の人は子孫多くして官位は至らず。その故有り。菅家の本姓は土師氏なり。河内《かわち》の国の土師寺《はじでら》はこれその先祖の氏寺なり。しかるに帝王、陵墓に葬殮《そうれん》するに必ず人をもつて埋《う》めしむる事あり。漢《かん》土《ど》の法なり。我朝《わがちょう》もまたもつてしかるべきなり。しかるに件《くだん》の土師氏は土人《はにびと》をもつて替ふ。格《きゃく》の文に見ゆ。よりて万人のためにその生恩《せいおん》を施《ほどこ》すといへども、国家の奉為《おんため》には不忠なり。よりて人は多くして官は少《まれ》なり」

少し解説しておこう。

土師氏の由来は皇族の葬儀に伴《ともな》う殉死《じゅんし》を廃して、埴輪《はにわ》を代わりにすることを進言したことに始まる。

『日本書紀《にほんしょき》』には、こんな話が載っている。

——垂仁天皇《すいにんてんのう》二十八年十月、倭彦命《やまとひこのみこと》が亡くなった。亡骸《なきがら》を身狭《むさ》の桃花鳥坂《つきさか》に葬《ほうむ》った際、近習者を集めて生きながらに陵《みささぎ》の域に埋め立てたところ、数日を経ても彼らは死なず、昼夜を問わずに泣き叫び、死後は腐って犬や烏《からす》の餌食となった。垂仁天皇はこの有様に心を痛め、生きた人を埋め立てる殉葬《じゅんそう》を廃止するように詔《みことのり》した。

そして垂仁天皇三十二年七月、皇后《こうごう》の日葉酢媛命《ひばすひめのみこと》が亡くなったとき、天皇は殉葬の是非を周囲に諮《はか》った。すると、野見宿禰《のみのすくね》が「その風習は後代に伝えるべきではない」と使者を遣《つかわ》し、出雲国《いずものくに》の土部《はじべ》百人を喚《め》し上《あ》げた。そして自ら土部らを領《つか》って埴《はにつち》を取り、人や馬、様々な物の形を作って天皇に奉《たてまつ》った。

「今から先は、この土物《はに》を生きた人の替わりに陵に立て、それを後世の範《のり》としましょう」

宿禰の言葉に天皇は大層喜んで、土物を埴輪と名づけ、また野見宿禰を土師《はじ》の職《つかさ》にして、姓《かばね》を改めて土師臣《はじのおみ》とした。

土師連《はじのむらじ》が、天皇の喪葬を司《つかさど》るようになった由来がこれで、野見宿禰は土師連らの祖となって、土師宿禰と名を改めた。

運命を操る術

右の話を踏まえて、匡房の言葉を平たく言うと以下になる。

菅原氏《すがわらし》が子孫は多いのに高い官位を得られないのは、先祖の土師氏が殉死に代わって埴輪を置くことを提案したからだ。万人の命のためには良いことをしたが、国家にとっては不忠義だ。だから、人ばかり多くて出世できないのだ……。

匡房は殉死を伴う葬儀こそが、本来だと考えていた。ゆえにそれを歪《ゆが》めた土師氏は不忠に当たり、国の要職には就けないとする。

罰というか、呪いというか、非常にオカルティックな思考だが、その障《さわ》りを被らないため、匡房は土師氏から「抜けた」のだ。そしてその方法に、彼はまたしても文章という言霊《ことだま》の力を用いている。

大江匡房の眼差しは、現実のみには向いていない。

菅原の子孫について語った後、彼は最後にこう結んでいる。

「高名の秘事はなほ侍《はべ》るなり」――名を上げ、出世する秘事はある、と。

残念なことに詳細は伝わっていないのだが、匡房はきっと、その秘事とやらを己に用いたのだろう。

もちろん、栄達した理由の大半は誰もがひれ伏す頭脳にある。だが、自分を土師氏の因果《いんが》から解放することをはじめ、呪術と呼んでも差し支えのないことも、様々に、かつ周到に行ったのではなかろうか。

匡房の評価として、歴史学者の誰もが口にするのは、藤原氏《ふじわらし》全盛の時代にあって、よくぞ失脚《しっきゃく》せずに人生を全うできた、というものだ。

その引き合いとして必ず出るのが、似たようなポジションにいながら陥《おとしい》れられ、失意のうちに亡くなった菅原道真《すがわらのみちざね》、即ち土師氏である人物だ。

菅原道真は平安時代前期に生きた。

宇多天皇《うだてんのう》から醍醐天皇《だいごてんのう》に重用《ちょうよう》され、道真は右大臣にまで昇る。本来の儒家《じゅか》としての家格を超えた栄進は妬《ねた》みの対象となり、他氏の排斥《はいせき》を続ける藤原氏にとっては強力な対立者とみなされた。そして従《じゅ》二位《にい》に叙してまもなく、道真は左大臣だった藤原時平《ふじわらのときひら》の讒言《ざんげん》によって大宰権帥《だざいのごんのそち》に左遷《させん》され、二年後、失意のうちに没する。

大江匡房はこの菅原道真を相当意識していたようだ。

『江談抄』の中、彼は道真を称揚し、褒《ほ》め称《たた》え、その詩文に感服している。匡房は自分の立場や才能に、道真のそれと共通したものを感じていたのだろう。

だからこそ、同じ轍《てつ》は絶対に踏むまいとしたに違いない。

前節にて、源実朝《みなもとのさねとも》の官打《かんうち》について記したとき、私は『中外抄《ちゅうがいしょう》』にある匡房の言葉を引いている。

「官位が高く、鬼瞰《きかん》がある場合、職を辞すれば齢《よわい》を延ばすことができる。これが宿曜道《すくようどう》の秘説だ」

この言葉は堀河天皇《ほりかわてんのう》が重篤《じゅうとく》になったときのものだが、匡房の頭には道真のことがあったのかもしれない。そして殉死を廃止した土師氏の不忠と、冴えない子孫の関係も因果として確信していた。

ゆえに生い茂り、絡みついてくる藤原の蔓《つる》から逃れるために、周到に用心し、秘事を用いた――。

私はそう考える。

従って、阿保親王を祖とすることが、藤原氏への対抗手段であるというのは間違いではない。

しかし、ここで改めて問いたい。

どうして阿保親王なのか。

阿保親王は平城天皇の第一皇子、桓武天皇の孫に当たる人物だ。

弘仁《こうにん》元年（八一〇）、平城上皇と嵯峨天皇《さがてんのう》との遷都《せんと》を巡る対立によって起きた薬子《くすこ》の変《へん》により、親王は大宰権帥に左遷された。

十四年後、平城上皇の崩御後に入京を許されるも、承和《じょうわ》九年（八四二）、今度は橘逸勢《たちばなのはやなり》を首謀とする承和《じょうわ》の変《へん》に巻き込まれる。

阿保親王はその企《くわだ》てを密書にしたため、皇太后・橘嘉智子《たちばなのかちこ》に報告した。それによって事件は未遂で終わるが、その後、親王は門を閉ざして表に出ず、変の三カ月後に急死した。

享年五十一。死因は定かではないが、一説に自殺ではないかと言われている。

最終官位は弾正尹三品《だんじょうのいんさんぼん》。反乱を未然に防いだ功績により、葬儀にあたって一品《いっぽん》の品位《ほんい》を追贈されている。

――決して順風満帆《じゅんぷうまんぱん》な人生ではない。

理由は違えど、大宰府に左遷されたのは道真と同じだ。

しかし、阿保親王は帰京《ききょう》した。

匡房が阿保親王を祖と据えたのは、もしかすると、このことが理由のひとつなのかもしれない。

わかりづらいものではあるが、これは一種のマジナイだ。

祖先を偽った匡房は、当然ながら己の本来の血が土師氏であることを知っていた。その土師氏の中で一番の出世を果たした人物は、藤原氏に讒訴《ざんそ》され、大宰府に左遷されて亡くなっている。

その悲運をある程度はトレースし、だが、最悪の事態は回避した人物。それが阿保親王だったのではないか。

匡房は一度、自ら進んで大宰府に赴任《ふにん》している。そして無事に帰京したのち、二度目の要請《ようせい》に対しては、どんなに非難されようと、頑《がん》として腰を上げなかった。

なぜなら、大宰府に二度行けば、彼が構築した運命の道から外れてしまうからだ。

人生を俯瞰《ふかん》する四柱推命《しちゅうすいめい》などの占いには、運命を変える手段が存在する。

たとえば、ある月に血を流し、怪我をする運がある場合、実際に怪我をする前に自分で指を小さく切って血を流したり、献血をするなどして悪しき運を消化するのだ。

占術《せんじゅつ》にも長《た》けていた匡房だ。もしかすると、彼は自分に讒訴による左遷の気配があると見ていたのかもしれない。ゆえに先に大宰府に行き、偽りの祖先の運をなぞって、無事の帰京を果たしたのだ。

それがために、二度はない。

再度、大宰府に赴《おもむ》いたなら、阿保親王の運命をトレースすることは適わなくなる。加えて自ら選んだ運に背《そむ》けば、「返し」は強烈なものになる。だから、大宰府行きを拒《こば》んだ。

――オカルティックに考えるなら、この仮説は成立する。

そういえば、小野篁も阿保親王と同時代の人であり、隠岐《おき》に流され、無事に京《みやこ》に戻っている。匡房は篁と自分の間に、冥官《みょうかん》という共通点があることを『江談抄』にて臭《にお》わせているが、これもまた含みがあるのかもしれない。

黄泉《よみ》の国《くに》、死の世界から帰ることと、配流先《はいるさき》から京に戻るのは、彼ら都人《みやこびと》の感覚からすれば、同じものだったのではなかろうか。

大枝氏から大江氏へ

マジナイ云々《うんぬん》はともかくも、阿保親王と菅原道真、そして土師氏を重ねるのは決して牽強付会《けんきょうふかい》ではない。

大阪府松原市阿保《まつばらしあお》には、その名も阿保神社《あおじんじゃ》という古社がある。

正確な創建年は不詳だが、祭神は菅原道真公だ。

伝説によると、この神社は道真が大宰府に向かう際、叔母の覚寿尼《かくじゅに》に暇乞《いとまごい》する途中に休息した場所という。

神社の境内には「史跡阿保親王住居址《あと》」の石碑が建てられており、「あお」「あぼ」と音は違うが、当地は阿保親王の別邸だったとの伝説がある。

道真がここで休息したのは、大宰府より戻ってきた親王にあやかってのものだったのか。

当時、叔母の覚寿尼は道明寺《どうみょうじ》（大阪府藤井寺市道明寺）にいた。

道明寺もまた創建年は不明だが、この一帯は土師氏の根拠地のひとつであり、寺の前身を土師寺《はじでら》と言い、土師連八島《はじのむらじやしま》が氏寺として建立《こんりゅう》したと伝わっている。

また、その側にある道明寺天満宮《どうみょうじてんまんぐう》は、過去には土師神社《はじじんじゃ》と呼ばれていた。

そのため、現在、近鉄南大阪線を用いて土師寺・土師神社に至る最寄り駅は「土師ノ里《はじのさと》」となっている。

それだけではない。

阿保神社と土師寺の間に位置する葛井寺《ふじいでら》は、阿保親王の母・葛井宿弥《ふじいのすくね》藤子《ふじこ》の出身地なのだ。

葛井氏は百済系渡来氏族《くだらけいとらいしぞく》で、飛鳥時代《あすかじだい》から現・藤井寺市《ふじいでらし》を本拠地としていた。これだけ土師氏の本拠地と隣接していたならば、当然、交流はあっただろう。

つまり、この一帯において土師氏と道真、阿保親王は繋がるのだ。

実は匡房が親王の息子とした音人は、理由不明ながらも承和の変に連座して、一時、尾張国《おわりのくに》に流されている。史実として、音人も阿保親王となんらかの繋がりがあったのだろう。

いや、もしかすると、音人には本当に親王の血が流れていたのかもしれない。

実は土師氏の女性と親王の間にできた子が、音人ということはないのか。親王が今の阿保神社の地に暮らしていたとき、もうけた子という可能性はゼロなのか。間違えていたのは『公卿補任』で、匡房は音人の子孫として真実を記した可能性は……。

マジナイ説よりこちらのほうが一般の通りはいいだろう。匡房としても、どちらでも構わないはずだ。彼は土師氏の因果から逃れたかっただけなのだから。

因果からの逃走は、音人から始まっている。

野見宿禰が埴輪を作った功績により、土師連姓を賜った子孫は、古代、特殊な職能集団として活躍した。しかし、桓武天皇時に改姓し、土師・菅原・大枝・秋篠《あきしの》の四つの姓に分かれていった。

改姓の理由は、古墳造営が無くなったのち、ただの墓守《はかもり》のようになったのを嫌ったためと記されている。

とはいえ、大枝と他の系列の改姓経緯《かいせいけいい》は微妙に違う。

菅原と秋篠は墓守となったことを嫌って改姓を申し出たのだが、大枝は桓武天皇の母・高野新笠《たかののにいがさ》の死によって改姓された受動的立場だったのだ。

高野新笠は百済の武寧王《ぶねいおう》の血を引くが、新笠の母は土師真妹《はじのまいも》——即ち土師氏だ。

桓武天皇は新笠の一周忌に、外祖父母の高野乙継《たかののおとつぐ》・土師真妹に正一位《しょういちい》を追贈し、併《あわ》せて祖母の真妹に「大枝朝臣《おおえのあそん》」を賜姓《しせい》した。そのとき、高野新笠系統である土師氏も大枝になったのだ。

ちなみに、秋篠氏系土師氏の本拠地は、奈良県にある秋篠寺《あきしのでら》周辺（奈良市秋篠町）、菅原系土師氏の本拠地はそこより少し南に下った菅原天満宮《すがわらてんまんぐう》（奈良市菅原町）周辺と、両者はかなり近接している。本来、土地を分けて考える必要はないと思われる。

だが、大枝となった土師氏は、仁徳天皇陵《にんとくてんのうりょう》のある百舌鳥《もず》周辺を本拠地とした。多分、土師氏の中でも別格な立場と権力を誇っていたのだろう。

大枝氏が自ら改姓を申し出なかったのも、天皇家に連なる血筋という矜持《きょうじ》があったからに違いない。

しかし、貞観八年（八六六）。大枝となってから三代目の音人のとき、再び改姓を願い出て、大枝は大江と改められる。

「大きな枝は折れやすいから」と音人は言ったとされる。だが、それだけの理由で桓武天皇由来の姓を手放せるものなのだろうか。

第一、この理由では、大枝真妹の子孫たる天皇そのものを貶《おとし》めることにならないか。私が天皇なら不愉快になる。

音人の本音は、別のところにあったのではなかろうか。

菅原・秋篠・大枝、この三つの姓をざっと見渡して気づくのは、すべて植物に関係する字を持つことだ。土師氏を祖とするゆえに「土」から出てきたことを姓に留《とど》めたのだろうか。

その出自を、音人は嫌った。

ゆえに「枝」を「江」という水のものに変えたと、私は見ている。

天皇との繋がりが、後代、曖昧《あいまい》になったとしても、音人は土から生えることを拒んだ。これもまた、一種のマジナイだ。

もしかすると匡房が語った土師氏の因果は、音人の言として大江家に伝わっていたのかもしれない。

匡房はその因果との決別を、一層、強固なものにしたのだ。

京都の平野神社《ひらのじんじゃ》には、第四殿の祭神として比売大神《ひめのおおかみ》が祀《まつ》られている。

この神は高野新笠母方の祖神《そしん》で、大江氏の氏神《うじがみ》ともされている。匡房も幼い頃から父に連れられ、平野神社に参拝していた。

高野新笠母方の祖神といえば、土師氏の祖神だ。匡房の父は当然、そのことを意識して神社に詣でていたに違いない。匡房も比売大神が何者かはわかっていたはずだ。

それは誇りでもあっただろうが、匡房としては厄介《やっかい》な血の問題でもあっただろう。ゆえに彼は土師氏の土地に所縁《ゆかり》を持ち、道真とも似た人生を歩んだ阿保親王という皇族を遠祖としたのではなかろうか。近似値《きんじち》を選び、すり替えたのだ。

そう考えるとやはり、阿保親王遠祖説は、匡房の捏造《ねつぞう》として考えるほうが妥当かもしれない……。

阿保親王、土師氏、再びの鵺

答えの出ない呟きを重ねて申し訳ないのだが、もう少しおつきあい願いたい。

阿保親王を祖先としたのが大江匡房だとすれば、親王の「一品」を表体化して家紋としたのも、匡房という可能性が高い。あるいは家紋が先にあり、「一品」をこじつけたのか。

「四　大江一族と頼光四天王」にて、私は大江と渡辺、両氏の家紋について語った。

もし匡房が地縁を頼りに阿保親王を選んだのなら、渡辺とも地縁的な繫がりは見出せないだろうか。

そう考えて、地図を広げて——驚いた。

渡辺が統括していた住之江《すみのえ》（大阪湾）。そこに注ぐ淀川《よどがわ》の河口から見て右にあるのが、阿保神社・道明寺（土師寺）・道明寺天満宮（土師神社）・仁徳天皇陵古墳。

左側には阿保親王の屋敷跡に建てられたという親王寺《しんのうじ》、近くには、墓所とされる阿保親王塚古墳《あぼしんのうづかこふん》がある。

渡辺氏の本拠地は、阿保親王の本拠地とも言える場所だったのだ。

大江と渡辺の家紋に共通する三つ星は、オリオンの三星との説がある。その星を神格化したと推《すい》される三神《さんじん》を祀る住吉大社《すみよしたいしゃ》は、淀川の右に位置している。

そして、この住吉大社と土師氏は、説話を通して繫がっているのだ。

『扶桑略記《ふそうりやっき》』『梁塵秘抄口伝集《りょうじんひしょうくでんしゅう》』には、こんな話が伝わっている。

――敏達天皇《びだつてんのう》、または用明天皇《ようめいてんのう》のとき、土師連《はじのむらじ》八島《しま》という素晴らしい声を持つ歌の上手がいた。夜、八島が家で歌っていると、屋根の上から和してくるものがいる。怪しんで止《や》めると音もせず、また歌えば付けて和して歌う。普通の人声とは思えなかったので、驚いて外に出てみれば、走り逃げていく影が見えた。八島が追うと影は住吉の浜に至り、水に入って失《う》せてしまった。

聖徳太子《しょうとくたいし》の伝えによると、これは熒惑星《けいこくせい》が八島の歌を愛《め》でて人と化して現れたのだ、と。


『梁塵秘抄口伝集』では、今様《いまよう》というものの起こりはここにあり、始まりは土師氏だと話を締めくくっている。

話に出てくる土師連八島は、道明寺を造った人物だ。

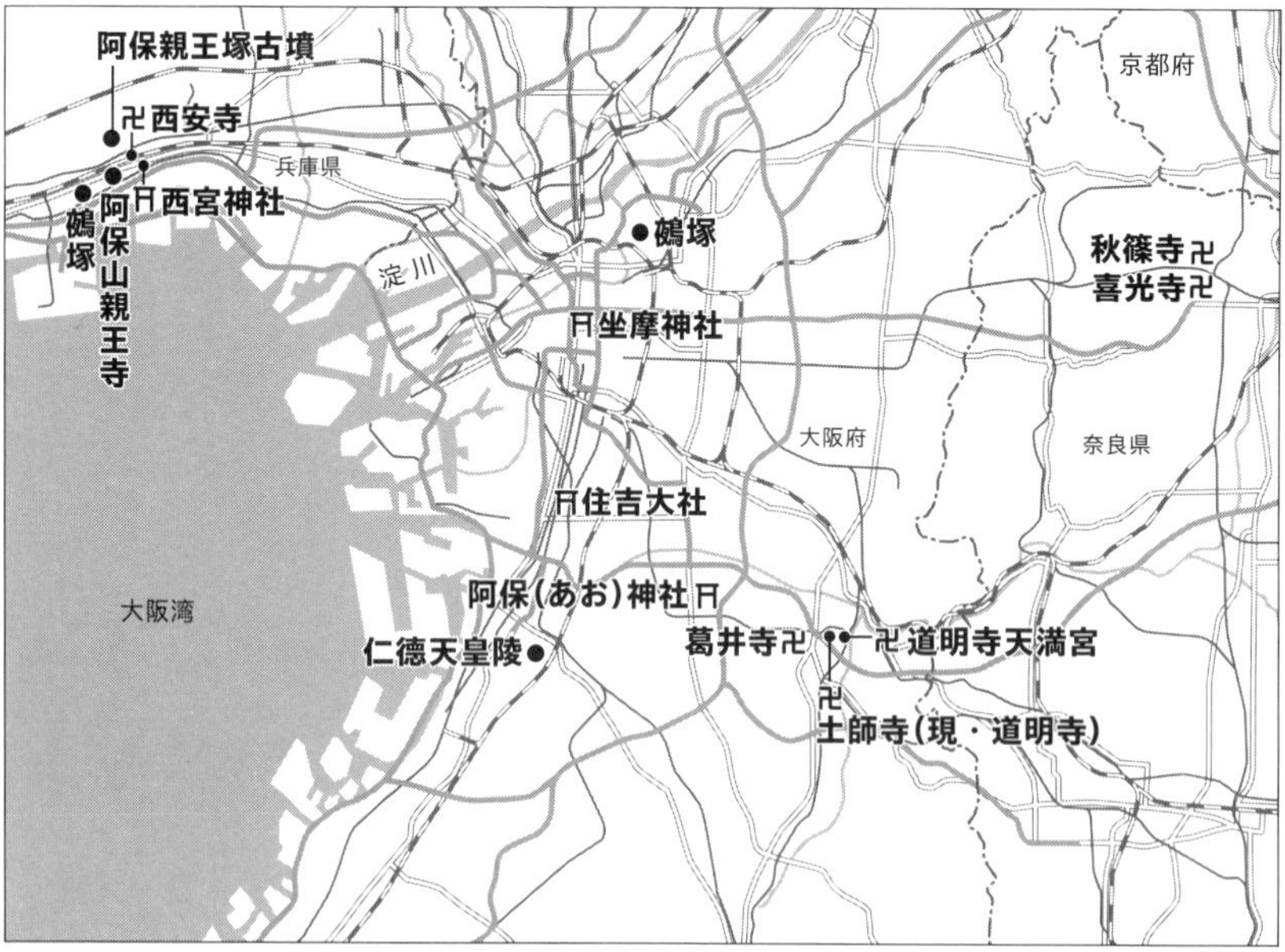

住之江周辺

住吉の浜は往古《おうこ》から、土師氏の住処《すみか》でもあったのだ。

また、住吉は熒惑星を通して匡房とも関係してくる。彼は自身を熒惑星の化身とした。もしかすると、これは住吉の神を意識してのことだったのではなかろうか。

室町時代《むろまちじだい》の能楽師・金春禅竹《こんぱるぜんちく》は、住吉の神は「翁《おきな》」であると記している。禅竹は匡房よりのちの人だが、星と住吉神、白髪の翁でもある熒惑星は重なり合うように繋がっていく。

この住吉大社は、淀川の右に位置している。

一方、左には西宮神社《にしのみやじんじゃ》がある。

通称「西宮えびす」と呼ばれるここは、全国にあるえびす宮《ぐう》の総本社とされている。十日戎《とおかえびす》などが有名だが、この一帯は古くから傀儡師《くぐつし》の居住地でもあった。

傀儡師は一般的には人形を操る芸能者を指し、首から提《さ》げた箱に人形を入れて各地を回った人々だ。西宮のえびす信仰が全国的なものになったのも、ここの傀儡師「夷舁《えびすかき》」が神徳を広めたためという。

傀儡の芸はのちの人形浄瑠璃《にんぎょうじょうるり》や文楽《ぶんらく》にも繋がるのだが、この傀儡師の祖が「ヒトガタ」を作った土師氏だという説がある。

もっとも土製のヒトガタは縄文時代《じょうもんじだい》から存在するので、傀儡の人形が土師氏起源と言い切るのは乱暴だ。しかし、西宮は傀儡師の神である百太夫《ひゃくだゆう》を祀り、彼らの本拠地ともされている。そして、土師氏の本拠地に近接していることも事実だ。

もっと気にかかるのは、大江匡房が『傀儡子記《かいらいしき》』という書物で傀儡について記していることだ。『傀儡子記』は文献上、初めて傀儡について記したものとされている。

そう。またもや初出なのだ。

匡房は何がしたかったのか……。

傀儡については改めて語るので、今は横に置いておきたい。なぜなら、大阪湾周辺にはもうひとつ、見逃せないものがあるからだ。

鵺塚《ぬえづか》だ。

源頼政《みなもとのよりまさ》に殺された鵺の死骸は、丸木舟（うつろ舟）に載せられて川に流された。その辿《たど》り着《つ》いた先が現・大阪市都島区《みやこじまく》の鵺塚、そして兵庫県芦屋市浜芦屋町《はまあしやちょう》の鵺塚という。

ふたつとも死骸の漂着先《ひょうちゃくさき》とされているが、思えば、源頼政による鵺退治は二度あった。塚がふたつあっても不思議ではない。

問題は場所だ。

都島の鵺塚は淀川支流の安倍川《あべかわ》沿い、渡辺氏が信仰した坐摩神社《いかすりじんじゃ》の上流にある。

坐摩神社は現在大阪市中央区久太郎町《ちゅうおうくきゅうたろうまち》に鎮座《ちんざ》しているが、元々は中央区石町《こくまち》付近。鵺塚により近くなる上、この一帯こそ渡辺党の本拠地だったとされる地だ。

浜芦屋町の鵺塚は、阿保親王の屋敷跡とされる親王寺から一五〇〇メートルほどしか離れていない。

鵺伝説と渡辺党、阿保親王はそれぞれ時代が違う。一番時代が若いのが鵺だ。その死骸が、なぜ渡辺氏と阿保親王所縁の土地に漂着したとされたのか。

いや、これはただの偶然で、考える要もないことなのか。

鵺と所縁があるのは源氏《げんじ》だ。渡辺と源氏は鬼退治の伝説を通して繋がるが、阿保親王は関係ない。

阿保親王と渡辺は本拠地がほぼ重なるが、そこに源氏は出てこない。

前章、私は鵺伝説を乾《いぬい》との関連で語っている。ならば、これも方位で読み解けないかと探ったが、関連は何も見出せなかった。

やはり無関係なのか。

諦めて、私は一度淀川を離れた。

しかし後日、私は新たな関係を京都市内に見出したのだ。

天門を制する男

阿保親王の史跡は、京都にも存在していた。

場所は、東福寺塔頭《とうふくじたっちゅう》・阿保山願成寺《あぼざんがんじょうじ》（京都市東山区本町十五丁目）、近くには阿保親王塚がある。

願成寺は阿保親王を祀り、親王の位牌《いはい》及びその墓とされる宝篋印塔《ほうきょういんとう》を有している。現在の住所は移動後で、元々は阿保親王塚のある伏見区深草正《ふしみくふかくさしょう》

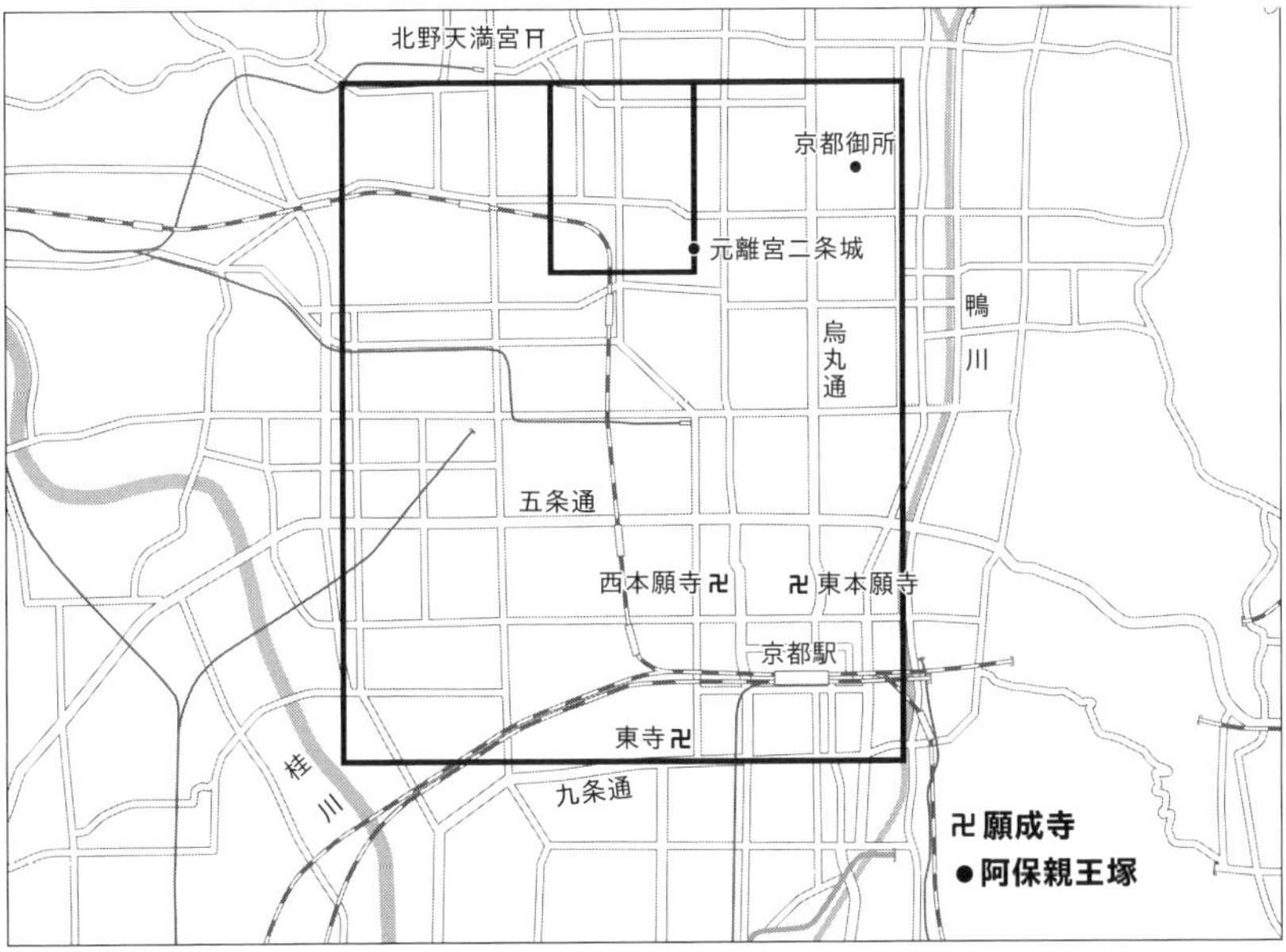

京都の阿保親王史跡

覚町《かくちょう》にあったという。

その場所がなんと、平安京の乾と巽《たつみ》を結ぶ天門ライン——地戸《ちと》（巽）の位置に当たっているのだ。

願成寺は阿保親王の開基《かいき》とされるが、一説には、親王の霊を鎮撫《ちんぶ》するための寺とされている。

「鎮撫」とは穏やかではない言い方だ。

承和の変後に急逝《きゅうせい》した親王には、自殺の噂があった。一品の追贈も、慰霊《いれい》のためだと記す研究者もいる。その上で、鎮撫のための寺院建立となれば、阿保親王は御霊《ごりょう》・怨霊《おんりょう》になりかねない人物とみなされていたことにならないか。

思い出していただきたい。

天門・乾を目指して飛び立った鬼から逃れた渡辺綱《わたなべのつな》は、北野天満宮《きたのてんまんぐう》に落ちたのだ。その祭神は菅原道真。対する地戸・巽に阿保親王。

鵺は地戸からやってきて都に入って殺されたのち、住之江にある阿保親王の墓近くに漂着した。

一方、芦屋の浜に打ち上げられた鵺の死骸は祟《たた》りを為《な》し、悪疫《あくえき》をまき散らしたという。

怨霊と怨霊未満と、土師氏の血と土師氏の土地。渡辺の家紋と大江の家紋、流れ着いた鵺には乾が欠けている……。

一体、どういうことなのだろう。

これらすべてを偶然と言うほうが、ご都合主義にならないか。

だがしかし、言い切れるような結論は出ない。

理解できるのは——京都の天門ラインには、菅原道真と共に阿保親王の怨霊が関わっている可能性があること。

疑念を抱《いだ》くのは――大江匡房は土師氏であることを忌避《きひ》する一方、それ以上の眼差しを土師氏に注いでいたのではないかということ。

加えて私が想像するのは、阿保親王を遠祖とすることで、大江匡房は京の乾、天門ラインを抑えたのではないかということだ。

天門にある大江山の名付け親は音人だ。その父とされる阿保親王は、京の地戸に祀られた。

前節にて、私は匡房が小野篁を通して天門ラインに手を掛けたように記した。が、阿保親王塚の位置を知った今、そんな回りくどいことは考えずともよくなった。

音人に阿保親王の子という自覚があったのなら、音人が。

阿保親王遠祖説が匡房の詐称であるなら、匡房が。

大江こそが天門を制して、そこに跋扈《ばっこ》する鬼や雷神、疫神《えきじん》たちを従えたのだ。

根底にあるのは、土師氏の力だ。

大江匡房の文書には、土師氏の記述はほとんどない。けれど、菅原道真についての記述は数多《あまた》ある。

匡房にとって道真は如何《いか》なる存在だったのか。

次にそれを見てみたい。

七　神を創った人々

菅原道真、祟りの詳細

北野天満宮《きたのてんまんぐう》の成り立ちから探っていこう。

祭神・菅原道真公《すがわらのみちざねこう》は学問の神として名高いが、日本三大怨霊《にほんさんだいおんりょう》のひとりとしても知られている。

大宰府《だざいふ》に左遷《させん》され、失意のうちに亡くなったのち、如何《いか》に祟《たた》り、神となったのか。

以下、簡単に記しておく。

昌泰《しょうたい》四年（九〇一）一月。左大臣藤原時平《ふじわらのときひら》・大納言源光《みなもとのひかる》・藤原菅根《ふじわらのすがね》らが道真に謀反《むほん》の疑いがあると讒言《ざんげん》したため、醍醐天皇《だいごてんのう》は道真を大宰府へ左遷。道真の子や、連座した右近衛中将源善《うこんえのちゅうじょうみなもとのよし》らも左遷または流罪《るざい》となった。

息子はそののち許されるものの道真は帰京《ききょう》すること叶《かな》わず、二年後の延喜《えんぎ》三年（九〇三）二月二十五日、大宰府にて亡くなった。

五年後の延喜八年（九〇八）、首謀者《しゅぼうしゃ》のひとり藤原菅根が五十四歳で病死。道真の祟りだという噂が流れる。

延喜九年。生前より対立関係にあった藤原時平病死。享年《きょうねん》三十九。

延喜十三年。道真に代わって右大臣の位に就いた源光が、狩りの最中、泥沼に沈んで溺死する。

延喜十九年。のちの太宰府天満宮《だざいふてんまんぐう》となる安楽寺《あんらくじ》の社殿が、藤原仲平《ふじわらのなかひら》を奉行《ぶぎょう》として勅命《ちょくめい》で造立《ぞうりゅう》される。

延喜二十三年三月。左遷の決定を下した醍醐天皇皇子・東宮保明親王《とうぐうやすあきらしんのう》が二十歳で病死。親王は天皇の第二皇子だったが、伯父の藤原時平の後押しにより、二歳で東宮となった人物だった。

同年四月、延喜を延長《えんちょう》に改元。

既に語っているとおり、『今昔物語《こんじゃくものがたり》』では源公忠《みなもとのきんただ》が臨死体験の中で、紫の袍《ほう》を着けた道真と第二座の冥官《みょうかん》に会ったことが改元の理由とされている。

同月、菅原道真は右大臣に復され、正二位《しょうにい》を追贈される。

保明親王薨去《こうきょ》後、時平の外孫であった第一皇子・慶頼王《やすよりおう》が東宮となる。しかし、二年後の延長三年（九二五）、僅か五歳でこちらも薨御《こうぎょ》。

そして、延長八年（九三〇）六月二十六日——最大の事件が起きる。

朝議中《ちょうぎちゅう》だった清涼殿《せいりょうでん》に雷が落ちたのだ。昼過ぎ、愛宕山《あたごやま》上空より湧き出した黒雲は雷雨となって、雷は清涼殿南西の柱を直撃した。

これによって、時平と結託して道真を失脚《しっきゃく》させた藤原清貫《ふじわらのきよつら》は胸を焼かれて即死。平希世《たいらのまれよ》は顔を焼かれてほどなく死亡。隣接する紫宸殿《ししんでん》にも影響し、髪を焼かれて死亡する者、腹を焼かれる者、膝《ひざ》を焼かれる者とあり、警備の近衛《このえ》も二名死亡した。

醍醐天皇は清涼殿から常寧殿《じょうねいでん》に避難したが、体調を崩して三カ月後に崩御。

更に承平《じょうへい》三年（九三三）には、時平の長男保忠《やすただ》が死亡する。

これらを含めた天変地異、疫病《えきびょう》すべてが道真の怨霊の仕業《しわざ》と噂され、人々は恐《おそ》れ戦《おのの》いた。そして天暦《てんりゃく》元年（九四七）、菅原道真は北野社《きたのしゃ》において神と祀《まつ》られることになる。

その後、藤原氏による大規模な社殿の造営があり、永延《えいねん》元年（九八七）に一条天皇《いちじょうてんのう》の勅使《ちょくし》が派遣さ

国宝「北野天神縁起絵巻承久本 巻五 清涼殿落雷」（所蔵：北野天満宮）

れ、神号が「北野天満天神《きたのてんまんてんじん》」となる。

また、正暦《しょうりゃく》四年（九九三）六月には贈正一位《しょういちい》左大臣、同年閏《うるう》十月には太政大臣《だじょうだいじん》が追贈された。

――亡くなってから、太政大臣が追贈されるまで、九十年。

改めて並べてみると、凄まじい。

落雷を呼んだ雲が、愛宕山から来たというのも大いに気になる。愛宕からの雲だからこそ、人々は一層恐怖したのだと想像するが、今は視点を他に置きたい。

気になるのは、天暦元年に、菅原道真が神となった経緯《けいい》についてだ。

多治比氏と土師氏

発端は、ひとりの女性が夢で菅原道真公――以下は神霊《しんれい》として「公」をつける――に会ったことから始まる。

道真公の死後から三十九年後の天慶《てんぎょう》五年（九四二）。西京七条二坊《さいきょうしちじょうにぼう》（西七条市部町）に住む多治比文子《たじひのあやこ》の夢枕に道真公が立ち、北野の右近馬場《うこんのばば》（今の北野天満宮の位置）に己を祀るよう命じる。しかし、文子は「賤妾《せんしょう》」で貧しかったため、自分の家の庭の隅に祠《ほこら》を建てて公を祀った。

それから五年後の天暦元年（九四七）三月十二日、近江《おうみ》比良《ひら》美弥《みや》の禰宜《ねぎ》である神良種《みわのよしたね》の子息・太郎丸《たろうまる》にまた「北野右近馬場に移りたい」と道真公の託宣《たくせん》が下りる。

託宣を聞いた良種は、馬場の乾《いぬい》の角に建っていた朝日寺《あさひでら》の住職・最鎮《さいちん》（または最珍）に相談し、道真公を北野に移すことが決定した。

六月九日、文子が祀っていた社殿を北野に移す。これが現在の北野天満宮の始まりだ。

――この短い文章中に、疑問や問題が沢山ある。

多治比文子とは誰か。どうして右近馬場なのか。近江比良美弥とはどこを指し、なにゆえ近江比良美弥なのか。朝日寺とはなんなのか……。

わからないことだらけだが、まずは話の順番どおり、多治比文子から追っていこう。

多治比文子は、道真公の乳母《うば》だったと言われる。しかし、夢枕に立ったのは、五十九歳で亡くなった道真公の死後三十九年だ。同い年でも九十八歳、やや無理がある。

異説に童女説もあるので、幼い子供が尸童《よりまし》になったと解釈したほうが妥当だろう。

文子の出た多治比氏の祖先は、宣化天皇《せんかてんのう》の曾孫・多治比王《たじひおう》とされる。丹比氏とも記されるこの一族は、飛鳥時代《あすかじだい》から平安時代初期にかけて繁栄した。

この多治比氏の本拠地は、河内国丹比郡《かわちのくにたじひぐん》。現在の大阪府堺市美原区多治井《さかいしみはらくたじい》周辺だ。

地名の由来は、古墳時代《こふんじだい》中期の五世紀前半、反正天皇《はんぜいてんのう》がこの地に河内国丹比柴籬宮《かわちのくにたじひのしばかきのみや》を造り、そこで即位したことによる。

柴籬宮の比定地《ひていち》は未詳だが、現在、柴籬神社《しばがきじんじゃ》（大阪府松原市上田七丁目）が名乗りを上げている。

この柴籬神社から一キロほど北に上がると阿保神社《あおじんじゃ》、美原区多治井から国道を越えた東に広がるのが羽曳野市《はびきのし》だ。つまり、多治比氏の本拠地は土師氏《はじし》の本拠地と隣り合い、一部重なっているわけだ。

だが、多治比氏の特徴は土師氏のごとく明確ではない。
『新撰姓氏録《しんせんしょうじろく》』には、大和国神別《やまとのくにしんべつ》に火明命《ほのあかりのみこと》孫《まご》天五百原命《あめのいほはらのみこと》の後《あと》として、蝮王《たじひおう》許首と記されており、摂津《せっつの》国神別《くにしんべつ》には、火明命十一世孫蝮壬部犬手《たじひのみぶいぬて》の後とある。それ以上の詳細は不明だが、古い氏族なのは確かなようだ。

しかし、それより気になるのは「たじひ」の漢字に「蝮」を当てていることだ。

実際、多治比氏が管掌《かんしょう》する部《べ》に、反正天皇以来の蝮部《たじひべ》があったとされているが、この蝮部が如何なるものなのか、未だ明らかになってはいない。

このことに関して、歴史学者の村山修一《むらやましゅういち》氏はこう記している。

「蝮はマムシ蛇または大蛇を意味し、雷神の本体とみられたので、小子部氏と同様雷神の祭祀にたずさわった氏族であったかもしれない。平安期、天皇践祚の大嘗祭には、巳日に多治比氏の内舎人が舞人として田舞を奏する例であり、この田舞は本来雷神と稲穂とのつるび、即ち、雷神とその妻である稲穂（雷《いな》づま）の交会の生殖儀礼が芸能化したものと察せられる。（中略）換言すれば、雷神である天神が稲妻というべき文子に憑依されたわけである。」（『天神御霊信仰』塙書房）

多治比氏はつまり、雷神祭祀《らいじんさいし》の一族ゆえに道真公との関わりを持ったと考えられるのだ。

実際、多治比氏と土師氏の本拠地は近接しているのだから、文子が乳母でも童女でも、現実的に菅原氏と多治比氏は交流があってもおかしくない。村山氏はまた、前掲書でこう記す。

「平安期に入って両氏は遣唐使の関係でともに行動し、紀伝道の上では丹治比氏から菅家の塾に入門する者があった。道真は多治比氏出身の興福寺僧真覚と親交があり、道真没後菅原氏は内記職、多治比氏は外記職としてともに下級官人仲間の交流があった。」

道真公の叔母が道明寺《どうみょうじ》にいたなら尚更だろう。道真公は土師氏本拠地との縁を切っていない。文子の実家の場所はわからぬが、彼女の家族と道真公、あるいはその家族と直接の親交があっても不思議ではない。それらを通して、文子は道真公の人となりや事件について知っていたとも考えられる。

その文子が最初に道真公を祀った場所が、今の文子天満宮《あやこてんまんぐう》だ。ゆえに文子天満宮は「天神信仰発祥の神社」と言われ、住所も下京区天神町《しもぎょうくてんじんちょう》となっているのだが……これはどうも釈然としない。

史料では、文子は「西京七条二坊」に住むとされている。この場所は今の西七条市部町《にししちじょういちべちょう》に相当し、平安時代は右京《うきょう》、西市《にしのいち》のあった辺りだ。翻《ひるがえ》って、文子天満宮の所在地を平安時代の条坊制に基づくならば、東京《ひがしのきょう》（左京）六条四坊《ろくじょうしぼう》となる。

託宣を受けてから引っ越したのか、何か別の理由があるのか。

ともあれ、本書では文子の家は「西京七条二坊」として話を進めたい。

道真公を祀る勢力

文子の夢枕に立った道真公は、北野の右近馬場に祀られたいと告げた。

右近馬場は名のとおり、競馬《くらべうま》などが行われる場だが、祭祀場《さいしば》としての役目も持っていた。

元慶《がんぎょう》年間（八七七〜八八五）、藤原基経《ふじわらのもとつね》が作物豊饒《さくもつほうじょう》を雷公《らいこう》に祈って感応《かんのう》があったため、以来、毎年秋にこの場所で「雷公祭《らいこうさい》」が行われたのだ。

つまり、北野の右近馬場は、道真公以前から雷公を祀る場として相応《ふさわ》しいとされてきたわけだ。そこに鎮《しず》まることを求めた道真公は、既に雷神的な性格を帯びていたということになる。また、右近馬場に祀られることによって、より雷神的な側面が強化されたとも言えるだろう。

「雷公祭」は陰陽道《おんみょうどう》の大法《たいほう》で、鏡を撫物《なでもの》（祓に際し、穢れや災いを移す呪物）とする。

今、北野天満宮の柱や梁《はり》には、多くの鏡が重なるように掛けられている。また、明治になってからの話ではあるが、拝殿正面、鈴の緒の奥に八咫《やた》形の大鏡が掲《かか》げられている。

一般の神社にはない形式だ。神社側は肯定しないと思うが、これらを雷公祭の名残と見ることも可能かもしれない。

話を文子の時代に戻そう。

多治比文子が自宅の庭に道真公を祀ってから五年ののち、再度、近江比良美弥の禰宜である神良種の子息・太郎丸に「北野右近馬場に移りたい」との託宣が下りる。

だが、その五年の間にひとつ、不思議な事件が起きているのだ。

天慶八年（九四五）。文子の夢枕に道真公が立ってから三年後の七月二十五日、東西の国から神々が一斉に入京するとの噂が立った。

ほどなく、摂津国河辺郡《かわべぐん》（現・兵庫県伊丹市）の方から「志多良神《しだらがみ》」と号する神輿《しんよ》二基《き》が数百の人々に担がれて、豊島郡《てしまぐん》（現・大阪府池田市石橋辺り？）に入ってきた。人々は御幣《ごへい》を掲げて手拍子を取り、歌舞《かぶ》しながら西国街道を東上した。

醍醐天皇第四皇子が記した『吏部王記《りほうおうき》』によると、この神は九州の筑紫《つくし》から村送りによって山陽道を通って上洛《じょうらく》してきた疫神《えきじん》、御霊《ごりょう》だったという。

第一の神輿は檜皮葺《ひわだぶき》で鳥居があり、「自在天神《じざいてんじん》」と書かれた額がつけられていた。「自在天神」は即ち「故右大臣菅公霊《こうだいじんかんこうのれい》」だったとある。第二神輿の額は「宇佐春王三子《うさはるおうさんし》」、第三神輿は「住吉神《すみよしのかみ》」と記されていた。

それらの神輿は大阪の嶋下郡《しましもぐん》・嶋上郡《しまがみぐん》を経て、七月二十九日に京都山崎に入る。道々、人の数は増え続け、最終的には数千から万の数に達し、神輿の数も六基に増えた。

だが、いつの間にか「自在天神」の額は「宇佐八幡大菩薩《うさはちまんだいぼさつ》」とすり替えられてしまっていた。そして、八月初め、神輿は石清水八幡宮《いわしみずはちまんぐう》に到着し、ここに落ち着くことになる。

消えた自在天神はどこにいったのか……。

志多良神の出発点である筑紫はまさに、太宰府天満宮のある場所だ。

この騒動は、流行神《はやりがみ》のひとつとして語られている。だが、どうもそんな泡沫的《ほうまつてき》な現象ではない気がする。この時期、何か大きな力、勢力が、道真公を神にしようと動いていたのではあるまいか。

それは西市に住んでいたひとりの女性の願いではなく、京《みやこ》はもちろん、大阪・摂津、九州・筑紫大宰府をも巻き込んだものだったのではなかろうか。

額がすり替えられたのは、察した抵抗勢力の妨害だったのかもしれない。自在天神のままなら、多分、神輿は右近馬場に至った。それを阻止したい勢力もあったのではないかと推察する。

妨害は、志多良神騒動では成功したかに思えた。

しかし二年後、太郎丸に再度の託宣が下るのだ。

北野社創建

太郎丸は近江比良美弥の禰宜・神良種の子息だ。

「比良美弥」とは琵琶湖《びわこ》と比叡山《ひえいざん》を繋ぐ比良山系《ひらさんけい》を指すのだが、良種が禰宜をしていた神社は確定していない。

候補地はふたつある。

ひとつは滋賀県高島市鵜川《たかしましうかわ》の「白髭神社《しらひげじんじゃ》」。琵琶湖の中に建つ鳥居で有名な古社だ。

もうひとつが、大津市北比良《きたひら》の「比良天満宮《ひらてんまんぐう》」だ。

予《あらかじ》め結論を述べてしまうと、私は比良天満宮のほうが相応しいと考えている。

名からわかるとおり、比良天満宮の祭神は菅原道真公だ。その縁起《えんぎ》にも、太郎丸の託宣についての記述がある。

即ち天慶九年、「前に西ノ京の文子と云う者によって示すといえども人人信ぜず、我居せむ処には松の種を植《う》うべし」との託宣が下って、良種は文子を呼び寄せる。そして朝日寺の僧最鎮などと力を合わせて社《やしろ》を営んだ。その夜、北野に千株の松が生え、また比良村にも生えたので、良種は帰郷《ききょう》したのちに当社を創立した、とある。

まあ、縁起・由来というのは後からいくらでも作れるので、これに寄りかかるわけにはいくまい。

注目すべきは比良天満宮以前——良種という禰宜を有する規模だった比良美弥の社だ。

改めて調査してみると、比良天満宮の隣に軒を並べるようにしてもうひとつ、樹下神社《じゅげじんじゃ》という社があるのがわかった。

歴史を調べると、二社は元々ひとつの神社として比良庄《ひらのしょう》にあったが、南北朝期《なんぼくちょうき》に南比良村と北比良村の二村に分かれたため、社は両村共同の氏神《うじがみ》となった。しかし、たびたび対立したので、明治五年（一八七二）に両社を分離、それぞれの氏神としたという。

社殿は分離前からふたつあり、北比良村は天満宮、南比良村は十禅師社《じゅうぜんじしゃ》——のちの樹下神社を管轄《かんかつ》し、それぞれ神輿も持っていたようだ。

比良天満宮の創建は、太郎丸に託宣が下った天暦元年（九四七）となっているので、元々は十禅師社のみの社だったのだろう。

では、十禅師社、樹下神社とは如何なるものなのか。

南比良村の十禅師社の社伝によると、創建は神話時代の開化天皇《かいかてんのう》四十二年または仁寿《にんじゅ》二年（八五二）とあってほぼ不明。だが、一説に山王十禅師《さんのうじゅうぜんじ》を勧請《かんじょう》したと伝わっている。

山王十禅師は日吉大社《ひよしたいしゃ》・上七社《かみしちしゃ》のひとつで、樹下宮《じゅげぐう》の旧祭神（現在の祭神は鴨玉依姫神）を指す。そして、この樹下宮は代々樹下僧《じゅげそう》によって管理されていた。

……そう。

後三条天皇《ごさんじょうてんのう》の御願書《ごがんしょ》を神に取り次ぎ、皇位に即《つ》けるよう計らった護因《ごいん》は樹下僧だった。鉄鼠《てつそ》となった頼豪《らいごう》を鎮めた、鼠《ねずみ》の秀倉《ほくら》を管理したのも樹下僧だ。

時代こそ違え、彼らはずっと樹下宮と共にいた。そして、彼らが管理した樹下宮が琵琶湖のほとりに勧請されて「比良美弥の社」となったのだ。

『耀天記《ようてんき》』には、後三条天皇が護持僧《ごじそう》に託した御願書を、知るはずもない護因が取り次ぐと申し出たのは、護因が並外れた能力者、あるいは人ならぬものであったからだと記されている。

その護因は死後、なぜか祟《たた》りを為《な》したので、護因社《ごいんしゃ》（現・流護因社）に祀られることになった。彼もまた一座の御霊となって鎮《しず》まったのだ。

護因というのは個人名だが、鼠の秀倉を樹下僧が管理したこと、そして樹下宮を勧請した比良美弥の禰宜の子息が託宣を下したことを思うと、樹下僧には超常的な能力があるとされていたのかもしれない。

実際、中世になると、樹下僧が管理した山王十禅師の神は、巫覡《ふげき》に憑依して託宣を下す童子神《どうじしん》として認識された。そして、樹下僧自体も死霊管理《しれいかんり》を担《にな》った法師巫《ほうしみこ》と推《すい》される存在になっていたという。

（『日本思想史学』41号「中世叡山律僧の神祇信仰について――本覚思想との関係から――」船田淳一）

ならば、神となる以前の一死霊を扱う場所として、道真公の管理に十禅師社が名乗りを上げても不思議ではない。

もっとも、樹下神社そのものは琵琶湖畔に数社ある。

日吉大社・上七社のうち、樹下宮の分社のみが一地方に集中しているのは、何らかの地縁や権力構造、あるいは崇敬《すうけい》を集める理由があったからに違いない。

太郎丸の託宣により、多治比文子を呼んだという話も気にかかる。比良美弥側は、既に文子が道真公を祀っていると知っていたことになるからだ。

無論、口を借りた道真公自身が文子の名前を出しているので、そこでわかったというのが素直な考え方だろう。しかし、生憎《あいにく》、私はそこまでピュアではない。

当時、文子の託宣は広く知られたものだったのか。あるいは日吉大社、樹下宮サイド、または比叡《ひえい》山延暦寺《ざんえんりゃくじ》がそれを知り、何らかの計画が立てられたのか。

ともかく雷神祭祀の多治比氏と、後代、死霊管理を担う樹下宮系列の比良美弥が手を結び、彼らは右近馬場獲得に乗り出した。話を持ちかけた先は、朝日寺の住職・最鎮だ。

朝日寺は現在、東向観音寺《ひがしむきかんのんじ》と名を変えて北野天満宮一の鳥居側に建っている（現在は真言宗泉涌寺派）。

その東向観音寺が記す由来では、朝日寺は延暦二十五年（八〇六）に桓武天皇《かんむてんのう》の勅《ちょく》を奉じて、皇城鎮《こうじょうちん》護《ご》のために建立されたとある。平安京初期からの古刹《こさつ》だ。

そこの住職・最鎮は『菅神初瀬山影向記《かんじんはつせやまようごうき》』によれば、元、大宰府の僧であったという。また、別の資料では天台系《てんだいけい》の修験僧《しゅげんそう》であるともされる。

どちらにせよ、最初から手はずが整っていたかのようなマッチングだ。

この寺が建っていたのが、右近馬場乾の角だ。

乾が特別な場所であるのは、既に何度も記してきた。

道真公と雷公を決定的に結びつけた落雷も、乾の愛宕山からやってきた。右近馬場自体も雷公祭の舞台だ。その馬場の乾に建つ寺ならば、雷神と化した怨霊をも従え得ると踏んだのか。

思えば、最鎮――最も鎮める――といった名前も、少し出来過ぎの感がある。

一説に、朝日寺は愛宕山系の朝日峯《あさひがみね》を信仰対象としたという。生憎、典拠《てんきょ》が見当たらないので大きな声では言わないが、高い建物がなかった時代、北野天満宮からは愛宕山が望めたらしい。地図で確認してみると、朝日峯は北野天満宮からまさに乾の方角に当たる。誰かが何かを思っても、不思議ではないことは確かだ。

ともあれ、如何なる交渉の末か、菅原道真公は御霊として右近馬場に鎮まることと定まった。以来、社殿はたびたび改修されたが、天徳《てんとく》三年（九五九）、藤原師輔《ふじわらのもろすけ》の支援によって大規模な増改築がされ、北野社は平安京第一級の社になった。

その辺りから、多治比文子一派と最鎮一派は対立する。

文子サイドには、満増・星川秋末・橘康明・出雲弟子丸という人々が付いたとされるが、結局、道真公の孫である菅原文時《すがわらのふみとき》と手を組んだ最鎮側に、文子たちは退けられた。

最鎮は検校《けんぎょう》の地位に就き、北野社を管理して地位を不動のものにした。

そして鎮座《ちんざ》より十四年後の応和《おうわ》元年（九六一）、大宰府の観世音寺《かんぜおんじ》から、菅原道真作とされる十一面《じゅういちめん》観世音菩薩《かんぜおんぼさつ》を請来《しょうらい》して安置。当時は現東向観音寺のほか、西を向いた堂もあり、そちらには一夜松《いちやまつ》伝説に由来を持つ観世音菩薩が安置されたと伝わっている。

最鎮は「菅霊《かんれい》の本地《ほんじ》は十一面観音《じゅういちめんかんのん》」との夢告《むこく》を長谷寺《はせでら》で受けている（『菅神初瀬山影向記』）。大宰府からの観世音菩薩請来は、この夢告と関係するだろう。これによって、長谷寺の信者らも北野に集まったとされている。

敗れた文子たちが、北野社をどう育てたかったかはわかっていない。だが、はらわたが煮えくりかえる思いだったのではなかろうか。

しかし、時代は移っていく。

寛弘《かんこう》元年（一〇〇四）、一条天皇《いちじょうてんのう》の行幸《ぎょうこう》をきっかけに北野社は比叡山の管下《かんか》となって、そのまま明治《めいじ》維新《いしん》を迎えるのだ。

ここでまた、樹下宮を持ち出してもいいのだが、比叡山は皇城の鬼門守護《きもんしゅご》とされる地だ。朝日寺も皇城鎮護のために建立されたなら、そしてまた、いつ何時荒ぶるかもわからない御霊を鎮撫《ちんぶ》するのなら、叡山と手を結ぶのは不自然ではないだろう。

学問の神として

北野天満宮は強力な御霊鎮めの社として創建された。

その祭神が学問の神となったのは、意外に早い。

一条天皇行幸に先立つ寛和《かんな》二年（九八六）、陰陽家《おんみょうか》である賀茂忠行《かものただゆき》の息子・慶滋保胤《よししげのやすたね》が北野社に捧げた願文に、既に道真公を学問の神と仰ぐ趣旨が認められる。

また、寛和九年（一〇一二）、大江匡衡《おおえのまさひら》の願文にも「文道《ぶんどう》の大祖《たいそ》、風月《ふうげつ》の本主《ほんしゅ》」と記されている。

ふたりは共に一流の学者だ。彼らが評価することにより、祭神である道真公は学問の神と定まって、今に至るまで受験生が頼みとする神社となったのだ。

負のイメージを塗り替えるのは、古今東西《ここんとうざい》あることだ。

道真公と同じ三大怨霊のひとり、崇徳院《すとくいん》を祀った白峯神宮《しらみねじんぐう》が、サッカー、スポーツの守護神となったのは記憶に新しい。これは神社のイメージアップと集客のためと理解できるが、北野天満宮の場合は、少し事情が異なっている。

学問の神としての神格が平安期に成立したこと、そして大江氏が噛んでいることだ。

既に記しているとおり、大江匡衡は匡房《まさふさ》の曾祖父、匡房が理想とした人物だ。

慶滋保胤はそれより少し前の文人・儒学者《じゅがくしゃ》だ。彼は安倍晴明《あべのせいめい》の師である賀茂忠行の息子だが、如何なる理由からか、家学《かがく》であった陰陽道を捨てて道真の孫・菅原文時に師事、学問の道を志し、のちに出家した。法名は心覚《しんがく》、後年改めて寂心《じゃくしん》。弟子は大江定基《おおえのさだもと》（寂照）だ。

大江定基は、匡衡の従兄弟《いとこ》である大江斉光《おおえのただみつ》の三男。その縁か、保胤が没した際には、大江匡衡が諷誦文《ふじゅもん》（死者の追善供養のための文書）を作っている。

また、大江匡房の『続本朝往生伝《ぞくほんちょうおうじょうでん》』は、保胤が記した『日本往生極楽記《にほんおうじょうごくらくき》』の後を継いで書かれており、その『続本朝往生伝』にて、匡房は慶滋保胤を取り上げて褒《ほ》め称《たた》えている。

つまり慶滋保胤は、菅原と大江双方に関係を持っていたというわけだ。

道真公が神となるまでは多治比・樹下僧・大宰府が絡み、御霊を学問の神とするには大江と、大江・菅原に縁ある陰陽家《おんみょうけ》出身の人物が絡む……。

一筋縄ではいかないが、単なる祟りオソロシヤではなかったことは理解できよう。

無論、慶滋保胤と大江匡衡が道真公をリスペクトした最大の理由は、道真公の才ゆえだ。

道真公は神とされるに相応しいが、それは荒ぶる御霊としてではなく、類稀《たぐいまれ》なる文人としてだ。

――彼らはそう思ったに違いない。

匡衡が作った諷誦文にある「文道の大祖、風月の本主」という言葉は、上《うわ》っ面《つら》なものではない。しかし、それ以上にやはり、私は土師氏を筆頭とする藤原「以外」の人々の執念を感じ取ってしまう。

現実世界は藤原のものだ。

だが、どんなに権力を持っていても、怨霊の前にはひれ伏すしかない。

道真公を陥《おとしい》れた関係者の死は、もしかすると本当にただならぬ力が為した業かもしれない。しかし、彼らの死とその怨念を結びつけたのは現世の人だ。

藤原氏はもとより天皇もまた、神の力には及ばない。多治比氏はそれを知っていた。

どんなに権勢を誇ろうと、死後の裁きはこの世の天秤《てんびん》では測れない。

匡房によって冥官とされた篁《たかむら》も、藤原の陰に隠れた小野《おの》氏《し》の者だ。

阿保親王《あぼしんのう》の子・在原業平《ありわらのなりひら》は『伊勢物語《いせものがたり》』の中「咲く花の下にかくるる人を多み　ありしにまさる藤のかげかも」との歌を詠《よ》み、藤原におもねる人々を嘲笑した。

古代の名流・賀茂《かも》の血を引く慶滋保胤、そして大江匡衡が道真公の神前でその徳を称えたのもまた、こんなに素晴らしい人物をお前らは死に至らしめたのだ、との皮肉が籠もっていたとも考えられる。

——多分、大江匡房はそれらすべての執念を承知していた。

そして、未だ衰えない藤原の力をも身をもって感じ取っていた。

ゆえに、『続本朝往生伝』『江談抄《ごうだんしょう》』にて、藤原以外の秀才をきれいに濾過《ろか》して取り上げて、己の祖先を阿保親王の陰に隠して賛美した。

言葉の力で、古の賢者たちを復活させたのだ。

道真公への思いは殊《こと》に強い。

複数の版があるので正確な数は不明だが、二百十話強の『江談抄』中、道真公が直接関わりのある説話は二十五以上。名前のみ出てくるものまで数えるならば四十以上。『江談抄』中、最多となる。

その中で、彼はこんなことを言っている。

「菅家の御作は私の心の及ぶ所ではない」（『水言鈔』八十六）

「（道真公の）学ばれた才智や習われた文章は天からお授かりになったものである。とやかく言うべきようなものではない。」（神井喜一郎氏蔵『江談抄』十）

まったく手放しの褒めようだ。

この言葉がまた後世、道真公の評価に繋がったのは、改めて言うまでもないだろう。匡房もまた、「文道の大祖」としての道真公を揺るぎないものにしようとしたのだ。

それだけではない。

匡房は神となった道真と、自分との魂の交流をも語っているのだ。

匡房、聖地巡礼す

『江談抄』と『古今著聞集《ここんちょもんじゅう》』の話をまとめて記してみよう。

――匡房は語る。

> 安楽寺（今の太宰府天満宮）の内宴《ないえん》で序《じょ》（詩による序文）を作ったとき、御殿《ごてん》の辺りで、誰かがその中の句を吟《ぎん》ずる声がした。これは大宰府の役人等が見聞したが、その夜のことは表向きにしなかったので、疑いが持たれた。
>
> 後日「曲水宴序《きょくすいのえんじょ》」を書いたとき、夢の中に人が来て、詩の中に誤りがあるから直すべきだと告げられた。私は夢からたちまち覚めて、くり返しその序を見ると、「柳中之景已暮。花前之飲欲止」の句があった。柳中は秋のことで春のことではない。すぐにそれを覚って直した。そしてその詩を御殿で詠み上げたとき、御殿の戸から声があり、満座《まんざ》の役人、下役人がひとり残らず、皆これを聞いた。その声は雷のようなもので、疑う余地はなかった……。

匡房の詩に感応し、道真公の御霊が鎮座している御殿の戸が鳴り、また雷のような声が聞こえる。しかも道真公は夢にまで現れ、匡房の詩を添削するのだ。

話の初出はもちろん『江談抄』だ。

この話は藤原実兼《ふじわらのさねかね》の聞き取りという体裁《ていさい》で、「安楽寺の件が噂となってますが、本当でしょうか?」という問いから始まっている。

匡房の独り語りなら妄想かと言うところだが、世間の噂を実兼が確かめることで、話に信憑性《しんぴょうせい》が出てきている。

もっとも『江談抄』を何度も読むうち、私は実兼も色々アヤシイと思い始めているのだが……。

その真偽はともかく、匡房は大宰府に赴任した当時、大きな権力を持っていた。

彼はその力をもって、安楽寺、即ちのちの太宰府天満宮を大きく変えた。

今、太宰府天満宮で行われている最大の行事「大宰府天満宮神幸式大祭《じんこうしきたいさい》」は、大宰権帥《だざいのごんのそち》当時の匡房によって始まったものだ。

少し前の太宰府天満宮公式ホームページとなるが、そこより概要を転載しよう。

「太宰府天満宮の秋祭神幸式大祭は、平安朝の昔、堀河天皇の康和3年（1101年）大宰権帥大江匡房卿（おおえのまさふさきょう）により始められたもので、御祭神菅原道真公御在世の往時を偲び、尊き御神徳を仰ぎ御神慮を和め奉ると共に五穀豊穣を神明に感謝する大祭です。

御神霊を奉安した御神輿（ごしんよ）にお供する神職、奉仕の人々は、平安の京（みやこ）の華麗荘重の神幸の様式を以て御本社より菅公謫居（たくきょ）の榎寺（現在の榎社）まで王朝絵巻の如く衣冠（いかん）、直垂（ひたたれ）、大紋（だいもん）、狩衣（かりぎぬ）、白丁（はくちょう）衣装の供奉の行列を美しく整え五行（ごぎょう）の鐘、太鼓の音に導かれつつ竹の曲（たけのはやし県指定無形文化財）の「ささら」の音も秋空に冴え渡る中を御神輿を奉安して進みます。榎社に一夜御駐輿（ごちゅうよ）せられ、翌日午後御本社へ還御（かんぎょ）され、稚児行列も加わり華を添えます。往古の伝統を継承するこの神幸式大祭は、福岡県無形文化財に指定されています。」

なんと、無形文化財。

現代までの間に色々変化もあっただろうが、九百年以上続く祭りを、匡房は作り出したのだ。

しかもこの祭事、匡房の「夢想によって始められ」たという。夢でまた道真公と会ったのか、それともお告げか。何にしろ驚くほどの影響力だ。

匡房は同宮の「斧始祭《おのはじめさい》」も始めたというが、これらの祭事が現在まで途切れず続いていることは、地元にとっても価値あるものとみなされたからに相違ない。

詩歌《しいか》の世界では、京を離れての大宰府赴任は、鄙《ひな》の寂しさや京への郷愁をかき立てる題材になっている。しかし、当時の大宰権帥の権限は強大なものだった。道真公の左遷とは話が違うのだ。

『中世神話の煉丹術　大江匡房とその時代』（深沢徹　人文書院）によれば、大宰権帥は「遠《とお》の朝廷《みかど》」と呼ばれた大宰府政庁の実質的な長官職で、西国における律令国家体制の頂点。九州全域をその支配下に治め、中国（宋）、朝鮮（高麗）に対する対外交渉権はもとより、対外貿易権をも独占的にその管轄下に置くという重要な役職だった。ゆえに、在地における権限及びその見返りとしての収益は計り知れぬものがあった、と。

つまり莫大な利権、収入があったのだ。

そのため、密貿易に手を出して処罰された人物や、財をかき集めることにのみ集中して非難を買う人物も現れた。

「非道の船」の話を憶えておいでだろうか。

匡房は大宰府からの帰途、道理で取った財物《ざいもつ》を船一艘に積み、非道で取った財物を別の船に積んで運ばせている。彼もまた、大宰府にてかなりの富を蓄えたのだ。

だが、匡房はその多くを愛する社寺のために使った。

太宰府天満宮で神幸式大祭を始める前年、匡房は自ら寄進して、一間四面《いっけんしめん》の満願院《まんがんいん》という精舎《しょうじゃ》を造立し、丈六金色弥陀像《じょうろくこんじきみだぞう》を安置している。そして、色紙法華経《しきしほけきょう》を寄進、僧六十口を講じて落慶供養《らっけいくよう》を営んだ。

また、康和元年（一〇九九）、二十代の頃から信仰していた石清水八幡宮の勧請元である宇佐神宮《うさじんぐう》には、奥宮のある御許山《おもとさん》にて法華三昧《ほっけざんまい》を修《しゅう》して筑紫原田庄《ちくしはらだのしょう》を寄進。帰京の年、康和四年（一一〇二）には三昧《さんまい》堂《どう》を建立し、等身薬師仏《とうじんやくしぼとけ》を安置した。

石清水八幡宮のことも忘れていない。当時、八幡宮のある男山《おとこやま》の中心施設だった護国寺《ごこくじ》に、匡房は十二神将像《じゅうにしんしょうぞう》を寄進している。

この十二神将像は、現在、淡路島《あわじしま》の東山寺《とうざんじ》に安置されており、国の重要文化財指定を受けている。作者は当時九州で活躍していた仏師《ぶっし》・真快《しんかい》とされる。寄進は康和五年（一一〇三）というから、匡房は大宰府に居ながらにして宇佐を通して寄進したのだろう。

すごい。

時代背景や匡房の立場を考えずに言うならば……これはオタクが有り金はたいて推《お》しに貢《みつ》ぐのと同じ行為だ。

匡房の大宰府行きは「聖地巡礼」みたいなもので、そこで推しのための祭りを作り、推しに堂宇《どうう》や仏像をプレゼントするのだ。自腹で寄進した精舎に「満願院」と名を付けたのも、彼の喜びを表していよう。

「太宰府天満宮神幸式大祭」の本旨は「生ける道真に事《つか》えるように」するという。この言葉もまた、二次元を現実に引き寄せるオタクそのものではないか。

地位と時代と博識に隠されてはいるものの、こう考えると、匡房の嗜好《しこう》は現代においてこそわかりやすいのではなかろうか。

匡房は太宰府天満宮と宇佐神宮に、湯水のごとく金を使った。推しにこれだけ貢げれば、幸せだったに違いない。晴れ晴れと、彼は帰京しただろう。

そして、大江匡房は二度と大宰府には行かなかった。

彼は帰京から四年後の長治三年（一一〇六）三月に、再び大宰権帥に任ぜられている。しかし、どんなに批判されても、「足疾《そくしつ》」などを理由にして赴任せずに終えてしまった。

その理由を、前節では呪術と関連づけて語った。

しかし、そこまで言わずとも理解はできる。

大宰府での用は済んだのだ。

聖地巡礼もしたし、道真公との超常的な交流も果たしたし、祭りも作ったし、堂宇も建てた。

やりたいことは全部終えたのだから、あとは楽しい思い出に浸っているだけで充分だ。

年齢はもう六十六。往還《おうかん》の危険や現地の不便さを押してまで、政《まつりごと》のために行くことはない。

匡房を政治家と見るなら怠慢の誹《そし》りは免れないが、オタクと捉えれば納得できる（ちなみに匡房以降、赴任しない大宰府長官がしばしば出現し、やがてそれが通例となる）。

もともと大江匡房は着衣にまったく頓着《とんちゃく》せず、ひたすら読み、書き、経済的に余裕ができたのちは、何よりも先に土地を買って書庫を建てた人物だ。これもまたオタクと共通する感性であり、夢だろう。

一概に現代に引きつけて語るのが良いとは思わないけれど、こう考えると親しみが湧いてくるのも確かなことだ。

神を創る筆先

但し、何度も言うように、匡房は一般人ではない。

とりわけ社寺に関しては、太宰府天満宮の神幸式大祭のみならず、現代の我々にまで大きな影響を及ぼしている。

まずは「神道《しんとう》」という言葉。

今とは少しニュアンスが違うが、本地垂迹的《ほんちすいじゃくてき》な考え方の中で「神道」という言葉を用いた最初の人物は匡房だ。

三橋正《みはしただし》氏は『大江匡房は、神仏習合の発展過程で、最大の役割を果たした人物であり、「神道」の語の普及には、その文筆活動の影響が大きかったであろう。』と述べている。（『日本思想史学』44号「平安前期の神祇と仏教」）

「絵馬《えま》」という言葉もそうだ。

絵馬自体は飛鳥時代から存在したが、神に奉納する絵札を初めて「絵馬」と記したのは匡房だ。

平安時代中期に記された『本朝文粋《ほんちょうもんずい》』によると、寛弘九年（一〇一二）、六月二十五日に匡房が北野天満宮に奉納した「色紙絵馬三疋《ひき》」が初見という。

私たちは今、「神道では」とか「絵馬に願いを記して」などと当たり前のように口にしているが、それらの言葉が匡房によってもたらされたとは驚きだ。

大袈裟な物言いかもしれないが、私はこのことを知ったとき、匡房の世界がこちらの世界に浸潤してきた気がしたものだ。

いや、大袈裟ではない。三橋氏が記したごとく、神仏習合・本地垂迹説、そして神道観のいくつかは匡房が作り上げたのだ。

宇佐神宮、八幡神《はちまんしん》の本地が阿弥陀如来《あみだにょらい》というのは、大江匡房に端《たん》を発《はっ》する。

また現在、八幡神は応神天皇《おうじんてんのう》（誉田別命）のこととされ、ゆえに皇祖神《こうそしん》と位置づけられるが、祭神を「仲哀《ちゅうあい》・応神・神功皇后《じんぐうこうごう》」と言い出したのも匡房だ。

さらに大江匡房の主導で、伊勢神宮《いせじんぐう》と石清水八幡宮は「宗廟《そうびょう》」と名付けられ、八幡神は「第二の宗廟」あるいは「二所宗廟」と称されるようになり、一層、皇祖神としての箔がつけられた。

その他、伊勢・熊野《くまの》・賀茂・松尾《まつお》・稲荷《いなり》・春日《かすが》・住吉・日枝《ひえ》・祇園《ぎおん》・北野・阿蘇《あそ》等のそれぞれの神に対する本地仏を決めたのも大江匡房だ。

加えてなんと、九尾《きゅうび》の狐《きつね》を妖狐《ようこ》として本邦《ほんぽう》に初紹介したのも匡房なのだ。

元々、中国においては瑞獣《ずいじゅう》でもあった九尾狐《きゅうびこ》を、匡房は『狐媚記《こびき》』という著作の中で「殷之妲己為九尾狐」と記し、のちの玉藻前伝説《たまものまえでんせつ》の素地を作った。

冥官伝説もまた然り。今に伝わる伝奇世界のいくつかは、匡房の筆先から生まれ出た。

そして、大江匡房はその筆先で神をも創った。

現在、加賀一ノ宮白山比咩神社《かがいちのみやしらやまひめじんじゃ》の祭神は、菊理媛尊《くくりひめのみこと》となっている。

古くは白山比咩神《しらやまひめのかみ》と呼ばれたその神を『日本書紀《にほんしょき》』上の謎の女神、菊理媛尊としたのも、驚くことに匡房なのだ。

これは文明《ぶんめい》元年（一四六九）に神道家の吉田兼倶《よしだかねとも》が撰した『二十二社註式《にじゅうにしゃちゅうしき》』中、大江匡房著とされる『扶桑明月集《ふそうめいげつしゅう》』を引いた部分に記されている。

『扶桑明月集』は現存しないため、確認しようがないのだが、匡房は加賀一ノ宮の祭神に直接言及したのではなく、日吉大社西本宮《にしほんぐう》・客人宮《まろうどぐう》（現・白山宮）の祭神に菊理媛尊を当てている。

いわく「客人宮　女形。第五十代桓武天皇即位延暦元年、天降八王子麓白山。菊理比咩神也。」

また日吉大社か……とも思うが、匡房は加賀に縁はない。近郊の比叡山系の神について記したのなら、『扶桑明月集』の言葉にも信憑性が出るだろう。

いずれにせよ、この言葉は総本宮の白山《はくさん》に届き、今では全国の白山神社のほとんどが菊理媛尊を祀っている。

私たちが知る「神道」の歴史や、神の姿のどれほどが匡房の影響下にあることか。考えると、空恐ろしくなってくる。

ただ、匡房は人を幻惑しようとも騙そうともしていない。心から神仏をリスペクトし、強い信心を持った結果、確信したことを残したのだろう。

ペンは剣よりも強しと言うが、まさにまさに言葉ひとつで、彼は世界を——神々の世界をも変えていったのだ。

八　傀儡子たち

大宰府での活躍

大宰府《だざいふ》において、大江匡房《おおえのまさふさ》は遊んでばかりいたわけではない。

政務の記録は未見だが、かの源義家《みなもとのよしいえ》の嫡子《ちゃくし》義親《よしちか》が対馬守《つしまのかみ》として在任中、人民を殺害したり官物《かんもつ》を奪ったりしたことを匡房は京《みやこ》に訴えている。この報告を受けて、朝廷は源義親を追討《ついとう》した。

一応、その後を記しておくと、義親は追討の官使《かんし》をも殺害し、翌年捕らえられて隠岐《おき》に流される。だが、出雲国《いずものくに》へ落ちて目代《もくだい》を殺して反乱を起こし、最後は平正盛《たいらのまさもり》に討たれる。事件は康和《こうわ》の乱《らん》と呼ばれ、平家《へいけ》が台頭《たいとう》するきっかけになったとされている。

源義家と匡房は交流があり、エピソードも残っている。しかし、大江匡房はそれで目こぼしするほどに、甘い男ではなかったのだ。

また、当時の大宰府は、赴任《ふにん》した官人のほとんどが地元民の暴徒化や不服従に悩まされ、任期を終えずに戻る人も少なくなかった。殺害される人もあり、その統轄《とうかつ》は極《きわ》めて難しかったと伝わっている。

にもかかわらず、匡房在任中は一度も騒動が起こらなかったという。

なぜか。

答えのひとつは、当然ながら、匡房が官僚として優秀だったことにある。

本稿では怪しいことばかり連ねているので、忘れた人もいるかもしれないが、匡房は貴族や有力社寺の反発をものともせずに、歴史に残る政断「荘園整理令《しょうえんせいりれい》」を成し遂げたほどの人物だ。頭脳のみならず、胆力《たんりょく》も相当なものだったに違いない。

また、もうひとつの答えとして、大宰府との地縁も上げられよう。

匡房が遠祖とした阿保親王《あぼしんのう》は、道真公《みちざねこう》同様に大宰府に配流《はいる》された身の上で、実質的な初代大宰権帥《だざいのごんのそち》となっている。匡房がその子孫を名乗ったことにより、現地の人になんらかの親しみが湧いた可能性がある。

加えて、道真公への思い入れと共に新たな祭事を創設したり、数々の寄進をしたことで、地元を活性化させたことも好印象に繋がったに違いない。

多分、京から来た多くの官僚は九州を田舎と見下して、赴任は増収の手だてとしてのみ見ていたのではなかろうか。
京の貴族は鼻持ちならない——現地の人々がそんな気持ちから、不服従となるのは理解ができる。そこに、現地に愛情を持つ人物が来て、乱行を極めた対馬守を公正性をもって処したなら、信頼もされるというものだ。

実は匡房と九州の関係は、赴任以前から始まっているのだ。

宇佐神宮《うさじんぐう》の祭典中、最も有名で歴史ある「放生会《ほうじょうえ》」は、延久《えんきゅう》二年（一〇七〇）、後三条天皇《ごさんじょうてんのう》によって国家的な祭事となった。

放生会は現在、全国の社寺で行われているが、宇佐神宮はその発祥地だ。

祭りの由来は奈良時代、養老《ようろう》四年（七二〇）から数年に亘《わた》った大隅《おおすみ》・日向《ひゅうが》を本拠地とした隼人《はやと》の反乱鎮圧にある。鎮圧後の神亀《じんき》元年、「隼人の霊を慰めるため放生会をすべし」との託宣《たくせん》があり、それから二十年経った天平《てんぴょう》十六年（七四四）、和間《わま》の浜《はま》で蜷《にな》や貝を海に放つ放生会が行われた。

途中、廃絶の危機にも遭ったが、この祭りは明治に「仲秋祭《ちゅうしゅうさい》」と名を変えて、今に至るまで続いている。

放生会は地元の歴史に基づいた、ある意味、地味な祭祀《さいし》だ。それが後三条天皇の計らいで国家的な行事となって、全国に広がっていたのだ。

既に記しているとおり、匡房は後三条天皇の右腕だ。

放生会に後三条天皇が関わった延久二年に、大江匡房は三十歳。

川口久雄《かわぐちひさお》氏『大江匡房』（吉川弘文館）には、匡房は二十二歳から石清水八幡宮《いわしみずはちまんぐう》を崇敬《すうけい》していたとある。

その縁から、石清水の本社といえる宇佐神宮の放生会にも関係していたと見ていいだろう。

匡房が天皇に進言したのか、天皇がもともと石清水への信仰を持っていて、匡房が感化されたのか。いずれにせよ当時の匡房の立場では、自ら九州に赴《おもむ》くことは叶《かな》わなかった。ゆえに後年の大宰府行は、若き日の成果を確かめる好機でもあったに違いない。そして、告げたかもしれない。

――放生会を国家的な祭事としたのは、私が最初にお仕えした後三条天皇なのですよ、と。

傀儡子の芸

宇佐神宮の放生会には、奈良時代から「傀儡子舞《くぐつまい》」が奏《そう》されていた。

傀儡子舞は隼人征伐《せいばつ》の際、人形を舞わせて隼人を油断させ、勝利した故事《こじ》から始まっている。舞は宇佐神宮の眷属社《けんぞくしゃ》である古表神社《こひょうじんじゃ》（福岡県筑上郡）と、古要神社《こようじんじゃ》（大分県下毛郡）に伝わるものだ。

現在はふたつの神社それぞれの祭事となっているが、元々は両社に伝わる人形約百体が宇佐の百体《ひゃくたい》神社《じんじゃ》で清められたのち、各々一艘《いっそう》の船を出し、和間の浜の浮殿《うきでん》にて傀儡子舞を奏したという。

放生会は本来、この傀儡子舞が中心となって行われていた。

現在、奉納される舞は「細男舞《くわしおのまい》」と「神相撲神事《かみずもうしんじ》」だ。

細男舞に使われるのは、「御舞人形《おんまいにんぎょう》」で、この人形は「磯良神《いそらがみ》」を表しており、「御神様《おかみさま》」と呼ばれて祭神に準じた扱いを受けている。

もうひとつの「神相撲神事」は文字通り、神々の相撲を人形で表現したものだ。

最初に海上にて、神の名を冠した力士姿の人形が相撲を取った後、神社で改めて勝ち抜き戦が行われる。東西に分かれて登場する神は各十一柱。最後の「押合相撲」では「御黒男神《おんくろおのかみ》」が圧倒的な強さをもって、すべての力士を打ち負かす。

「御黒男神」とは即ち住吉大神《すみよしのおおかみ》だ。

この人形を扱う傀儡師の活動中心地は、大阪にある西宮神社《にしのみやじんじゃ》だ。住吉大社《すみよしたいしゃ》は、西宮とは淀川《よどがわ》を挟んだ場所に位置する。

この一帯が土師《はじし》氏と多治比《たじひ》氏、阿保親王に所縁《ゆかり》が深いことは前述した。それらの縁が関係するのか、しないのか。

答えは出ないが、大江匡房は『傀儡子記《かいらいしき》』という書物を著している。

そんなに長いものではないので、拙訳にて以下に記しておこう。

——傀儡子《くぐつ》は定まった住居はなく、当《まも》る家もない。毛織物を扉とした天幕に住み、水草《すいそう》を逐《お》うように定住することなくさすらい暮らす。すこぶる北狄《ほくてき》（朝廷に帰順しない北方の異民族）の風俗と似ている。

男は皆、弓馬をよくし、狩猟を生業《なりわい》とする。あるいは双剣を用いて舞い、七つの玉をもてあそび（ジャグリング）、木の人形を舞わせたり、辟邪《へきじゃ》の桃の木で作った人形で相撲を取らせたりもする。

人形が生きているように見える様子は、本物の魚、龍、亀などが蠢《うごめ》いたり這って見える幻術の一種に近いものだ。また、砂や石を黄金や銭貨《せんか》に変える術、草木を鳥獣に変じる技（手品）も使って芸をする。

女は愁《うれ》いに満ちた眉を描いて、泣いた後のような化粧を施し、弱々しく腰を屈めて、歯が痛いような顔で微笑む。口紅を注《さ》しておしろいをつけ、歌を歌って淫《みだ》らな様で男たちに媚《こ》びを売る。親も夫も咎《とが》めない。行きずりの旅人と一夜を共にすることを楽しんでいる。

客に気に入られれば、高価な刺繍の服、錦《にしき》の衣、金のかんざし、螺鈿《らでん》の箱などを受け取るが、有り難がることはない。既にほとんどを持っているからだ。

彼らは一畝《いっぽ》の田も耕さず、一枝の桑も採《と》らない。役人の支配を受けず、土着定住せず、流浪の人と等しい。王公とは関わりを持たず、国司《こくし》も恐れず、課役《かえき》もなく、一生をただ楽んで過ごす。

夜になれば百神を祀《まつ》って、鼓《つづみ》を打ち、舞い、喧嘩して、福を祈る。

東国は美濃《みの》・参河《みかわ》（三河）・遠江《とおとうみ》などの党が血筋も良く、勢力があり、山陽では播州《ばんしゅう》、山陰では馬州などがこれに次ぐ。西海の党は下である。

高名な傀儡女《くぐつめ》は、小三、日百、三千載・万歳。小君・孫君《まごのきみ》などだ。彼女たちの歌は、韓娥《かんが》（古代中国の名歌手）の如く塵《ちり》を動かし、その余音は梁《はり》を巡る。聞く人は冠の緒を涙で濡らし、留《とど》めることもかなわない。

彼らの芸は今様《いまよう》・古川様《ふるかわよう》・足柄《あしがら》・片下《かたした》・催馬楽《さいばら》・黒鳥子《くろとりこ》・田歌《たうた》・神歌《かみうた》・棹歌《とうか》。辻歌《つじうた》・満固《まご》・風俗《ふぞく》・咒師《のろんじ》・別法《べっぽう》など、数え切れないほどにある。即ち天下の逸品だ。感動しない者があろうか。

――大絶賛。

列挙されている傀儡子の芸は、今では内容がわからなくなってしまったものもある。しかし、これほど彼らの生活をつぶさに記した匡房は、実際に傀儡子と言葉を交わし、歌い踊る夜の景色を近くで見たのではなかろうか。

女性の不思議な化粧の様は、中国の漢《かん》の「啼粧《ていしょう》」または中唐《ちゅうとう》に流行《はや》った「険粧《けんしょう》」に似ている。

「啼粧」や「険粧」は下げた眉を大きく描いたり、おしろいを塗ってから目の下だけを薄く拭うなどして泣いたような表情を作るものだ。

当時の中国では社会問題にもなり、白居易《はくきょい》もこれに題材を取った「時世粧《じせいそう》」という詩を作っている。

傀儡子たちの故郷は、一体、どこにあるのだろうか。

匡房の眼差し

それはともかく『傀儡子記』は文献上、初めて傀儡子について記した文書だ。

匡房は『遊女記《ゆうじょき》』も記しているが、当時、殿上人《てんじょうびと》でもあった人物がこのようなことを記すのは異例であり、すべからざる行為とされていた。

下々のことに興味を抱き、それを文字に記すのは、はしたないことだったのだ。

晩年の匡房は、訪れる人から世間の雑事を嘘も真《まこと》も問わずに聞き出して、それを記録したという。

その中のいくつかは、多分『江談抄《ごうだんしょう》』にも収録された話だろう。だが、藤原宗忠《ふじわらのむねただ》はその行為を「狼藉《ろうぜき》極まりなし」と手厳しく批判している。

しかし、ここでも匡房の影響力のほうが勝《まさ》った。

のちの後白河法皇《ごしらかわほうおう》は今様に傾倒して、遊女や傀儡子・白拍子《しらびょうし》を側に置き、『梁塵秘抄《りょうじんひしょう》』を編《あ》んでいる。

『梁塵秘抄』のタイトルは『傀儡子記』中「動韓娥之塵　餘音繞梁」（原文）と記された部分に依っている。

『古事談《こじだん》』にて、白河法皇《しらかわほうおう》は『学問を尊び、匡房を重用《ちょうよう》したから私は「文王《ぶんおう》」だ』と自賛しているが、その曾孫《そうそん》にあたる後白河法皇は文そのものより、匡房が記した内容に注目して我が物としたのだ。

しかし、宮中に入り、公権力に庇護《ひご》された傀儡子たちは漂白・毒抜きされ、権力構造の変化と共に置き去りにされて衰えていく。また、この時期以降、彼らへの蔑視《べっし》が強まって、芸人たちは差別対象になっていく。

後白河法皇による傀儡子や遊女の重用は、結局、数人の才ある者から上澄みを掠め取ったというだけで、その集団や一族にとっては害毒にしかならなかったのではなかろうか。

一方、傀儡子舞のある宇佐周辺にいた被差別民の起源を示す「河原巻物《かわらまきもの》」では、後三条天皇から宣《せん》旨《じ》を賜《たまわ》り、それによって特権が認められたとの記述が残る。

様々な職能人の起源伝説に、皇族や高僧の名前が出てくることは珍しくない。木地師《きじし》の祖である惟《これ》喬親王《たかしんのう》、マタギの祖とされる弘法大師《こうぼうだいし》などが知られているが、宇佐の巻物に関してはただの伝説とは言い難い。

放生会の庇護とほぼ同時期に行われた延久二年（一〇七〇）の荘園整理令の際、後三条天皇は祇園感《ぎおんかん》神院《じいん》の非人《ひにん》に、祇園社の所領内と鴨河原《かものかわら》、四条《しじょう》以南五条《ごじょう》以北の地を賜っている。

ここに記されている非人とは、社寺の汚穢物《おえぶつ》除去や死体の埋葬をした人々だ。隷属《れいぞく》する社寺によって呼び名は様々あるのだが、後三条天皇の宣旨によって、祇園社に所属する彼らは「犬神人《いぬじにん》」と呼ばれるようになったという。

後三条天皇は傀儡子や非人にきちんと目配りし、相応の権利を与えたのだ。

このとき、匡房は靫負佐《ゆげいのすけ》に就いていた。

先に記したごとく、匡房が所属した衛門府《ゆげいのつかさ》は宮城諸門の警備、部署の巡検《じゅんけん》、行幸《ぎょうこう》の先駆けなどに当たった。

その職員の多くは検非違使《けびいし》を兼任し、訴訟や刑事事件を審理して判決を出し、犯人の検挙も行った。警察と裁判所、双方の機能を兼ねたのが衛門府だったのだ。

匡房が就いた靫負佐は、長に当たる靫負督《ゆげいのかみ》の下で人員は一名、つまりナンバーツーの位置になる。また、靫負佐は検非違使自体の非違《ひい》を検察糾明《けんさつきゅうめい》する役をも兼帯《けんたい》したので、今で言うなら、警察庁における警視総監と裁判官・検察官を兼ねたようなものだった。

その上、匡房は天皇の蔵人《くろうど》（秘書）、皇太子付きの東宮学士《とうぐうがくし》（教育官）、律令制下八省《りつりょうせいかはっしょう》のトップである中務省《なかつかさしょう》の次官でもあったのだから、手に負えないほどの権力を持っていたわけだ。

その匡房が靫負佐になった当時――強盗は鳴りを潜め、一件の騒動もなかったと伝わっている。

匡房は夜間の見回りを特に強化したらしいが、果たしてそれだけだったのか。

靫負佐は時を決めて巡回する役もあったので、もし夜間に匡房自身が市中に出ることがあったなら、彼はそこで歌い騒ぐ傀儡子たちを見たかもしれない。そして歌を聴き、言葉を交わし、治安維持に繋がるような交流を果たしたのではなかろうか。

靫負佐となった二年後の延久四年には、匡房は防鴨河使《ぼうかし》として、困難な鴨川《かもがわ》の治水にも当たっている。

河原には当然、傀儡子がいた。そこで彼らと出会う機会もあっただろう。

いや、出家を考えたという十代、「待《ま》ち幸《ざいわ》い」と揶揄《やゆ》された二十代の頃、出会いはあったのかもしれない。

傀儡子をはじめとする漂泊《ひょうはく》の芸人やキヨメと総称される掃除人は、のちに差別の対象となったが、匡房の時代には、まだ蔑視《べっし》されてはいなかった。

猿楽《さるがく》及び河原者《かわらもの》の禁中参入《きんちゅうさんにゅう》が「不浄の者」として初めて禁止されたのは、正長《しょうちょう》元年（一四二八）だ。平安期の彼らは、一般庶民とは異なった独特の共同体を作って生きていただけだ。

検非違使の重要な仕事のひとつは、そんな人々を統轄《とうかつ》することだった。

『検非違使　中世のけがれと権力』（丹生谷哲一　平凡社）によると、平安中期から中世において、検非違使はまさに国家の掃除担当奉行《ぶぎょう》と呼ぶべき職だったという。掃除行事は検非違使固有の職掌《しょくしょう》で、検非違使とキヨメは切っても切れない関係にあった。

犯罪も汚穢も、町にとっては負の要素だ。検非違使たちはそういった「穢《けが》れ」を掃除する役だったのだ。

先に、祇園社の犬神人が汚穢物除去や死体の埋葬をしたと記したが、死体の処理もまた検非違使の担当だった。

たとえば長雨などの原因を卜《ぼく》し、結果が神社近辺における不浄・穢れの祟《たた》りと出れば、原因を見つけて除棄《じょき》するのも、検非違使の仕事だったという。

不浄・穢れの大概は、社《やしろ》の近隣や所領内での葬送や死体放置だ。検非違使はこれを実検し、汚穢物を除去、穢した者を召し捕らえて科祓《かふつ》させるなどをした。

平安時代の市中には、そんなに死体があったのかと驚くが、『中右記《ちゅうゆうき》』大治《だいじ》二年（一一二七）の項には、こんなことが記されている。

「伊勢《いせ》・平野《ひらの》・稲荷《いなり》・祇園・北野社中の不浄をたずね、検非違使をして骸骨《がいこつ》を掃除せしむ」

当時の庶民にきちんとした墓はなかったため、鳥辺野《とりべの》や化野《あだしの》、蓮台野《れんだいの》などの風葬地《ふうそうち》や、河原に死体が放置されていることは普通だった。その死体が清浄であるべき場所に放置されたときが、検非違使の出番だ。

掃除の実務はキヨメたちが行ったが、検非違使は穢れの有無、種類判定の役に就《つ》いた。加えて、衛門府はのちの猿楽や呪師芸能《じゅしげいのう》に通じる後戸《うしろど》（仏堂の背後の入り口。後戸を入った正面に、本尊の護法神や根源的な神仏を祀る）の奉行を勤め、また隼人司《はやとのつかさ》をも管掌していた。

この隼人は言うまでもなく、九州にて征伐された隼人の裔《すえ》だ。

隼人司では彼らを宮門守護《きゅうもんしゅご》に就けると共に、隼人舞を教え、竹の笠や扇の製作に当たらせたという。

隼人の行う宮門守護とは、「吠声《はいせい》」という犬の鳴き声に似た声を出し、悪霊《あくりょう》を祓《はら》う呪術《じゅじゅつ》を指す。隼人舞は服属儀礼としての歌舞《かぶ》とされるが、いずれも現在は伝わっていない。

ちなみに、宮門守護を勤めた隼人は、奈良時代に畿内《きない》に移住させられた隼人と、交代制で上京した大隅《おおすみ》・薩摩《さつま》在住の隼人であったという。

隼人を通じて、検非違使は九州と関わりを持っていたのだ。

そんな衛門府の職掌を見ると、匡房が傀儡子や隼人所縁の放生会に眼差しを向けるのは不思議ではない。

しかし、前述したように、殿上人が下々のことに興味を抱くのは、はしたないこととされた時代だ。もちろん、匡房以前に言及が皆無というわけではない。殊に美しい遊女たちは詩文の恰好の題材だった。匡房も孫君《まごのきみ》という傀儡子を詠じた美しい律詩《りっし》を作っている。

ならば、匡房がそれらに題を取ったのは、ただの詩興《しきょう》や殿上人らしからぬ悪趣味だったのか。

いや、私はどうも『傀儡子記』や『遊女記』を記す彼の筆には、深い愛情が潜んでいるように思えるのだ。

白という遊女

ここで『遊女記』を見てみよう。

『傀儡子記』よりは長いので、以下に抜粋補足しながら記してみる。

――山城国与渡津《やましろのくによどのつ》より、巨川《こせん》（淀川）に船を浮べて西に一日行ったところを河陽《かや》と呼ぶ。山陽・西海・南海の三道を行き来するなら、必ず通る道である。

淀川の南と北には村々が点在している。支流を河内国《かわちのくに》に向かった辺りを江口《えぐち》という。典薬寮《てんやくりょう》の味原《あじふ》の牧《まき》、掃部寮《かもんりょう》の大庭《おおば》の庄《しょう》がある場所だ。

摂津国《せっつのくに》に至れば、神崎《かんざき》・蟹島《かじま》等がある。この地は娼家《しょうか》が軒を連ねて、絶えることなく並んでいる。遊女たちは群れを成し、小舟に棹さして船に取り着いては枕席《ちんせき》を薦《すす》める。その声は川霧をも留《とど》め、音韻《おんいん》は水風に翻《ひるがえ》るようだ。そこに留《とど》まる人で、我が家を忘れない人はいない。

洲《ひじ》には蘆《あし》が繁り、浪《なみ》は花のごとくに見える。釣りをする翁《おきな》の舟や酒食を商う舟で、舳先《へさき》と艫《ろ》は接しあい、連なりあって、ほとんど水が見えないほどだ。まさに天下第一の楽しき地である。

江口《えぐち》は観音という遊女を祖とし、中君《なかのきみ》・□□（欠字）・小馬《こま》・白女《しろめ》・主殿《とのもり》という名の遊女たちがいる。蟹島は宮城を祖とし、如意・香炉・孔雀・立牧。神崎は河菰姫《かこひめ》を長者として、孤蘇・宮子・力命・小児などがいる。

皆これ、南国の倶戸羅鳥《くしらどり》のごとき美声と、衣通姫《そとおりひめ》の生まれ変わりのような美貌を持っている。上は卿相《けいしょう》より下は庶民に至るまで、彼女たちが慈愛を施さない者はない。また人の妻妾《さいしょう》となって、身を歿《ぼっ》するまで寵愛《ちょうあい》を受ける者もいる。賢人君子《けんじんくんし》といえども、彼女たちからは逃れられない。

この遊女たちは南は住吉大社、西は広田神社に祈り、男たちからの寵愛を受けることを願う。また殊に百大夫《ひゃくだゆう》を信仰した。百大夫は道祖神の別名だ。彼女たちはそれぞれ百大夫の像を持っているので、その数は百にも千にも及ぶ。ご利益はあり、客の心をよく摑《つか》む。古《いにしえ》からの信仰習俗といえよう。

〈中略〉

これらのことは江翰林《ごうのかんりん》の『見遊女詩序』に記されているが、今またその余を記してみた。

その時代のその場所に立ってみたい風景だ。

江翰林とは大江以言《おおえのもちとき》を指す。匡房との繋がりは薄いが、曾祖父・匡衡《まさひら》のまたいとこに当たる人物だ。

匡房の『遊女記』はこの以言の『見遊女詩序』に触発されたらしいので、となると、以言も「下々のこと」を記す悪趣味を備えていたことになる。匡房はそれに倣《なら》ったのか。

結論を出すのは早い。

江口の遊女たちの名に「白女」という名があったはずだ。

なんと、その名が『尊卑分脈《そんぴぶんみゃく》』の大江氏系図に載っているのだ。

白女は大江音人《おおえのおとんど》の子である玉淵《たまふち》の娘となっている。添え書きには「勾当《こうとう》」「歌人」とあり、勾当は事務職を指すので、江口の白女と同一人物かどうかはわからない。

だが、『大鏡《おおかがみ》』と『大和物語《やまとものがたり》』にはこんな話が載っている。

――宇多法皇《うだほうおう》が亭主院《ていじのいん》の河尻《かわじり》におわしましたとき、白女という遊女《あそび》がいた。呼び寄せたものの、とても遠くに控えているので、「随分、遠くにいるのだね。理由を和歌で教えなさい」とご命じになった。白女が詠《よ》み奉《たてまつ》るには、

浜千鳥《はまちどり》　飛びゆくかぎりありければ　雲立つ山をあはとこそ見れ

（浜の千鳥である私は飛ぶのにも限りがありますから、雲の立つ山（法皇）のようなところには近

づくことなどできません。ただこうして、あれは淡路島《あわじしま》だろうかと、思って眺めるばかりです）

法皇はいたく感じ入って、褒美《ほうび》を与えた。

また、法皇が鳥飼院《とりかいのいん》におわしましたとき、いつものように遊女たちが沢山いる中に大江玉淵の娘で、美しく声の良い女性に情を感じて側近くにお召しになって仰《おっしゃ》った。

「玉淵は和歌の上手だ。この場所の『とりかひ』という題をうまく読み込んで歌を作れたら、まことの玉淵の子と認めよう」

その仰《おお》せを承《うけたまわ》って詠んだ歌は、

ふかみどり　かひある春にあふ時は　かすみならねど　たちのぼりけり

（緑の芽吹く甲斐ある春にお目に掛かれましたので、立ちのぼる霞ではないものの、霞と同じように、こうして高貴な方々の前に立つことができました）

宇多院は大層感嘆なされて、褒美に袿《うちぎ》と袴《はかま》を授《さず》けた。そして南院《なんいん》の七郎君《しちろうぎみ》という人に、彼女の世話や、今後の贈り物の受け渡しを命じた。

「とりかひ」の語句は「ふかみどり　かひある春」の「どり」と「かひ」に読み込まれている。

『大和物語』では、酔った法皇は感激の余り涙を流し、同席していた貴族たち全員に、着物を脱いで彼女に与えるよう命じたので、着物が二間《ふたま》ほども積み置かれたと記されている。

実際、白女は和歌の才に長《た》け、歌は『古今和歌集《こきんわかしゅう》』にも収録されている。

最初の白女と後半の遊女が同一人物かどうか、この話ではわからぬが、目にした限りの資料では同一人物とみなされている。

だが、もし匡房が実際に江口を訪れて『遊女記』を記したのならば、時代がかなり隔たっている。遊女の名は源氏名《げんじな》であり、襲名制《しゅうめいせい》だったと見ていいだろう。

匡房と同時代を生きた源俊頼《みなもとのとしより》は紀行文でもある『散木奇歌集《さんぼくきかしゅう》　六』にて、こう記している。

「江口にて、しろといふあそびのむすめのと、をぐして、これはまだおさなき物なればあはれにせよなど申けれは、物語などしてはるかにおくりて、」

「しろ」という遊女が娘とその父を連れてきた。娘はまだ幼いので、可愛がってくれと父が言うので、物語などを聞かせて送り出して……という話だ。

遊女との家族ぐるみのつきあいをする俊頼は興味深い。が、それはともかく、匡房の時代にも「しろ」は実在していたのである。

『大和物語』でも白女は「しろ」と記されているので、どうもこちらが本当の名であったらしい。

それにしても、大江玉淵の娘が遊女とされ、系図にまで載るのは驚きだ。

遊女や庶民が貴族、武士の子を産んで、名を残す例はある。しかし、それは子供が何らかの地位に就いたために残るのだ。名家の娘がそのまま遊女と記されて、名前まではっきり記されるのは滅多にないのではないか。

今で言うなら、彼女は玉淵から認知されていたことになろうか。それとも、和歌に秀《ひい》でていたため、敢えて名前を残したのか。

『尊卑分脈』は大江の祖を阿保親王と記しているように、匡房後に成立したものだ。ゆえに『大鏡』

等の記述から、白女を玉淵の娘とした可能性はある。

また、『大鏡』の成立は白河院政期《しらかわいんせいき》とされているので、匡房が玉淵の娘として白女の話を知っていたのは確実だし、それがために白女の名を『遊女記』に記した可能性もあるだろう。

いずれにせよ、匡房に大江以言、玉淵、白女の流れを忌避《きひ》する感じは窺《うかが》えない。

下々にも目を配った後三条天皇の影響か、それともそこにも匡房が一枚噛んでいたのか。それはわからないけれど、匡房が彼らに親和的な眼差しを向けていたのは確かなようだ。

貴族社会において「ひねくれ者」と評された男は、どういうわけか、傀儡子や遊女に向き合うときは素直な好意を示すのだ。

百太夫と白太夫

この匡房の記述には、もうひとつ気になる部分がある。

原文を記すなら『傀儡子記』にある「夜則祭百神」、『遊女記』中の「殊事百大夫、道祖神之一名也」の部分だ。

百神と百大夫は同じものだ。

通常「百太夫」と記されるこの神は、傀儡子の本拠地・西宮神社の摂社《せっしゃ》に祀られている。その伝承に依れば、ご祭神の百太夫は傀儡子の祖である翁とされる。

江戸時代文化《ぶんか》八年（一八二五）、西宮ご開帳の際に刷られた百太夫の画像では、烏帽子《えぼし》狩衣《かりぎぬ》の男子の前に、五つの団子を刺した串団子が三方《さんぼう》に載って供えられている。そして、その刷り物の上部には「道君坊百太夫大神」と記されている。

「道君坊《どうくんぼう》」は「でくのぼう」、即ち木製の人形のことだ。「でくのぼう」は比喩としては良い意味ではないけれど、この刷り物では、人形操りの祖先として名に冠されている。

神社には、百太夫と道君坊ふたりの伝説が伝わっている。

――西宮の神主に道君坊という人がいて、よく神の御心《みこころ》に適《かな》っていた。しかし道君坊が亡くなると、海上の波風が強くなって人々は難儀《なんぎ》した。そこで、百太夫藤原正清《ふじわらのまさきよ》という人が勅命《ちょくめい》を受けて道君坊の人形を作り、これを舞わして神の御心を慰めたところ、海は再び穏やかになった。

記録によると、西宮の百太夫社の中には、冠衣《かんい》を着けた古い人形が一体、顔におしろいをつけた状態で座しているらしい。

この神は子供の疱瘡《ほうそう》に効験《こうげん》があるとされ、ご神体の顔におしろいを塗り、それをまた子供の額につけて疱瘡除《よ》けのまじないにしたという。

聞くところによれば、現在でもこの風習は続いており、えびす社に初宮参りをした後は必ず百太

百太夫神札（所蔵：西宮神社）

夫社に参拝し、赤ん坊の額におしろいを塗って健康を祈願するという。

つまり、今の百太夫は子供の守りになっているのだ。

もっとも、これは幕末以降の話なので、大江匡房が記した「百大夫」とは別ものと見ていいだろう。

遊女たちが持つのは、刷り物ではなく「像」であり、百にも千にも及ぶとある。

後白河法皇が編んだ『梁塵秘抄』にも「遊女《あそび》の好むもの　雑芸《ぞうげい》　鼓《つづみ》　小端舟《こはしぶね》　簦翳《おほがさかざし》　艫取女《ともとりめ》　男の愛祈る百大夫」（三八〇番）とある。

当時、遊女と傀儡子に明確な差異はなかったので、両者が共に百太夫を祀るのは不自然ではない。

また、匡房は「百大夫」を道祖神の別名としている。

道祖神は災厄除《さいやくよ》けとして峠や村境に置かれるが、男根形や夫婦和合の姿を取ることが多い。ゆえに、私が想像するに、匡房の記した百太夫は、男性器の形をした素朴なものだったのではなかろうか。

江戸時代に至っても、男性器を祀る風習は全国に残っていた。

歌川豊国《うたがわとよくに》の『絵本開中鏡《えほんかいちゅうかがみ》』には、頭や鼻が男根の形をした陽物神《ようぶつしん》が両手に淫具《いんぐ》を持って海の岩場のようなところに座り、周囲に張形《はりがた》が奉納されている様子が描かれている。正月か九月に張形を一本ずつ作り、性病や婦人病に罹《かか》らないことを祈願して、海に流したという記述もある。

また、出口米吉《でぐちよねきち》は『日本生殖器崇拝略説』（一九二〇）にて『遊女記』に触れ、大阪の住吉大社では「近年まで漁師が同社よりキンマラとて、土製の男根に金を塗りたるものを受け、海上にて大風波に遭遇せし時に、之を海中に投すれば直ちに海上平穏に復すと信じたり。」と記している。住吉大社には男根形の石を祀った祠《ほこら》もあったそうだ。

海上が鎮《しず》まるという意味において、道君坊、百太夫の伝説と同じだ。

性病除けと海難除けは別ではあるが、性神は子宝祈願や商売繁盛、厄除け、と、場所や土地によって様々なご利益が期待されている。牽強付会《けんきょうふかい》かもしれないが、住吉付近の遊女や漁師が同じ物を別の目的で信心しても、なんら不思議はないだろう。

道祖神のひとつとされる京都の辻々にある地蔵菩薩《じぞうぼさつ》は、顔におしろいを塗ることも多い。

ネットで見た限りだと、美肌になるマジナイとあったが、肌が汚くならないというのは疱瘡に罹らないことでもあり、疱瘡除けとも通じる。そして、それは美顔を願った遊女たちの風習でもあったかもしれない。

もちろん、これらは匡房時代の百太夫像が残っていないため、想像の域を出ない。だが、そんなに的外れでもないのではないかと考えている。

『遊女記』にて、遊女たちは住吉大社と広田神社に祈るとあった。

今、百太夫社が残るのは、傀儡子たちの本拠地・西宮神社だ。しかし、この神社はもともと浜南宮《はまなんぐう》と呼ばれた広田神社の境外摂社《けいがいせっしゃ》で、明治になってから分離している。ゆえに、『遊女記』に出てくる広田神社は、西宮と考えても差し支えない。

分離した広田神社の御祭神は、天照大御神之荒御魂《あまてらすおおみかみのあらみたま》だが、脇殿《わきでん》には住吉大神が祀られている。

そのため、『遊女記』で記された社を当時の広田神社に集約してもいいのだが、実は百太夫社はこのみならず、各地各社に祀られているのだ。

『えびす信仰事典　神仏信仰事典シリーズ2』（吉井良隆編　戎光祥出版）などを参考にまとめてみよう。

・兵庫県
西宮神社境内末社（西宮市社家町）／百太夫神社
三条八幡神社境内（南あわじ市三条）／戎社　祭神：えびす・百太夫・道薫坊・秋葉神
・京都府
八坂神社境内（京都市東山区祇園）／百太夫社
石清水八幡宮（京都府八幡市八幡高坊）／百太夫社
大田神社境内（京都府京都市北区上賀茂本山。上賀茂神社境外摂社）／百太夫社
・滋賀県
日吉大社（大津市坂本）／百太夫神社
・九州
宇佐神宮境内末社（大分県宇佐市南宇佐）／百体社
古宮八幡宮（福岡県田川郡香春町採銅所）／百太夫社
宗像大社（福岡県宗像市田島）／百大神社
正頭八幡宮（福岡県京都郡）／百太夫社
・四国
長門国一宮住吉神社（山口県下関市一の宮住吉）／百太夫社

八坂神社《やさかじんじゃ》・日吉大社《ひよしたいしゃ》・宗像大社《むなかたたいしゃ》、長門国一宮住吉神社《ながとのくにいちのみやすみよしじんじゃ》は、現存不詳。兵庫県は夷舁《えびすかき》関係、九州は宇佐神宮関係、四国は江戸時代に淡路島から傀儡子が渡っているので、その系列と推測されるが、いささか意外な神社もある。

既に何度も名が上がっている、日吉大社と石清水八幡宮だ。八坂神社も祇園社として既出の場所だ。

これらと大江匡房を無闇に関連付けるのが、危険というのはわかっている。

私がひっかかるのは、この百太夫社と「白太夫《しろだゆう》」との関係だ。

「白太夫」とは、菅原道真公《すがわらのみちざねこう》を祀った天神系の神社に祀られている神だ。

一般的に、白太夫は伊勢神宮外宮《いせじんぐうげくう》の神官・度会春彦《わたらいのはるひこ》を指す。

度会春彦は道真公の父が安産祈願を託した人物で、公が生まれた後は守役として大宰府まで随行、最期を看取《みと》った人物という。

道真公と同時代に生きたのは確かだ。但し、その時代の史料には、右のような伝記はないらしい。

白太夫が世間に知られるようになったのは、浄瑠璃《じょうるり》『菅原伝授手習鑑《すがわらでんじゅてならいかがみ》』で、梅王丸《うめおうまる》、松王丸《まつおうまる》、桜丸《さくらまる》の父が白太夫とされた江戸時代以降だ。ちなみに、白太夫という名の由来は、度会春彦が白髪だったからだと伝わる。

通説では、この白太夫社は百太夫信仰とは切り離して考えられる。だが、白太夫を「はくだゆう」と読めば「ひゃくだゆう」への転訛《てんか》は容易なため、百太夫社・白太夫社を末社《まっしゃ》に持つ神社には、傀儡子の隷属集団《れいぞくしゅうだん》がいたと述べる研究者もある。

社の名前や祭神、意味が変わるのは、そう珍しいことではない。

実際、宇佐神宮境内末社「百体社《ひゃくたいしゃ》」の名称は、本来「百太夫殿」で、由来では隼人の霊を祀った社とされている。しかし、ならば、全国の百太夫社が隼人と関係あるかというと、それはない。宇佐神宮のみの伝承だ。

また、太宰府天満宮にて度会晴彦を祀る社の名前は、単に「太夫社《たゆうしゃ》」となっている。こちらが度会晴彦を祭神とした本来の社名かもしれないし、のちの時代に変化したとも推測できよう。

もちろん、度会晴彦に直接関係する場所にも、白太夫社は建っている。

百太夫社のリストでも現状不詳のものがあるごとく、小さな神社や摂社末社は創建年代も不明だし、消えることもしばしばあって、確定的なことは何も言えない。

それでも私がこだわるのは、この名に「白」がついているからだ。

ある時代において、白というのは独特な意味を持っていた。

白拍子はなぜ「白」なのか。オシラサマはなぜ「白」なのか。

「白」の民俗は非常に厄介だ。

被差別民とされた人々は白山《はくさん》を崇拝したと伝わるが、どうして白山だったのか。はっきりとした答えはまだない。

白は清浄でピュアな状態を表すと共に、死にまつわる色でもある。

漢文学者の白川静《しらかわしずか》氏は、この文字を白骨化した頭蓋骨の形としている。また、出産にまつわる穢れは「白不浄《しろふじょう》」と言われる。こちらはゼロが一となる極端な「異常」を不浄としたためとされている。

この「白」を冠した白山信仰が、死と再生に関わるものであるというのは、多くの先達《せんだつ》が指摘している。

その象徴となるのが、奥三河《おくみかわ》の「花祭《はなまつり》」における「白山行事《しらやまぎょうじ》」だ。

ごく簡単に次第を記すと、村の広場に白山と称される一角を設け、厄年や還暦の人が死装束《しにしょうぞく》に身を包んで「白山入り」（浄土入り）をする。そして、山見鬼《やまみおに》や清めの獅子が死者の救済、地獄を極楽に変えるなどの手続きを行ったのちに白山を破壊。死者たちは再びこの世に戻り、湯立《ゆだて》の湯、即ち産湯《うぶゆ》を振りかけてもらって生まれ清まる。

――典型的な死と再生の儀式だ。死の不浄を拭って蘇《よみがえ》らせるのが、白山の機能ともいえるだろう。

柳田國男《やなぎたくにお》はオシラサマの正しい名は白神だと述べている。また、宇佐八幡宮の放生会にて奉納された傀儡子舞「細男舞」は磯良神を表すが、磯良神は本来「シラ」と読むという学説もある。

それらの説や、「はくだゆう」から「ひゃくだゆう」への転訛を元に、前田速夫《まえだはやお》氏は「海人族が祀った磯良神やイタコが遊ばせるオシラ神、あるいは傀儡の徒が祀る百神や人形の百太夫は白山神の同類」（『白の民俗学へ　白山信仰の謎を追って』河出書房新社）とみなしている。

これらがすべて白山神に集約されると言うのなら、また百太夫が白太夫なら、傀儡子や遊女らはこの神に何の福を願ったのか。……ここに至ると、専門家でも歯切れが悪くなってくる。

大体、百太夫はなぜ百なのかという、疑問すら解けていないのだ。ゆえに、私も確信的に物言うことはできないのだが、脱線するのを承知の上で、少し推論を記してみたい。

傀儡子とヒトガタ

江戸吉原《よしわら》の遊郭では、白山を祀っていたという。

但し、加賀一ノ宮《かがいちのみや》ではなく、滋賀県日吉大社の上七社《かみしちしゃ》にある客人宮《まろうどぐう》――現・白山宮《しらやまぐう》だ。

このことにより、白と遊女の繋がりは江戸にもあったとするのは容易だが、私は吉原の遊女らが、白山の神のなんたるかを理解して祀っていたとは思わない。単に、客人宮の名称から、お客を寄せる神として祀っていたのではなかろうか。

馬鹿にしているわけではない。私も客商売をしていたら、その名称を有り難がると思うからだ。

客人宮のある日吉大社には、百太夫社も存在していた。

百太夫社のあることが傀儡子の存在に繋がるならば、日吉大社周辺の傀儡子は客人宮も目にしていたに違いない。

時代は遙かに隔たるが、彼らもまた客人宮の名に惹《ひ》かれ、商売繁盛の神として手を合わせていたのではなかろうか。加えて「はく」が容易に「ひゃく」にスライドすると言うならば、白山そのものにも親しみを感じていただろう。

更に、白山の神の名が菊理媛尊《くくりひめのみこと》――「ククリヒメ」となれば一層、「クグツ」である自分たちに引きつけて、崇《あが》め、拝んでも不思議ではない。

大体、傀儡子はなぜ、「くぐつ」と呼ばれたのだろうか。

「くぐつ」という音が出てくる最も古い用例は、『万葉集《まんようしゅう》』の歌にある。

――塩干《しおひ》の三津《みつ》の　海女《あま》の久具都《くぐつ》持ち　玉藻《たまも》刈るらむ　いざ行きて見む（巻三　二百九十三番）

「くぐ」とは水辺に生える雑草のことで、海女たちは、この茎で「クグツコ」と呼ばれる籠を編んで、魚や貝を容《い》れていたという。

折口信夫《おりぐちしのぶ》は、海人族《かいじんぞく》がこの容器に彼らの神である人形をも入れたため、その人形を繰る彼ら自身も「クグツ」と呼ばれたと記している。

西宮や宇佐神宮など、傀儡子が海近くにいたのは確かだ。ゆえに傀儡の「くぐ」は水草を指すという意見も多い。しかし、彼らが海人族であった確証は取れていない。

むしろ私はこの「くぐ」から、『古事記《こじき》』では「久久能智神《くくのちのかみ》」、『日本書紀《にほんしょき》』にて「句句廼馳《くくのち》」と表記される「木の神」の「くぐ」を連想する。

『嬉遊笑覧《きゆうしょうらん》』を記した江戸期の国文学者・喜多村節信《きたむらときのぶ》も同意見で、「久久都の名義を考ふるに、日本紀に木祖久々能智とある久久は、茎にて草木の幹をいふ。」「おもふに、木もてつくれる人形を舞はし働かす時は、神あるが如くなる故、さは名づけしにや。」と記している。

この説は「つ」の扱いが不明なため、評価は高くない。しかし、素人的には納得できる。天津神《あまつかみ》が「天の神」と同じ意味であるように、「傀儡子」が「木々の子」であってもいいと思うからだ。「木々の子」だから、匡房は「傀儡」ではなく「傀儡子」と記したのではなかろうか。

もっとも、傀儡子たち当人から由来を聞いた人はいないので、真の意味は永久に不明だ。ましてや彼らは「傀儡」などという漢字は意識していまい。

「くぐつ」と呼ばれていた人々に「傀儡子」という字を当てたのは大江匡房だ。

漢学に通じていた彼が、中国の古典から「傀儡」の二文字を引っ張ってきて当てたのだ。

ならば、古代中国において「傀儡」とはどのようなものだったのか。

資料によると、中国において「傀儡」が人形劇の別名となるのは、宋代《そうだい》以降であるという。

宋の時代は、大江匡房の生きた時代とちょうど重なる。大宰府にて、宋との交易に関わる間に、傀儡の文字を知ったのか。

いや、『傀儡子記』の成立は彼が大宰府に赴く前だ。当時の匡房の立場なら、宋の最先端の風俗・流行を知ることは可能だっただろうが、言い切れるような史料はない。

ならば、傀儡＝人形劇となる以前、この言葉はどんな意味を持っていたのか。

調べてみると、こんな言葉が目に飛び込んできた。

「俑が傀儡の前身であることは学術界で一致して公認されている。」

（山口建治「方相・傀儡・郭禿・鍾馗―「天籟」もう一つの身体技法―」『非文字資料から人類文化へ―研究参画者論文集―』神奈川大学21世紀COEプログラム研究推進会議発行中の引用、康保成「補説《髏幻戯図》」）

いつ、どのような経緯《けいい》で一致したかはわからぬが、私には右の一文だけで充分だ。

「俑《よう》」とは死者を葬《ほうむ》るとき、殉死者《じゅんししゃ》の代わりに副葬《ふくそう》する人形を指す。秦始皇帝陵《しんのしこうていりょう》から出土した兵馬俑《へいばよう》の俑だと言えば、わかりやすい。

殉死者の代わりに人形を用いる話は、野見宿禰《のみのすくね》の逸話《いつわ》と同じだ。つまり、俑とは埴輪《はにわ》なのだ。

竹内勝太郎《たけうちかつたろう》氏は『淡路人形座訪問（其の現状と由來）』の中で、傀儡子の源流には土師部《はじべ》がいたのではないかと推《すい》している。

俑が傀儡の原形ならば、埴輪を作った土師氏らがやがて木の人形を制作し、芸能者として分化したという流れも考えられるだろう。

匡房はそれらを意識して、「くぐつ」に「傀儡子」の字を充《あ》てたのか。

木であろうと土であろうと、ヒトガタは魂を宿す器だ。また、罪や穢れを転写して祓う呪具でもある。

夏越祓《なごしのはらえ》にて、紙のヒトガタに厄《やく》を移して祓う行事は、現在でも各地にある。

傀儡子の持つ人形もまた、厄を引き受ける存在だった。そしてそれ以上に、傀儡子自身も人の穢れを引き受けて祓う職能集団だった。

以前、私は徳島・阿波《あわ》の「木偶箱《でこはこ》まわし」に取材をする機会があった。彼らの芸は淡路島からの伝来、即ち西宮夷舁《にしのみやえびすかき》の系統だ。

その人々は「祈れないと扱えない。霊感がないと拝めない」とはっきり言った。実際、木偶箱まわしが住む村落には、占い師や祈禱師《きとうし》が多くいた。彼らは嫁入り道具の布団に予《あらかじ》め寝て、潜んでいる厄を持ち去ってほしいと頼まれることもあったと語った。

また、子連れで門付《かどづ》けができた時代は、麻疹《はしか》に罹るくらいの子を連れて、門付け先に麻疹の子供がいるとそれを移して帰った、と。

当時、麻疹は誰かに伝染《うつ》すと軽くなるとされていたため、木偶箱まわしの子供らがそれを引き受けたのだ。

疱瘡除けは、西宮の百太夫社にも期待されていたご利益だ。現代に至るまで、傀儡子とその人形は災厄を引き受けて祓う存在だったのだ。

実際、中世の伝説では、安倍晴明《あべのせいめい》の捨てたヒトガタが傀儡の祖になったという話もある。

小松和彦《こまつかずひこ》氏『酒呑童子の首』には、こんなことが記されている。

『四条河原の操り人形師の語った記録にも「安倍晴明は人形を作り、終に一条戻橋川原に捨て候ふところ、変化して人形と契り、子を産り……非人とは是なり」と述べている。すなわち、近世の京都では、「河原者」たちは周囲からも、自分たち自身も、戻橋の下の識神＝人形の子孫なのだと考えていた』

傀儡子たちには最初から、祓いのヒトガタとしての呪能《じゅのう》が付与されていたのだ。

では、もうひとつの「くく」であり、民俗学的な「白」解釈の代表でもある白山の祭神・菊理媛尊はどうなのか。

菊理媛尊の「白」

菊理媛尊は『日本書紀』の一、即ち別伝に一度だけ出てくる神だ。

黄泉国《よみのくに》に去った伊弉冉尊《いざなみのみこと》の変わり果てた姿を知って、伊弉諾尊《いざなぎのみこと》は逃げ出すが、泉津平坂《よもつひらさか》（黄泉比良坂）で追いつかれる。言い争う二神の間に、まず泉守道者《よもつちもりびと》という神が現れて、伊弉冉尊の言葉を取り次ぐ。

次に現れた菊理媛神が「何か」を言うと、伊弉諾尊はそれを褒《ほ》めて帰っていった。

『日本書紀』原文にはこう記されている。

「是時、菊理媛神亦有白事」

――このとき、菊理媛神がまた申すことがあった。

菊理媛尊の言葉も、如何《いか》なる働きの神であるかも記されていない。

それゆえに菊理媛尊が何者なのか、多くの先達が推理してきた。

いわく、「ククリ」は「括《くく》り」であり、二神の間、または死者と生者の国を括り定めた神である。

またいわく、菊理媛尊は「きく」神であるから、その神格は死者の言葉を聞くシャーマン的なものだ。

またいわく、死と生を隔てることに一役買った、死と再生の神である……。

折口信夫は『山の霜月舞』にて「キクリ（菊理）はククリ（潜り）を意味して、水中に入ってミソギすることで、シレコト（白事）とは、死のケガレを払うのに巫女の呪言が必要とされたのである。」と述べ、五来重《ごらいしげる》は「死霊の託宣（口寄）をかたった神」「いわばイタコの祖先のごとき神」だと語っている。

各々、ぼんやりとした共通点はある。

奥三河の白山行事もまた、この神の働きの下《もと》にある。いや、もともと古代の日本人にとって、山は異界であり、あの世だった。秀麗《しゅうれい》な白山にもそうした一面はあっただろう。

そこに菊理媛尊が乗って、より性格が明確になった、あるいはわからなくなってしまった部分があったのではないか。

思い出してほしいのは、客人宮に祀られた白山の神を菊理媛尊としたのは、大江匡房であることだ。

匡房は『扶桑明月集《ふそうめいげつしゅう》』にて、日吉大社西本宮・客人宮（現・白山宮）の祭神を菊理媛尊としている。

「客人宮　女形。第五十代桓武天皇即位延暦元年、天降八王子麓白山。菊理比咩神也。」

彼はなぜ、白山を白山のままにしておかなかったのか。

匡房が白山の神に菊理媛尊を当てたのは、多分――多分だが、単純な理由だ。

再度、『日本書紀』の原文を記してみよう。

「是時、菊理媛神亦有白事」

匡房はこの「白事」を白山の「白」にひっかけたのではなかろうか。

「告白」の文字からもわかるように、「白」は言葉を口にすること。「申す」の「申」とは縦棒の付き方が違うだけで、ほぼ同じ意味を持つ。

匡房はここから白山を「白す山」、物言ぅ山と解釈し、言霊《ことだま》の神として、菊理媛尊を当てたのではないのだろうか。

折口信夫は「白事」を巫女の呪言《じゅごん》と解釈している。巫女に芸能的側面が付《ふ》されるのなら、ここでも傀儡子・遊女と融合するし、白拍子にも繋がっていこう。

ちなみに白拍子の白は、無伴奏のアカペラを指すらしい。だが、「白事」を歌う彼女らには、霊的な力も期待されていたのではないか。

巫女と芸妓《げいぎ》や遊女が重なり合うのは、ある意味、当時の常識だ。

北野天満宮《きたのてんまんぐう》上七軒《かみしちけん》にいた巫女たちは、のちの舞妓《まいこ》に姿を変えた。

村山修一《むらやましゅういち》氏はこう記す。

「北野社の巫女には、代々文子と称する家があって上月氏と称し、奇子とも書かれるように、神意を告げる特殊な（普通の女性とは際立った）存在の女性であった。またそれは童女であったともいわれる。」

また、巫女ではないが、観阿弥《かんあみ》の謡曲《ようきょく》「江口《えぐち》」では、『遊女記』に出てきた江口の遊女が普賢菩薩《ふげんぼさつ》に変化《へんげ》する。

歌い、舞う女性たちは、神仏に近い位置にいた。傀儡子の男子も、魔除けの桃の木で作った人形を操っていた。

ならば、菊理媛尊が持つというシャーマン的側面、託宣、生まれ清まりを促す力——それらも呪能を持つ傀儡子たちと親和性が高かったのではなかろうか。

折口信夫も記しているが、「くぐつの遣うた人形はくぐつ自身の仕える神であった」という認識は、阿波の木偶箱まわしも持っていた。

人形そのものが神なのだ。そんな神の頂点が「くく」の名を持つ菊理媛尊だったのではないか。

飛躍を承知で記すなら、彼らは「神霊《しんれい》となった最強のヒトガタ」を菊理媛尊に見たのではないか。

江口の遊女「白女」の名が、大江氏の系図にあることは記した。

『尊卑分脈』では白女だが、『大和物語』、源俊頼『散木奇歌集 六』にはただの「しろ」とあった。

彼女もまた「白」即ち「申す」力——和歌という強い言霊を身に帯びた存在だったのだろう。

そうであれば、「白太夫」もまた、言葉や託宣を司《つかさど》る神という見方もできる。それが白山に通じるならば、百太夫と白太夫はやはり近い位置にいる。

しかし、白は百に転訛するが、その逆はない。北野周辺に傀儡子たちがいたという確証もない。

それでも私が言い続けるのは、太夫という名称に、別の意味を見出すからだ。

第二章

鎮魂の技術者

一　鬼の道

「太夫」が意味するもの

さて。

ここから暫《しばら》くは大江匡房《おおえのまさふさ》から離れたい。

注視するのはもっと古く、もっと深い根元にあるものたちだ。それらは多岐《たき》に亘《わた》りつつ、やがて一本に縒《よ》り合《あ》わされる……。そう信じてしばしの間、長い距離を歩いていきたい。

「大夫《たゆう》」あるいは「太夫《たゆう》」という名称の元々は、律令制《りつりょうせい》の位階《いかい》の五位以上、あるいは五位の男性を指す名称だった。

時代が下るに従って、その呼び名は身分のある人、または尊称《そんしょう》、人名として用いられるようになっていく。後代、遊女《ゆうじょ》の最上位を表す呼称になるのは、ご存じのとおりだ。歌舞伎《かぶき》や能、浄瑠璃《じょうるり》の長を示す言葉にもなった。

また「太夫」は、神職や民間陰陽師《おんみょうじ》・祈禱師《きとうし》の長を指す名としても用いられた。

四国には陰陽道《おんみょうどう》の流れを汲《く》む民間信仰「いざなぎ流」がある。そこで祭事を務める宗教者は「太夫」と呼ばれる。この名称は「いざなぎ流」に限ったことではなく、祈禱《きとう》要素の強い神楽《かぐら》でも、長は「神《かぐ》楽太夫《らたゆう》」と呼ばれるし、その他、講《こう》の御師《おし》や神事の執行者たちにも使用されてきた。

民間宗教者や祈禱師には「ハカセ」「カミサマ」などの呼び方もあるが、「太夫」の呼称はその中でもオーソドックスな部類に入るだろう。

前章にて、私は傀儡子《くぐつ》・遊女が祀《まつ》る「百太夫《ひゃくだゆう》」は男性器ではないかと記した。その考えは変わっていないが、それ以外にも、もしかすると『傀儡子記《かいらいしき》』の時代、既に傀儡子の長は太夫を名乗っていたのかもしれない。

一方、天満宮《てんまんぐう》系の神社に祀られる「白太夫《しろだゆう》」は、度会春彦《わたらいのはるひこ》という個人を指す。度会春彦は外従五位下《げいじゅごいげ》だったので、太夫と呼ばれても不思議ではない。室町末期《むろまちまっき》に描かれた「北野《きたの》曼荼羅《まんだら》」（北野天満宮所蔵）には、既に白太夫社が描かれている。

何が言いたいかというと、傀儡子や民間陰陽師が「太夫」を名乗った同時代に、白太夫社は既にあった、ということだ。

前章、遊女と客人宮《まろうどぐう》について、白山《はくさん》の神云々《うんぬん》よりも、客人の名称に遊女は惹《ひ》かれたのではないかと記した。太夫社も似たような傾向があったのではなかろうか。

太夫を名乗る人々や、その職に就く人が験《げん》を担《かつ》いで参拝しても不思議はない。定住しない人々ならば、社《やしろ》を拠《よ》り所《どころ》として守護を願い、しばし留《とど》まった可能性もある。そして、彼らの活動地に、自身のための太夫社を建てることもあったのではないかと想像する。

白太夫と百太夫、当時の人々の精神的な境界線はわからない。

しかし、太夫という名を冠した神には、何か意味があるはずだ。

——その疑念が捨てられないのは、北野天満宮《きたのてんまんぐう》から愛宕山《あたごやま》を挟んだ向こうに、「黒太夫社《くろだゆうしゃ》」が建つからだ。

黒太夫社は、丹波国一宮《たんばのくにいちのみや》・出雲大神宮《いずもだいじんぐう》にて祀られている。

出雲大神宮が初めて社殿を造営したのは、記録によれば元明天皇《げんめいてんのう》和銅《わどう》二年（七〇九）。背後の御陰山《みかげやま》を御神体山《ごしんたいさん》として禁足地《きんそくち》とし、社殿を持たない時代から、ここでの祭祀《さいし》があったという。

御陰山には古墳や磐座《いわくら》もあり、弘仁《こうにん》九年（八一八）『日本紀略《にほんきりゃく》』にも名前が出ている。相当な古社な

黒太夫社

のは間違いない。島根県の出雲大社との繋がりは明確にはわかっていないが、まったくの無関係でもないようだ。

鬼と土師氏

出雲大神宮の公式ホームページには、こんなことが記されている。

「『丹波国風土記』によれば、「奈良朝のはじめ元明天皇和銅年中、大国主命御一柱のみを島根の杵築の地に遷す。すなわち今の出雲大社これなり。」と記します。よって当宮に古来より元出雲の信仰があります。」

真偽は問わない。ともあれ、ここまでの矜持《きょうじ》を持つ古社が出雲大神宮だ。

主祭神は大国主命《おおくにぬしのみこと》と、その后神《きさきがみ》である三穂津姫命《みほつひめのみこと》。その摂社《せっしゃ》、西の鳥居の外に黒太夫社は鎮座《ちんざ》する。別名は下ノ社《しものやしろ》。ご祭神は大山祇神《おおやまつみのかみ》と猿田毘古神《さるたひこのかみ》だ。

出雲大神宮では、参拝のとき、黒太夫社を最初にお参りする風習がある。理由は、黒太夫社の建つ西の鳥居が、元々の表参道となっていたためだ。

神職に伺ったところによると、黒太夫社も和銅二年からあったという。だが、ここがなぜ、黒太夫社と呼ばれるようになったのかはわかっていない。

実は、愛宕山を隔てた京都の西には、この他にもいくつかの太夫社が存在しているのだ。

出雲大神宮の北西つまり乾《いぬい》方向に二キロ弱行くと、池尻天満宮《いけじりてんまんぐう》（亀岡市馬路町池尻）があり、ここには白太夫社が建っている。天満宮なので白太夫だ。

そこから北西方向にしばし……直線で四十三キロほど行くと、綾部市高槻町《あやべしたかつきちょう》に出る。

ここには篠神社《しのじんじゃ》（京都府綾部市高槻町北山）という旧村社があり、末社に天満宮（菅原道真公）と共に、なんとまた、黒太夫社が祀られているのだ。

篠神社の黒太夫社は、明治十六年四月発行『丹波国何鹿郡神社明細帳《たんばのくにいかるがぐんじんじゃめいさいちょう》』に、境内神社式社として記載されている。

ご祭神は「保森清之家臣《やすもりきよしのかしん》」とあるが、由緒は不明で、保森清が如何《いか》なる人物かもわからない。

黒太夫社は謎ばかりだ。

篠神社の主祭神は天佃女命《あまのうずめのみこと》、合祀《ごうし》で天穂日命《あめのほひのみこと》（篠神社における表記は天穂比命）が祀られている。

天穂日命は天孫降臨に先立って、高天原《たかまがはら》から出雲に使いに立たれた神で、土師部《はじべ》の祖神《そしん》とされている。またも土師氏の登場だが、たまたまなのか所縁《ゆかり》があるのか、調べた限りでははっきりしなかった。

だが、篠神社のすぐ南には高槻茶臼山古墳《たかつきちゃうすやまこふん》がある。

この古墳は丹波丹後では、最古最大とされる前方後円墳《ぜんぽうこうえんふん》だ。造営《ぞうえい》は四世紀前半代と推定されて、須《す》恵器《えき》などが発掘されている。

その他にも、綾部市域には多くの前方後円墳が存在する。古墳造営の駐屯地《ちゅうとんち》として、一時期、この辺りに土師氏らが住んでいたとも想像できよう。

篠神社と街道を挟んで西側にあるのが、篠田神社《しのだじんじゃ》（京都府綾部市篠田町宮ノ下）だ。創建年代は不詳だが、ご祭神は大国主命で、言うまでもなく出雲系だ。

神社の由来では出雲との繋がりは見えない。但し、篠田神社は元々「白田大明神《しろただいみょうじん》」という名称だったと伝わっている。無関係かもしれないが、白という字が付いているので、一応、記録しておきたい。

これら出雲大神宮・池尻天満宮・篠神社・篠田神社の先、乾方向に聳《そび》えるのが丹波の大江山《おおえやま》となる。

ちょっとむずむずしてしまうが、結論を急がず、もう少しじっくり地図を見たい。

大江山を基点にして、ほぼ真南に下ったところにあるのが福知山市《ふくちやまし》だ。ここに庵我神社《あんがじんじゃ》（京都府福知山市中）が建っている。

こちらも創祀年《そうしねん》は不詳だが、『続日本紀《しょくにほんぎ》』宝亀《ほうき》四年（七七三）九月の条に記録が残るほど古い。祭神は天穂日命。ここは由緒にて「土師連が祖先を守護神として祀ったもの」と、明確に語られている。

側に流れるのは由良川《ゆらがわ》だ。

由良川は複雑な流れを作る一級河川だ。この流れを庵我神社から少し南に下っていくと、川の合流点に出る。合流してくる川の名は、土師川《はぜがわ》。合流地点の名称は土師村《はぜむら》だ。

そしてこの合流点から由良川を東に六キロほど遡上《そじょう》したところには、円墳《えんぷん》としては京都府内最大規模である私市円山古墳《きさいちまるやまこふん》がある。

墳丘《ふんきゅう》は全長八十一メートル、高さ十メートルもあり、墳頂部《ふんちょうぶ》中央から発見された木棺内からは、多数の副葬品が出土している。

篠神社附近には、丹波丹後で最古最大の前方後円墳があった。そして、土師村の側には府内最大クラスの円墳。いずれも土師氏繋がりとみなしてもいいのかもしれない。

加えて、ふたつの古墳からは大江山が遠望できる。

私市円山古墳からは直線で約十五キロ、高槻茶臼山古墳から大江山までは約十七キロだ。多分、庵我神社、篠田神社、篠神社からも大江山は望めるかもしれない。

いや、かもしれないどころではない。

庵我神社と土師村の南、天田《あまだ》という地にはこんな記録が残っているのだ。

「酒呑童子が切り殺された旧七月十五日には、この大江山の麓では、それを悲しんで「鎌止」といってこの日一日鎌を使用することを忌む慣わしが明治初年まであった。またこれも大江山の麓の上野条村では節分に「童子の住んでいた」洞に人形をもって行く行事がある。」（『若尾民俗叢書　物質民俗学の視点③』若尾五雄　現代創造社）

本文中、「大江山の麓《ふもと》」とされているのが天田だ。

同書には続けて「酒呑童子が斧でつくったという薬師如来があり、ここから金の棒が出たといい、またその地の大年神社には頼光のあげたという大般若経がある。」と記されている。

大江山の酒呑童子《しゅてんどうじ》は、いきなりここで、実在した人物のごとく語られ始める。

天田だけではない。大江山と庵我神社の中間地点にある御勝八幡宮《みかつはちまんぐう》（福知山市上野条）は、源頼光《みなもとのらいこう》が戦勝祈願をした社《やしろ》とされ、若尾五雄《わかおいつお》氏の調査では、明治初年まで、神社付近に酒呑童子の子孫を名乗る「童子儀八」という名家があったとする。そして、この家は酒呑童子の首を埋《う》めたところに建っており、頼光が襲撃の合図をした笛と、童子を斬った鬼切丸《おにきりまる》が残っていると記すのだ。

現実に引きつけて考えるなら、福知山市は酒呑童子側、頼光側双方にとっての大江山前衛《ぜんえい》、ベースキャンプ的な土地とみなされたのではなかろうか。

酒呑童子に相当する人物が、実在したかどうかは不明だ。しかし、近辺に土師氏の気配が充満していることは確かだ。

大江山のもうひとつの候補地、老ノ坂峠《おいのさかとうげ》も土師氏の土地だ。

鬼と土師氏は繋がるのか。

図らずも、私は第一章で、「つまり、二カ所のオオエヤマはいずれも大江氏、または土師氏に所縁がある」と記している。このときは大江山の名付け親となった大江音人《おおえのおとんど》と、老ノ坂を並べたのだが、それ以外にもふたつの土地には多くの共通点があるようだ。

山陰道から鳥辺野へ

しかし、今は先を急ごう。

再び地図に目を落とすと、土師川の流れは山陰道に近接しながら、京都に至る。

山陰道は大体、現在の国道9号線と重なっている。古代の官道とあまり変わっていないらしいので、今は国道9号線を山陰道として話を進めたい。

まず山陰道を追いかけて、最初に目につく地名は「生野《いくの》」だ。

そう、山陰道は小式部内侍《こしきぶのないし》が大江山への道筋として歌に詠《よ》んだ「生野の道」とも重なるのだ。

この道を南下して京都に向かうと、大堰川《おおいがわ》を隔てて、先に記した池尻天満宮、出雲大神宮が現れる。

出雲大神宮から、山陰道は四キロほどしか離れていない。

その周囲を見渡してみる。と、山陰道を挟んで、出雲大神宮の西側にもうひとつ、出雲神社《いずもじんじゃ》（亀岡市本梅町井手西山）があるのがわかった。

祭神は大国主命の別名である大己貴命《おおなむちのみこと》。

社伝によれば「往古より社地に大岩あり、其の岩の傍に出雲大明神と称する社祠あり」、早田太夫なる者が承正年中まで奉祀《ほうし》したという。

またも、太夫の登場だ。

もっとも承正という年号はないし、大明神の神号も鎌倉時代以降のもの。承正が承和《じょうわ》の間違いならば、西暦八三四〜八四八年か。

ただ、社の横には巨大な円錐形《えんすいけい》の磐座があり、出雲大神宮同様、かなり古い祭祀の名残を留めているように思われる。

同じ本梅町《ほんめちょう》にある廣峯神社《ひろみねじんじゃ》も出雲系だ。

こちらの社伝でははっきりと、出雲系の部族が由良川経由で当地に至り、神を祀ったことが当社の起源だと記されている。

由良川はこの辺りを流れていないので、庵我神社のある福知山市から山陰道を通り、南下したと見ていいだろう。

廣峯神社の創建年代は不明、あるいは承和年中（八三四〜八四八）。祭神は牛頭天王《ごずてんのう》だったのを明治になって須佐之男命《すさのおのみこと》と改めた。

また、社頭《しゃとう》の説明板では、「京都の八坂神社《やさかじんじゃ》と同格神社で創建は当社のほうが古い。」とある。そして、本梅町の出雲神社同様、ここにも本殿から脇に入ったところに、元宮《もとみや》と称される磐座がある。

いつの間にか、土師氏が磐座信仰を持つ出雲氏にすり替わってしまった感じだ。そういえば、出雲大神宮の側には千歳車塚古墳《ちとせくるまづかこふん》があった。この古墳も土師氏と関係するのか。

出雲氏と、出雲から来た土師氏が重なるのは当然と言えば当然だ。しかし、すべてが同じというわけではなかろう。ここは慎重に歩みたい。

山陰道に戻ってなおも南下していくと、十キロも行かないうちに、安行山《あんぎょうさん》という小さな山が見えてくる。

そこに建つのが、磐栄稲荷宮《ゆわさかいなりぐう》と安行山晴明神社《あんぎょうさんせいめいじんじゃ》（京都府亀岡市下矢田町鏡岩）だ。

出雲や土師と直接の関係はないところだが、少し気になるので記しておきたい。

安行山には安倍晴明《あべのせいめい》の子孫、または安倍泰成《あべのやすなり》の子息とされる安倍安行《あべのやすゆき》が住んだという伝承があり、山名もそれを由来としている。

また、ここは安行が山の萩から算木《さんぎ》（易占の道具）を作ったとの伝承から、算木山《さんぎさん》とも呼ばれてきた。その山頂にある磐栄稲荷宮の創建は和銅二年。出雲大神宮と同年とされる。

由来では、この地に祀られた稲荷神が太秦《うずまさ》を経て深草《ふかくさ》に辿《たど》り着《つ》き、伏見稲荷大社《ふしみいなりたいしゃ》になったとする。ゆえに最古の稲荷として、稲荷社の総本山、伏見稲荷大社の元稲荷とも称される、と。

和銅二年という年号は、記録の定かでない古社ではよく用いられる年号で、あまり信憑性《しんぴょうせい》はない。しかし、磐栄稲荷宮と出雲大神宮には、創建年代以外にも共通点がある。

出雲大神宮は元出雲。磐栄稲荷宮は元稲荷。また、廣峯神社は八坂神社より古くから牛頭天王を祀るとしている。

なんなんだ、この一帯は……。

ともかく、なおも道を辿ると、安行山のほぼ真西に小幡神社《おばたじんじゃ》（京都府亀岡市曽我部町穴太宮垣内）が現れる。

こちらも創建年代不詳だが、社伝によると、崇神天皇《すじんてんのう》十年、四道将軍《しどうしょうぐん》丹波道主命《たんばのみちぬしのみこと》が崇神天皇の父・開化天皇《かいかてんのう》を祀ったのが起源とされる。

また『延喜式《えんぎしき》　神名帳《じんみょうちょう》』には、和銅元年（七〇八）に、丹波国司大神朝臣狛麻呂《たんばのこくしおおみわあそんこままろ》が社殿を建立《こんりゅう》したと記されている。

ご祭神は開化天皇と、開化天皇の第三皇子彦坐王《ひこいますのおう》、彦坐王の御子である小俣王《おまたのみこ》の三神を配祀《はいし》。開化天皇を主神とする式内社は、日本中でここだけだ。

その境内になんとまた、百太夫社が建っているのだ。

他の境内社は、祖霊社と愛宕社。また、その脇に「社日《しゃにち》」がある。

社日とは、五角形の石の柱に五柱《いつはしら》の神々を刻んだもので、出雲をはじめとした山陰に多く見られる。これをもって出雲系としてもいいのだが、社日の起源は神社ほどには古くない。それ以上に興味を引くのは、祭神の一柱《ひとはしら》・彦坐王だ。

第一章「四　大江一族と頼光四天王」で記したとおり、彦坐王は大江山にて、玖賀耳之御笠《くがみみのみかさ》という鬼を討った人物だ。その人物が大江山に向かう山陰道沿いに祀られているのは、偶然にしては出来過ぎている。

そして、その先——七キロほど先に出てくるのが、老ノ坂の大江山であり、酒呑童子の首を祀ったとされる首塚大明神《くびづかだいみょうじん》なのだ。

首塚大明神は源頼光一行が京《みやこ》へ戻る途中、首が持ち上がらなくなったため、首を埋めた場所とされる。伝説では、首が動かなくなったのは大江山（千丈ヶ嶽）からの帰り道だ。

大江山から大江山へ。

両者を結ぶ山陰道を通って、酒呑童子の首は運ばれた。大江山の古い鬼を討った彦坐王も、この道沿いに鎮座している。

お伽噺《とぎばなし》の桃太郎は酒呑童子を下書きにしているが、酒呑童子の話は多分、彦坐土の伝説を元にして、新たに作られたのだろう。その目的は何だったのか。

山陰道が大江山への往還《おうかん》に使われたのは確実だが、ここはいつから大和にとっての「鬼の道」となったのか。

思わず眉を顰《ひそ》めてしまうが、道にはさらに続きがある。

首塚大明神の先にある関ノ明神社《せきのみょうじんしゃ》は、平安時代、丹波国と山城国《やましろのくに》の境界に設けられた関所跡だ。すぐ側には桓武天皇《かんむてんのう》の母、高野新笠《たかののにいがさ》が眠る大枝陵《おおえりょう》がある。そこからなおも山陰道を辿っていくと、もうひとつの古墳、天皇《てんのう》の杜古墳《もりこふん》に着く。

この古墳は、古墳時代前期（四世紀代）に築造《ちくぞう》された京都市内最大級の前方後円墳だ。

それを横目に桂川《かつらがわ》を渡ったところで、山陰道は漸《ようや》く平安京の中に入って、五条通《ごじょうどおり》と名を変える。

そして京都市内を横断し、最終的には東の果て、鳥辺野《とりべの》の風葬地《ふうそうち》に至るのだ。

平安京以前の神々

――やはり言いたい。

一体、どういうことなのか。

山陰道は古代の官道・五畿七道《ごきしちどう》のひとつとして、出雲国と丹波国を結んでいた。出雲を出発点とするならば、出雲から伯耆大山《ほうきだいせん》の海沿いを通って、鳥取内陸部、兵庫県を屈曲しながら徐々に南下して由良川に沿い、土師川との合流点に至る。

不思議なことに、土師村に至るまでは、あからさまに出雲や土師に関連するものはない。古墳が少しある程度だ。もっともトンネルもあるので、昔の道とは異なっているのかもしれないが、不思議なほどにさっぱりしている。数多《あまた》の「出雲」や幾多《いくた》の「土師」が現れるのは、庵我神社と土師村以降だ。

次ページ以降の地図を見ていただきたい。

基点は由良川と土師川の合流点、終着点は五条の果てだ。

本文中に触れられなかった神社地名も含めてマーキングしてみた。（本文にないものは★を冠した）

まずは合流点より、山陰道を南下する。

庵我神社―土師村―★出雲神社（京都府京都市右京区京北中地町蛸谷口）／★地名：出雲・愛宕―池尻天満宮―出雲大神宮―千歳車塚古墳―出雲神社（京都府亀岡市本梅町井手西山）―廣峯神社―小幡神社―

首塚大明神―大枝陵―天皇の杜古墳―鳥辺野。

次に庵我神社から東へ向かう。

庵我神社―私市円山古墳―篠田神社―篠神社―高槻茶臼山古墳。

これを、若干恣意的《しいてき》なキーワードで言い換えてみよう。

◯合流点より、山陰道を南下。

土師―土師村―出雲・愛宕―白太夫―出雲・黒太夫―古墳―出雲・太夫―出雲―鬼・百太夫・出雲―鬼―古墳―古墳―葬地。

◯庵我神社から東。

土師―古墳―白田―出雲・黒太夫―古墳。

白太夫・黒太夫・百太夫・土師・古墳・葬地《そうち》。

出雲の道、土師氏の道、鬼の道、葬送の道……。

土師氏と葬送地、古墳は関係する。また、出雲

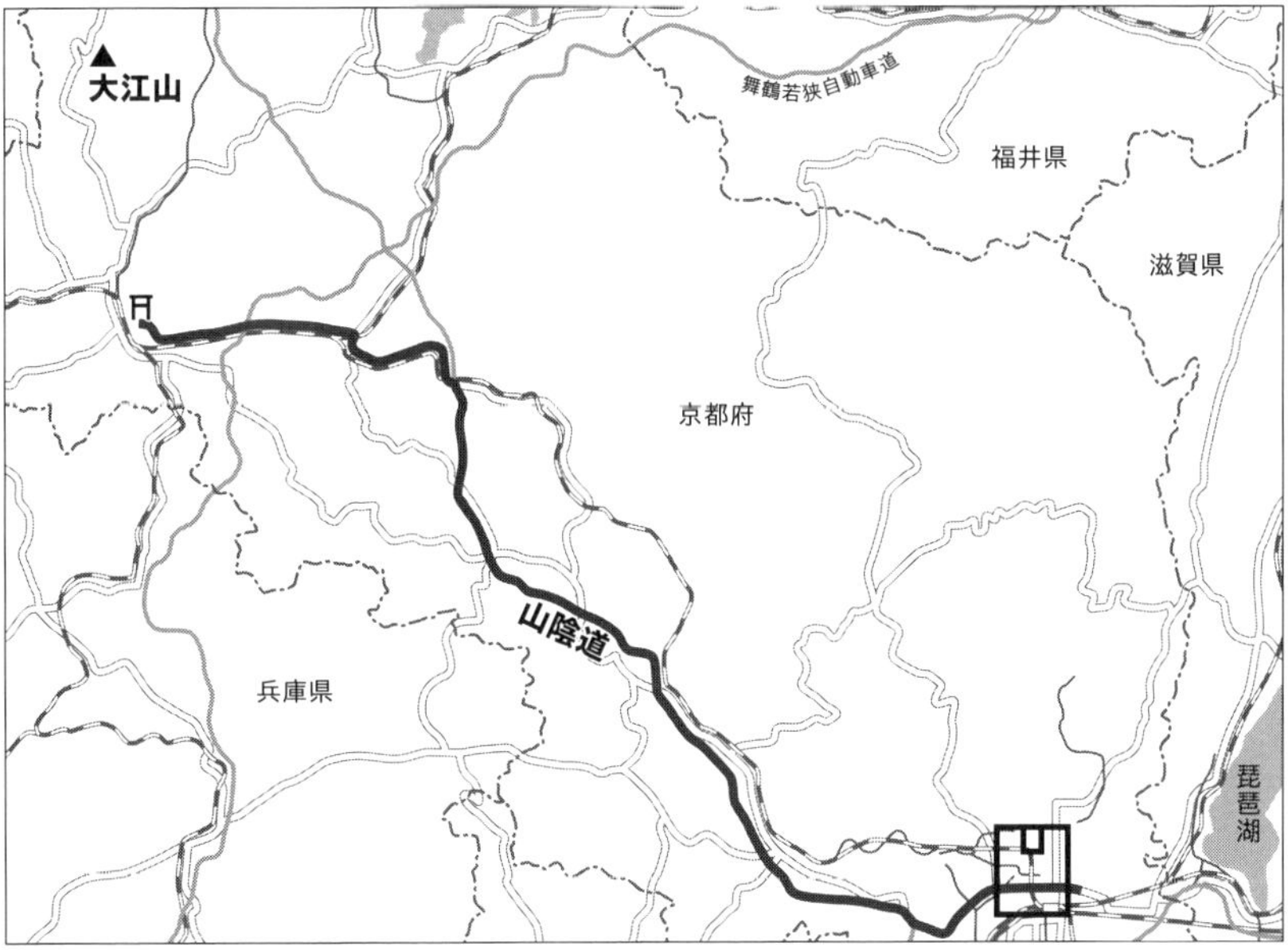

「鬼の道」

は土師氏の出身地として関係する。太夫と傀儡子たちも関係する。鬼と鬼退治も関係する。

いや、強引なのはわかっている。こういうものは、時代や由来を如何に切り取るかによって変わってくる。

それでも、私はなんらかの共通点を見てしまうのだ。

結局、太夫の意味そのものを解釈することは叶《かな》わなかったが、出雲や土師氏関係の社に太夫の名前が好まれていることは見て取れた。そう。菅原道真公《すがわらのみちざねこう》も土師氏の仲間だ。

無責任なことを言うならば、この三種の太夫は、のちの時代の能や文楽で上演される三番叟《さんばそう》を連想させる。

即ち、白い翁の面をつける「翁《おきな》」と、その後半に演じられる直面《ひためん》（面をつけずに舞う）の「揉《もみ》の段《だん》」、そして黒い翁の面・黒尉《こくじょう》をつけて舞う「鈴《すず》の段《だん》」。

これらは西宮の傀儡子を祖とする、淡路や阿波の人形芝居でも演じられる。

百太夫、白太夫、黒太夫。

『遊女記』に記された遊女らは住吉大社《すみよしたいしゃ》と広田神社《ひろたじんじゃ》に祈り、能楽師の金春禅竹《こんぱるぜんちく》は、住吉三神《すみよしさんじん》を翁としていた……。

傀儡子の源《みなもと》が土師氏なら、どこかで繋がるかもしれない。

山陰道は出雲に通じる道であり、出雲は土師氏たちの故郷だ。

『日本書紀《にほんしょき》』は、垂仁天皇《すいにんてんのう》の御代《みよ》、野見宿禰《のみのすくね》が出雲国から百人の土師部《はじべ》を召し上げて埴輪《はにわ》を作ったと記している。

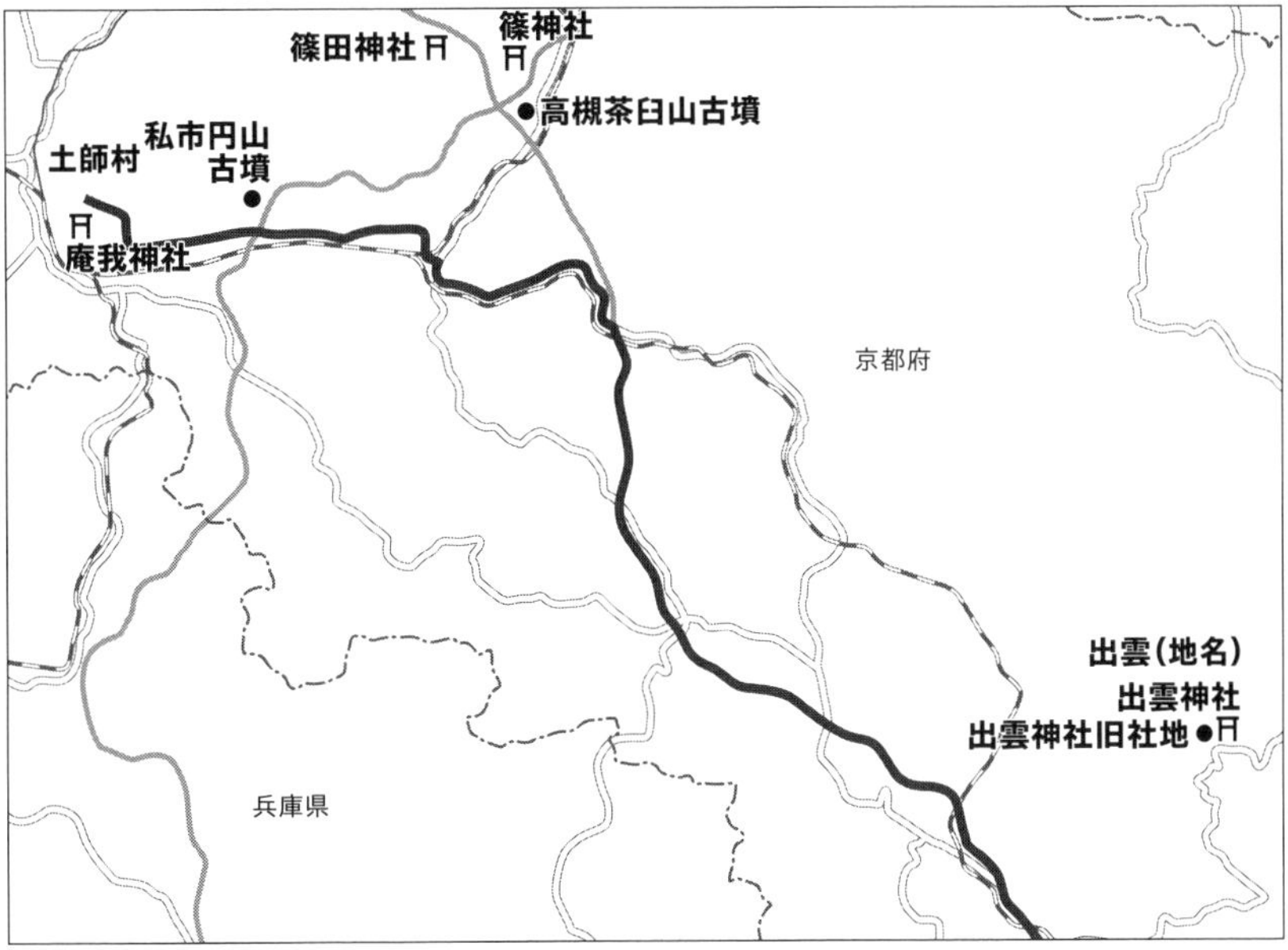
篠田神社
篠神社
高槻茶臼山古墳
土師村
私市円山
古墳
庵我神社
京都府
出雲(地名)
出雲神社
出雲神社旧社地
兵庫県

「鬼の道」北側

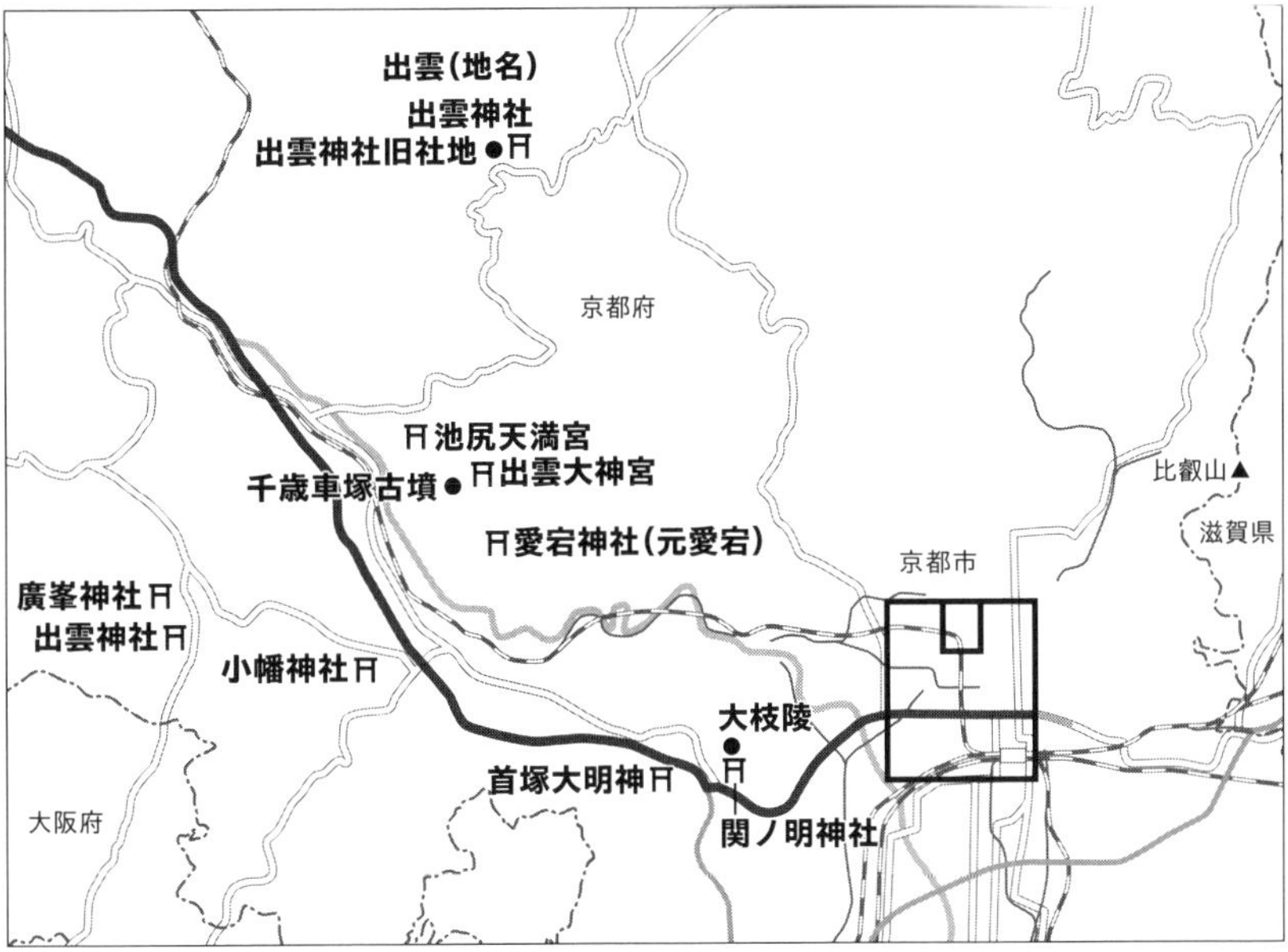
出雲(地名)
出雲神社
出雲神社旧社地
京都府
池尻天満宮
千歳車塚古墳
出雲大神宮
愛宕神社(元愛宕)
比叡山
滋賀県
京都市
廣峯神社
出雲神社
小幡神社
大枝陵
首塚大明神
関ノ明神社
大阪府

「鬼の道」南側

垂仁天皇は神武天皇《じんむてんのう》より十一代目。実在すら定かではない。その時代の記述にひっかかるように、出雲と土師氏が山陰道で繋がってくる。

野見宿禰が呼び寄せた土師部が辿ったのは、この道なのか。そして、移動中、様々な場所で定住していったのか。

古い、遙か古代の匂いだ。

それにまつわって山陰道添いにはもうひとつ、不思議な共通項がある。

出雲大社の元宮と主張する出雲大神宮。

伏見稲荷大社の元宮だと言う磐栄稲荷宮。

八坂神社より古くから牛頭天王を祀った廣峯神社。

加えて、もうひとつ見つけたのが、出雲大神宮の南にある愛宕神社（京都府亀岡市千歳町国分南山ノ口）だ。通称はなんと「元愛宕」。

社伝によれば、創祀は継体天皇《けいたいてんのう》元年（五〇七）。愛宕山の愛宕神社はここより勧請《かんじょう》されたとしている。

継体天皇とは畏《おそ》れ入《い》るが、当地は『日本三代実録《にほんさんだいじつろく》』貞観《じょうがん》六年（八六四）に「愛当護神《あたごのかみ》」として記されており、これまた相当な古社があることは間違いない。

元宮を主張する社を年代順に並べると、元愛宕（五〇七）・出雲大神宮（七〇九）・磐栄稲荷宮（七〇九）・廣峯神社。

廣峯神社のみ創建不詳あるいは承和年中（八三四～八四八）と推測されるが、歴史的な真偽はともかく、廣峯神社以外はすべて平安京草創《そうそう》以前だ。

古いからこそ「元」を主張する。

所縁《ゆかり》の人々には、そう主張したい何かがあったに違いない。

出雲・愛宕・比叡山

山を崇《あが》めるのなら、本来は遙拝《ようはい》すべきで、山頂に社は造らない。

そう考えるなら、山頂の愛宕神社より元愛宕のほうが原形に近い形だろうし、出雲大神宮が背後の御陰山を御神体山として禁足地とするのも理解できる。

元愛宕が神体山とする山は、出雲大神宮の御陰山と尾根続きだ。そこから谷を隔てて東に行けば愛宕山となり、皆が知る愛宕神社が建つ。

そんなことを考えながら何度も何度も地図を眺めているうちに、ギョッとすることに気がついた。

愛宕山山頂の愛宕神社と出雲大神宮が、ほとんど水平に並んでいるのだ。

グーグルマップで緯度《いど》を確認する。

出雲大神宮本殿――緯度35度03分33・923秒
愛宕神社――緯度35度03分35・641秒
測量でもしたかのように、真東西にあるではないか。

これは果たして偶然なのか。念のため、東西の直線を延長していくと、次に当たったのは、比叡山《ひえいざん》山頂――緯度35度03分44・278秒。

これもドンピシャリとなった。

途中、栂尾《とがのお》の高山寺《こうさんじ》も緯度は35度03分37・005秒だ。

高山寺は宝亀《ほうき》五年（七七四）、光仁天皇《こうにんてんのう》の勅願《ちょくがん》による開創《かいそう》と伝わるが、鎌倉時代の明恵上人《みょうえしょうにん》と鳥獣人物戯画《ちょうじゅうじんぶつぎが》があまりに有名で、初期については不明点が多い。

ゆえに、今は俎上《そじょう》に載《の》せるのを控えたい。

ともかく出雲大神宮、愛宕神社、比叡山。

愛宕神社と比叡山は前章までに何度も出てきた。

愛宕は乾、比叡山は艮《うしとら》。双方とも荒ぶる厄介《やっかい》な方位ゆえ、鎮《しず》めの社寺が建てられた場所だ。

比叡山延暦寺《えんりゃくじ》は平安京守護と言われているが、その理由はこの山が京の鬼門《きもん》に当たるからだ。

平安京の脅威であるゆえ、延暦寺は建てられた。

愛宕神社も同様に、乾の神を恐れるがゆえ、当地に建ったに違いない。

そういえば、酒呑童子は初め比叡山に住み、そ

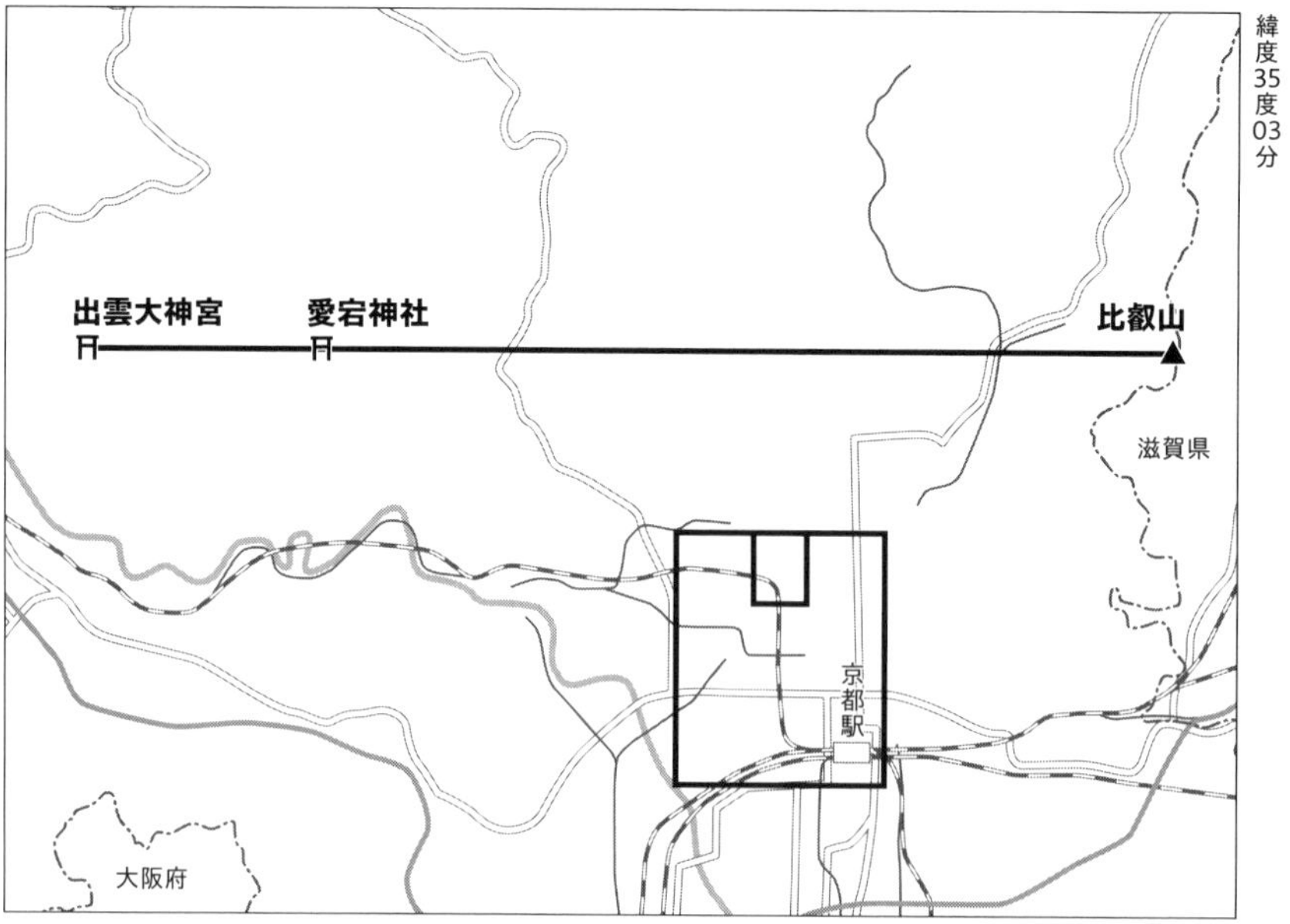

ののち大江山に移ったはずだ。鬼門から天門《てんもん》へ。これもまた意味があるだろう。

山頂の位置は自然のものだが、神社の位置は人の意図により定められる。ゆえに愛宕神社は、愛宕山の山頂からは少し外れた位置に建つ。

出雲大神宮の場所が過去に動いていないなら、最初に出雲大神宮と比叡山山頂が結ばれて、その間に愛宕神社が建ったとも考えられよう。

愛宕山は大宝《たいほう》年間（七〇一～七〇四）、役小角《えんのおづぬ》と泰澄《たいちょう》によって開山された。神仏習合時代は愛宕権現《あたごごんげん》を祀る白雲寺《はくうんじ》として知られたという。

神廟《しんびょう》が建立されたのは朝日峯《あさひがみね》で、今の愛宕神社より四キロほど北北東寄りになる。そこからいつ、神社が移ったかは定かではない。

だが、愛宕神社が直線上に乗った、あるいは乗せられたことにより、偶然だった真東西のこのラインに意味がつけられた可能性はある。

もっとも、意味するところは曖昧《あいまい》だ。

比叡山と愛宕と出雲が並んだところで、納得できる解釈はない。せいぜい、今まで頻出《ひんしゅつ》した場所に出雲が加わっただけに過ぎない。それでも、どうにも気にかかる。

もしも、だ。

もしも、これが何らかの意図を秘めているならば、どんな解釈ができるだろうか。

私は出雲を調べてみることにした。

伯耆国《ほうきのくに》の出雲ではない。

平安京にとっての出雲の意味づけだ。

二　出雲と御霊

京都の出雲

土師《はじ》氏は祖神《そしん》を天穂日命《あめのほひのみこと》とするが、出雲氏《いずもし》もまた天穂日命を始祖としている。

土師氏の祖となる野見宿禰《のみのすくね》は出雲国《いずものくに》出身なので、祖神が同じでも不自然ではない。

ただ、両氏族がいつの時代まで、そしてどこまで同族という意識を持っていたかはわからない。

垂仁天皇《すいにんてんのう》の時代、土師の人々は埴輪《はにわ》を作るため、出雲から大和《やまと》にやってきた。

『日本書紀《にほんしょき》』のこの記述が史実かどうかは措《お》くとして、当時の都は三輪山《みわやま》の麓《ふもと》だ。そこからまた時代を経て、土師氏は山城国《やましろのくに》に入ってきたのか。別のルートを取ったのか。

それもわからないけれど、出雲氏は既に奈良時代、京都にいたことが判明している。賀茂川《かもがわ》が鴨川《かもがわ》となる手前、高野川《たかのがわ》との合流地点から一キロほど上流に「出雲路橋《いずもじばし》」が架かっている。出雲路橋は鞍馬街道《くらまかいどう》の出入り口である「京《きょう》の七口《ななくち》」のひとつに数えられ、「鞍馬口《くらまぐち》」「出雲路口《いずもじぐち》」、室町時代《むろまちじだい》には「艮口《うしとらぐち》」とも呼ばれた橋だ。

最初、私は出雲路というからには、古《いにしえ》、出雲に通じる道が通っていたのかと思った。しかし調べてみると、同地名は広く周辺に及んでいた。地名の由来はこの一帯に出雲族が住んだことにあるという。

正倉院文書《しょうそういんもんじょ》『山背国愛宕郡出雲郷計帳《やましろのくにおたぎぐんいずもごうけいちょう》』には出雲氏族の名が三百以上記されている。

山背国愛宕郡というのは、現京都市左京区《さきょうく》の大部分と北区《きたく》、東山区《ひがしやまく》の一部に相当する。この北区にあるのが出雲郷だ。

記録によると、出雲国造《いずものくにつくり》は都に出す采女《うねめ》（天皇や皇后の身の回りの世話をする女官）は本国意宇郡《おうぐん》から送ったが、兵衛《ひょうえ》（天皇の近侍、護衛）は山背国愛宕郡から出したという。

それほどに、京都の出雲族は人口が多かったのだ。

二〇〇四年の発掘調査では、同志社大学《どうししゃだいがく》の北にある相国寺《しょうこくじ》（京都市上京区相国寺門前町）の境内から七世紀中～後期の竪穴建物跡が二十も発見されている。それらの調査や記録から、現在確定されている出雲郷の範囲をおおまかに記すと以下になる。

北辺——紫明通《しめいどおり》から東に二・五キロ、高野竹屋町《たかのたけやちょう》辺り。出雲路松ノ下町《いずもじまつのしたちょう》のある紫明通付近まで。

南辺——高野川・賀茂川合流地点から京都御所《きょうとごしょ》の北西角辺りまで。また、遺構、遺物の検出された同志社大学《どうししゃだいがく》今出川《いまでがわ》キャンパス付近まで。

東辺——高野川東岸を南下して賀茂川との合流点まで。賀茂川東岸近辺。

西辺——京都御所の北西角から一キロほど北に上がった紫明通辺りまで。

また、賀茂川を挟んで東が雲上里（上出雲郷）、西が雲下里（下出雲郷）に比定されている。

出雲氏は相国寺の北にあった神宮寺上出雲寺《じんぐうじかみいずもじ》を中心に、当地で暮らしていたようだ。平安遷都《へいあんせんと》以前、神宮寺上出雲寺は出雲氏の氏寺だった。

その場所に、遷都をきっかけにして上書きするように建てられたのが、今の上御霊神社《かみごりょうじんじゃ》（京都市上京区上御霊竪町）となる。

上御霊神社の社伝によると、遷都の年である延《えん》暦《りゃく》十三年（七九四）五月、当地に崇道天皇《すどうてんのう》即ち早良《さわら》親王《しんのう》の神霊《しんれい》を祀《まつ》ったのが始めとある。

その後、七座の祭神を加えて合祀《ごうし》して、現在に

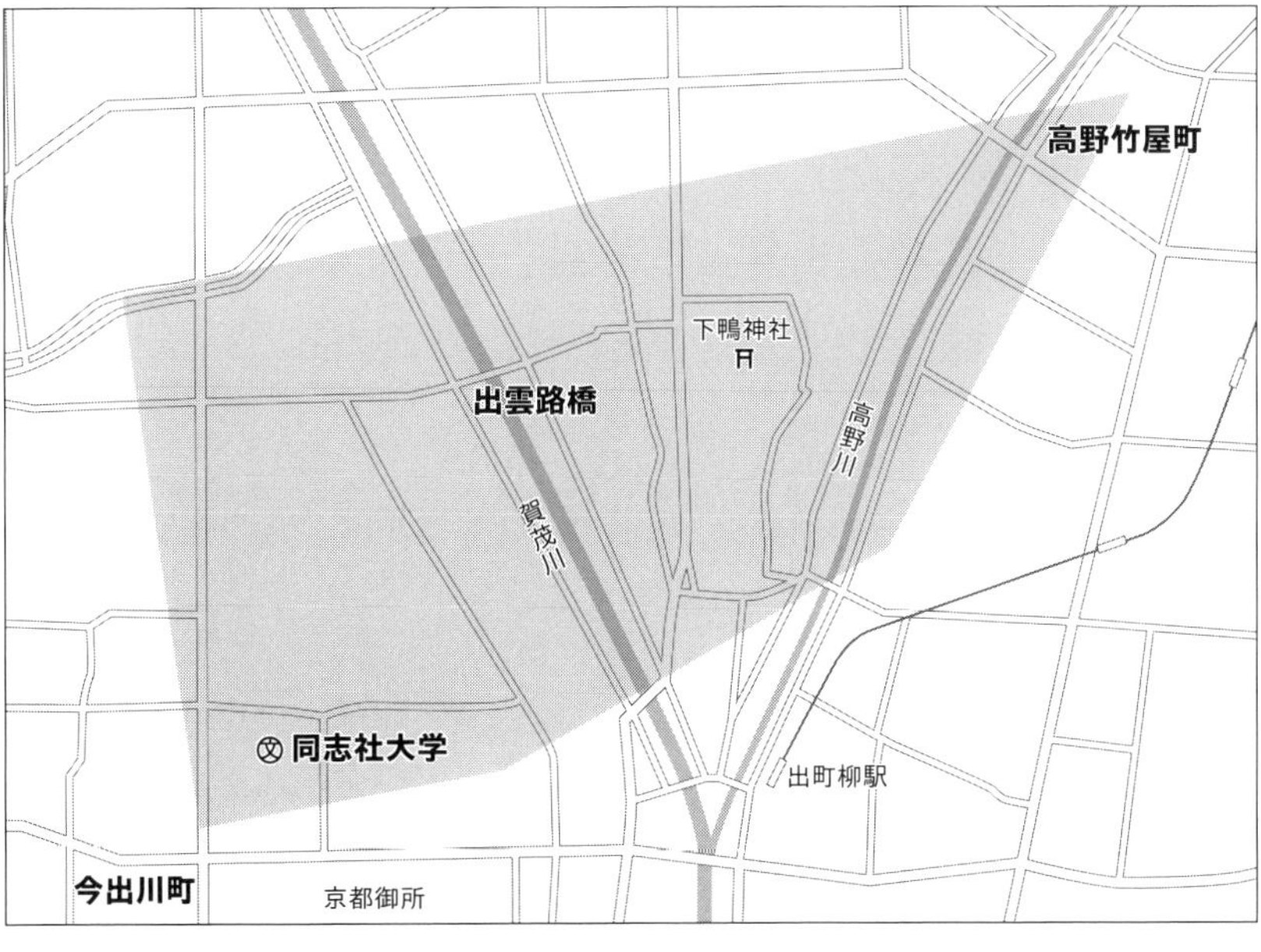

出雲族居住地域

至るわけなのだが……なぜ、出雲氏の氏寺に、早良親王を祀らなければならなかったのか。

ご存じのとおり、早良親王は長岡京《ながおかきょう》から平安京への遷都の原因とされた御霊《ごりょう》だ。桓武天皇《かんむてんのう》の同母弟だが、親王は藤原種継《ふじわらのたねつぐ》暗殺事件に関与したとされ、皇太子を廃された。無実を訴えて絶食したものの乙訓寺《おとくにでら》に幽閉されて、淡路《あわじ》に流される途中で憤死《ふんし》。桓武天皇は亡骸《なきがら》になった親王をそのまま淡路に流して葬《ほうむ》った。

しかし、その後、皇太子に立った安殿親王《あてしんのう》の病、桓武天皇妃藤原旅子《ふじわらのたびこ》・藤原乙牟漏《ふじわらのおとむろ》・坂上又子《さかのうえのまたこ》の病死、生母・高野新笠《たかののにいがさ》の病死、疫病《えきびょう》の流行、洪水などが相次いだため、遂《つい》に堪《こら》えきれなくなって、早良親王を崇道天皇と追号し、大和国《やまとのくに》へ改葬、御霊神社の祭神としたのだ。

いわゆる三大怨霊《さんだいおんりょう》は菅原道真公《すがわらのみちざねこう》・平将門公《たいらのまさかどこう》・崇徳上皇《すとくじょうこう》だが、早良親王はそれ以前の、いわば別格の怨霊だ。

再度問うが、その御霊がなぜ出雲氏の氏寺に祀られたのか。

実は、出雲氏所縁《ゆかり》の社寺と早良親王の関わりは、これだけでは終わらないのだ。『延喜式《えんぎしき》　神名帳《じんみょうちょう》』には、出雲氏の氏神《うじがみ》として、出雲高野神社《いずもたかののじんじゃ》と出雲井於神社《いずもいのへのじんじゃ》が記されている。

その出雲高野神社は、現在、早良親王を主祭神とする崇道神社《すどうじんじゃ》（都市左京区上高野）となっている。崇道神社には境内社として、伊多太神社《いたたじんじゃ》・小野神社《おのじんじゃ》・出雲高野神社がある。この三社は大正四年、近隣にあった社《やしろ》をまとめて境内社としたのだが、「崇道神社碑」によると、本来、当神社こそが出雲高野神社であったらしい。

「荒有出雲寺者為御霊社祝所謂八所御霊最重崇道天皇於是併出雲高野社改祀御霊称曰崇道神」

——出雲寺が荒れたため、いわゆる八所御霊《はっしょごりょう》の中、最も重きを成す崇道天皇（早良親王）を出雲高野神社に改祀《かいし》し、御霊を崇道神と称した。

八所御霊とは、貞観《じょうがん》五年（八六三）五月に御霊会《ごりょうえ》が修《しゅう》せられたときの祭神、即ち、崇道天皇、伊予《いよ》親王《しんのう》、藤原吉子《ふじわらのきっし》、藤原広嗣《ふじわらのひろつぐ》、橘逸勢《たちばなのはやなり》、文室宮田麻呂《ふんやのみやたまろ》の六座に、吉備真備《きびのまきび》、火雷神《からいしん》を加えたもので、御霊神社の祭神でもある。

上御霊神社の前身である出雲寺に早良親王が祀られたのは、延暦十三年（七九四）。崇道神社の創建は貞観五年。こちらは神泉苑《しんせんえん》での御霊会が修せられてすぐ、祀られたことになっている。

なかなか鎮《しず》まらない怨霊を、出雲の寺から出雲の神社に祀り直したというわけか。

今、境内社となっている伊多太神社も伊多太大神——出雲系の神事である湯立《ゆだて》が「いたた」に訛《なま》ったものとされており、こちらも出雲に関わりがある。

また、続いて崇道神社の碑文には、「明治維新のときに延喜式に載るような古い社は昔の姿に復したが、崇道神社はそのままにおかれた」と記されている。

心情的に、御霊を容易に動かせないのは理解できるが、それ以上に、既に当地から出雲氏が消えていたという理由もあるらしい。

現在、出雲高野神社は祭神すら詳《つまび》らかではない。この地は出雲氏が衰えたのち、小野《おの》氏《し》が支配したからだ。

ゆえに崇道神社の境内には、小野妹子《おののいもこ》・小野毛人《おののえみし》を祭神とする小野神社や小野毛人の墓もある。

この出雲高野神社と共に、出雲氏の氏神とされた出雲井於神社は、現在、賀茂御祖神社《かものみおやじんじゃ》、通称・

下鴨神社《しもがもじんじゃ》（京都市左京区下鴨泉川町）の境内末社となっている。

この神社も出雲高野神社同様、下鴨神社創建以前から当地にあり、下鴨で最も古い社とみなされている。祭神は建速須佐乃男命《たけはやすさのおのみこと》だ。

ご存じのように、下鴨神社は賀茂川と高野川の合流地点に位置している。崇道神社も高野川に近い。

多分、高野川沿いが出雲氏の集住地域のひとつだったのだろう。小野氏が進出する以前の出雲郷は、八瀬《やせ》の山間部にまで及んでいたとの話もある。

それと関連するのか否《いな》か……崇道神社から高野川を遡《さかのぼ》ると、八瀬天満宮《やせてんまんぐう》（京都市左京区八瀬秋元町）に出る。

八瀬天満宮の祭神は、言うまでもなく菅原道真公だ。

社伝によると、道真公の師だった比叡山《ひえいざん》の法性坊尊意阿闍梨《ほっしょうぼうそんいあじゃり》が公の死後、ここに天神を勧請《かんじょう》したとある。

但し、江戸時代まで、この社は天神社とのみ称されていた。当地には、北野天満宮《きたのてんまんぐう》よりも古いと伝える話もあるので、この天神が道真公を指すのか、自然神としての天の神の意味なのか、今となってはわからない。

崇道神社

だが、もし道真公の死後、早い段階でここに公が祀られたなら、京《みやこ》からかなり離れたこの土地で、道真公、あるいは怨霊としての公の存在に強く意識を向けていた人々がいたことになる。

梅原猛《うめはらたけし》『京都発見　三』によれば、八瀬の人たちは太宰府天満宮には参るが、北野天満宮にはあまり行かない。ただし、「高殿《こうどの》」と呼ばれる一年神主になると、北野天満宮・近江白髭社（比良）、愛宕山、貴船神社等、八瀬天満宮にいます神々とゆかりの深い神社に詣でるという。

どうゆかりが深いのか、よくわからない記述だが、比良《ひら》と愛宕山《あたごやま》という、本書で散々こだわった名が再び出てくるのは気にかかる。

八瀬天満宮の境内は、比叡山への登り口「八瀬坂」の起点でもある。そして、境内にはこれまたしつこく調べて記した「十禅師大権現《じゅうぜんじだいごんげん》」――樹下僧《じゅげそう》に関わる神が祀られている。

それだけではない。

当地には、八瀬童子《やせどうじ》と呼ばれる人々が今も暮らしているのだが、彼らは伝教大師最澄《でんぎょうだいしさいちょう》が使役《しえき》した鬼の子孫、または酒呑童子《しゅてんどうじ》の末裔《まつえい》を自ら名乗っているのだ。

また、鬼だ。そして酒呑童子だ。

酒呑童子は最初、比叡山で暮らしていた。この場合の鬼を現実にいた古代氏族と解釈するなら、国家鎮護の権威に恭順《きょうじゅん》して最澄の使役鬼《しえきき》になった側と、「まつろわぬ」ものとなって追われた酒呑童子側に分かれたとも考えられよう。

村落共同体としての八瀬童子は比叡山延暦寺に所属して、雑役《ぞうえき》や輿丁《よちょう》（輿を担ぐ役）を務めていた。天皇家との関わりも深く、即位、そして葬儀のときに輿《こし》を担《にな》っていた。

明治・大正、そして輿が霊柩車《れいきゅうしゃ》と替わった昭和でもその役割は継承され、昭和天皇の大喪《たいそう》の礼《れい》では「霊柩奉遷《れいきゅうほうせん》の補助者」の任を勤めている。

葬送と言えば、今の私はすぐに土師氏を連想するが、八瀬童子自体はその祖を出雲氏系とも土師氏系とも語っていない。高野川で結びついた出雲や御霊に、八瀬は関係していないのか。

気になって調べを進めていくと、こんな記事が目についた。

――『日本後紀（840、承和7）年の巻八延暦十八年（799）八月己卯「禊於埴川（はにがわにおいてみそぎ）」の埴川は、高野川のことと言われる。埴とは質の緻密な黄赤色の粘土のことで、瓦・陶器などの焼き物を作ったり、また衣に擦り付けて模様を表した。この埴を高野川沿いで産した。』（『琵琶湖・淀川 里の川をめぐる 高野川』公益財団法人 琵琶湖・淀川水質保全機構　PDF）

なんと、平安時代には高野川は埴川《はにがわ》と呼ばれ、瓦《かわら》や陶器を作る埴土《はにつち》を産出していたというのだ。

埴土の採《と》れる川ならば、土師氏の気配を感じてもおかしくなかろう。

高野川と賀茂川の合流点、一般に鴨川デルタと呼ばれる地域は、古代出雲氏の氏神である出雲井於神社の鎮座地《ちんざち》だ。川から流れ出た埴土がこの合流点に堆積し、ここにて採取や加工作業が行われたとも考えられる。

そういえば、由良川《ゆらがわ》と土師川《はぜがわ》の合流地点も土師村《はぜむら》であり、近くに土師氏の祖神を祀る庵我神社《あんがじんじゃ》が建っていた。そこが土師村となったのも、鴨川デルタ同様の理由があったのではなかろうか。

いや、待て。それでは出雲＝土師になってしまう。

祖を同じくするものの、両者は異なる存在だ。

京都の出雲氏の謎は、御霊祭祀《ごりょうさいし》との関係から始まった。

ならば、もう少し御霊神社とその周辺を見てみよう。

出雲と怨霊

上御霊神社は出雲寺に上書きされる形で鎮座している。

下御霊神社《しもごりょうじんじゃ》（京都市中京区下御霊前町）は京都御苑《きょうとぎょえん》の東南に建つが、現在地に鎮座したのはのちの時代だ。

下御霊神社の公式ホームページには、こう記される。

「初め愛宕郡出雲郷の下出雲寺（のちに廃絶）の境内に鎮座されたと伝わっております。」

上御霊神社同様に、下御霊神社も出雲氏の氏寺が元とされているのだ。

同ホームページでは、下出雲寺を現在の寺町今出川《てらまちいまでがわ》の北辺りとしている。出雲郷の範囲内だ。ここもまた出雲と繋がっている。

では、他の御霊神社はどうなのだろう。

市近隣で目につく御霊神社を挙げると、京都市西京区桂《にしきょうくかつら》周辺の上桂御霊神社《かみかつらごりょうじんじゃ》・下桂御霊神社《しもかつらごりょうじんじゃ》・葉室《はむろ》御霊神社《ごりょうじんじゃ》となる。

奈良に入ると、五條市《ごじょうし》の御霊神社本宮《ごりょうじんじゃほんぐう》、春日大社《かすがたいしゃ》南の崇道天皇社《すどうてんのうしゃ》、新薬師寺《しんやくしじ》に隣接する南都鏡神社《なんとかがみじんじゃ》などがある。

桂の三社は大友皇子《おおとものみこ》を祭神としており、いずれも創建年代不詳。拙稿のテーマからは外れるので、今は触れないままとする。

平安時代に祀られた八所御霊に関係するのは、奈良の御霊神社本宮、崇道天皇社、南都鏡神社だ。

崇道天皇社は早良親王一座、南都鏡神社は藤原広嗣一座を祀っている。

この五條市・春日神社周りにある御霊関係神社は、奈良県桜井市《さくらいし》から南北に分かれる形で分散している。

桜井市には、三輪山の南西麓《なんせいろく》に出雲という地名がある。また北西には過去、出雲荘《いずものしょう》という荘園があり、狭井川《さいがわ》の北には出雲屋敷《いずもやしき》と呼ばれる地域が存在する。

垂仁天皇の時代、出雲から来た人々の居住区とも考えられるが、断定はできない。

野見宿禰の出身地は島根ではなく、この大和地方だったという説も存在するが、これもまた断言できる素材はない。

五條市の御霊神社本宮は、近隣一帯の御霊神社

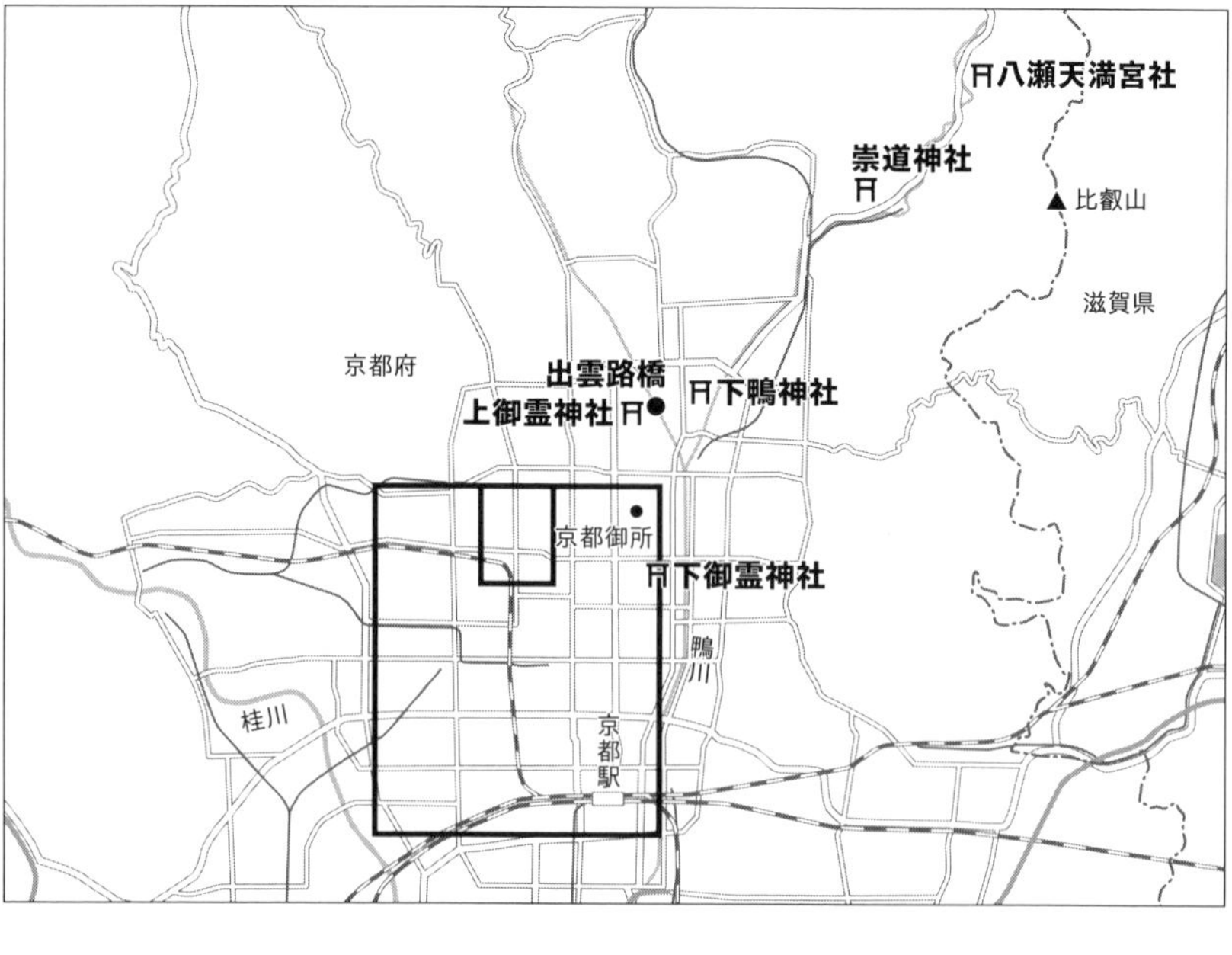

出雲族関連神社

の分祀元《ぶんしもと》とされるため、本宮の名がついている。

この神社は霊安寺《りょうあんじ》（廃寺）と共に創建されたと伝わっている。霊安寺はやはり御霊となった井上内《いのえない》親王《しんのう》を祀った寺だ。

『日本後紀《にほんこうき》』延暦二十四年（八〇五）二月六日条に、「令僧一百五十人。於宮中及春宮坊等。讀大般若經。造一小倉於靈安寺。納稲卅束。又別收調綿百五十斤。庸綿百五十斤。慰神靈之怨魂也。」とあり、これが霊安寺の初見となる。が、井上内親王の「神靈之怨魂」を慰める法要が行われたとき、霊安寺は既に建っていた。しかしながら、法要以前の土地の由来や関係氏族を記した文献は見当たらない。

現存する御霊神社本宮近くには、吉野川を挟んで「須恵《すえ》」との地名がある。五條はもともと須恵五《すえご》條村《じょうむら》という地名だったのだ。須恵は陶器、須恵器《すえき》を指す。また御霊神社本宮は川の分岐点近くに建っている。

このことから想像を逞《たくま》しくしてもいいのだが、地名の由来を調べてみると、「須恵」は渡来系《とらいけい》の「新《いまき》の漢《あや》の陶部《すゑつくりべ》」にあると記されていた。

ただ、近隣から古代の窯跡《かまあと》や奈良・飛鳥時代《あすかじだい》の古瓦《こが》、土器類が多数出土していることと、五條市北部に古墳時代中期から後期の古墳が約百基築《き》かれていることを思い合わせると、強引かもしれないが、土師氏・出雲氏との関連はあるのではないかと疑ってしまう。

とはいえ、想像に想像を重ねているだけの気もするし……と悩んでいて思い出した。

三大怨霊のひとり、平将門公だ。

江戸総鎮守とされる神田明神《かんだみょうじん》の祭神は、大己貴命《おおなむちのみこと》・少彦名命《すくなひこなのみこと》・平将門命《たいらのまさかどのみこと》だ。

社伝によれば、創建は天平《てんぴょう》二年（七三〇）。出雲氏族・真神田臣《まかんだおみ》により大己貴命を祖神として祀ったことに始まるという。

元々、神社は現在の千代田区大手町《ちよだくおおてまち》にあり、天慶《てんぎょう》三年（九四〇）、乱《らん》にて亡くなった将門公の首級《しゅきゅう》は、その社の側に埋葬された。その後、祟《たた》りが頻発《ひんぱつ》したため、延慶《えんぎょう》二年（一三〇九）に将門公は相殿神《あいどのしん》として祀られたのだ。

祭神となった時代は若いが、ここもまた出雲に違いない。

将門公の首級は出雲氏が祖神を祀った場所に埋《う》められて、のちに出雲の神々と共に、神田明神に祀られたのだ。

――もう、言い切ってしまっていいだろう。

出雲と怨霊は繋がっている。

『古事記《こじき》』には出雲国の伊賦夜坂《いふやざか》、『出雲国風土記《いずものくにふどき》』には黄泉穴《よみのあな》の存在が語られており、出雲国と黄《よ》泉国《みのくに》は古代から強い関連を持たされてきた。

実際、出雲大社《いずもたいしゃ》や出雲大社教《いずもおおやしろきょう》では、大国主命の別称として、「幽世大神《かくりよのおおかみ》」「幽冥主宰大神《かくりよしろしめすおおかみ》」を用い、幽冥界《ゆうめいかい》の主宰《しゅさい》としている。

そこから移住してきた出雲族の一部は、土師氏となって葬送に従事した。そして、土師氏を名乗らない出雲族には、鎮まらない怨霊の鎮魂《ちんこん》・調律が期待されたのだ。

出雲の神は天孫系の神々に恭順、あるいは恭順を強《し》いられた立場であり、出雲を死の国と見たのもまた、勝者の視線だとの意見もある。

しかし、押しつけられたとは限るまい。

出雲寺が御霊神社となったのは、我らこそがと名乗り出て、出雲氏そのものが荒ぶる御霊を引き受けた可能性もある。

但し、出雲を単純に死の国とするのは妥当ではない。出雲にあるのは、飽《あ》くまでも黄泉国への出入り口だ。

神道では、世界を高天原《たかまがはら》と葦原中国《あしはらのなかつくに》、黄泉国の三つに分ける。

葦原中国は大雑把《おおざっぱ》に言えば、我々が住む現実世界で、それは当然、日本列島の中にある出雲国とも地続きだ。

出雲にあるのは、中国《なかつくに》である現世と死者の国を往《い》き来《き》するためのゲート、通路だ。その開閉や死の国への導きは、出雲人たちが持つ特殊能力、特権でもあったのではないか。

朝廷はそこに期待して、出雲族が祀る神仏がおわす寺社に、荒ぶる御霊の鎮撫《ちんぶ》と管理を託したのではないのだろうか。

「出雲」の力は、一般庶民の死を扱うためにあるのではない。

土師氏がただの墓守《はかもり》に堕《だ》したことを嘆いて改姓を願い出たごとく、出雲が扱った魂は皆、高貴な人々のものだ。

祟り為《な》す高貴な怨霊を鎮め祀ることができるのが「出雲」だ。

一方、高貴な魂に安住の地を与えるための業《わざ》を持ち、埴輪や古墳の造営に携わってきたのが、土師氏だ。

これら怨霊や御霊を扱える異能を持った出雲族・土師氏は、頼りになる反面、恐れられる存在だったに違いない。

菅原道真公はその血を引く。怨霊を従える力を持った氏族の男が、怨霊になってしまったのだから、加害した側の恐怖は相当なものだったに違いない。

早良親王もその母は、高野新笠——土師氏の血を継ぐ人物だ。母を同じくする桓武天皇は、もしかすると、その意味を誰よりも知っていたのではないか。

それゆえに、早良親王の魂を土師氏と祖を同じくする出雲に委《ゆだ》ねたとも考えられる。

加えて、道真公の母方は伴氏《ばんし》であるとされている。

伴氏には、応天門《おうてんもん》炎上の放火犯とされた伴善男《とものよしお》がいる。応天門炎上は、道真公が二十一歳のときに起きた事件だ。善男はその二年後に、配流先《はいるさき》の伊豆《いず》にて亡くなっている。血縁としては遠いものの、道真公はこの事件を知っていたに違いない。

面白いのは、この伴善男が『今昔物語《こんじゃくものがたり》』では死後怨霊となり、咳病《がいびょう》を流行《はや》らせる疫神《えきじん》として描かれていることだ。

『今昔物語』の成立は、多治比文子《たじひのあやこ》の夢枕に道真公が立ったときより、百八十年ほど後になる。

伴善男が怨霊として語られ始めた時期は定かでないが、この伝説が流布《るふ》するほどに、土師氏と伴氏の血を持つ道真公の祟りは一層、手に負えないものとして恐れられたのではないか。

そういえば、北野神社（北野天満宮）の主権を争った多治比文子一派の中には、出雲弟子丸という人物がいた。

名前しか伝わっていないのだが、もしかすると、弟子丸もまた「出雲」的な業を持っていた可能性がある。そして、その業を用いて道真公を鎮めようとしたのかもしれない。

前述したごとく、北野神社は天台系《てんだいけい》の管理となり、多治比文子は歴史の一断片として隅に追いやられてしまったが、もし、彼女たちが道真公の魂を手にしていたらどうなったのか。

北野天満宮の姿は、今とはまったく異なっていたのではなかろうか。

そしてその姿を嫌った延暦寺は、死霊《しれい》を管理する樹下僧の力を借りて、新たな国家鎮護の形を整えるため、出雲から道真公を奪い取ったのではないか。

古代の鎮魂《ちんこん》の業を持つ出雲から、新たな時代の怨霊鎮めへ、平安京はシフトしたのだ。

三　黄泉と土蜘蛛

紙屋川と土蜘蛛塚

北野天満宮《きたのてんまんぐう》にはもうひとつ、気になることがある。

現在、北野天満宮に隣接する東向観音寺《ひがしむきかんのんじ》には「土蜘蛛塚《つちぐもづか》」と称される小さな石灯籠が残っている。

この塚は前章で語った「蜘切《くもきり》」由来譚《ゆらいたん》、即ち頼光《らいこう》を悩ませた山蜘《やまぐも》の塚とされている。

元々、この妖怪は北野の中、または後ろにある大きな塚穴を住処《すみか》としていた。

伝説ではその骸《むくろ》は河原に晒《さら》されたことになっているが、その後、住処に縁あるところで鎮《しず》まったというわけだ。

但し、この塚自体、本来は別の場所にあったらしい。

上七軒《かみしちけん》入り口から南に下がった上京区一観音町《かみぎょうくいちかんのんちょう》の桃畑の中にあったとも、上七軒旧参道の入り口、または通り沿いの京都北野郵便局辺りにあったともされる。

別の伝承もある。

東向観音寺にある石灯籠は、明治期の開拓《かいたく》によって崩された土蜘蛛塚から出てきたもので、ある人がそれを持ち帰って庭に置いたところ、その家はまもなく倒産。譲り受けた新しい持ち主も続けて倒産したために、元の場所に戻された。そののち、この東向観音寺に納められたといった話だ。

典型的な祟《たた》り話《ばなし》が興味深くて紹介したが、正直、塚が元々どこにあったのかはわからない。しかし、近年のこととといえ、東向観音寺に塚があることに、私は意味を見出したい。

なぜ、この寺に納まったのか。

それはやはり、この寺が祟り為《な》すモノを扱うことに長《た》けていたからではなかろうか。

無論、これも真偽は不明だ。

大体、頼光たちが行き着いた北野の塚穴とはどこなのか。

北野天満宮が平安京第一級の社《やしろ》になったのは、源頼光が十代の頃だ。山蜘の物語が作られたときはもちろん、リアルな頼光の視界にも、北野社は既に十分立派な社殿を誇っていたはずだ。その中に妖怪が棲む塚穴を置いた設定は、少し不自然ではなかろうか。

北野天満宮一の鳥居は、現在、今出川通《いまでがわどおり》沿いにある。社殿から南となる位置だ。だが、近年まで、正門は東側にあり、上七軒側が表参道とされていた。そこから見た「北野の後ろ」は天神川《てんじんがわ》ということになる。

山蜘の死骸は河原に晒されたとあるが、川の名前は記されていない。ならば、捕らえた塚穴の側、天満宮の西に流れる天神川と見るのが妥当ではないか。

この河川は古くは西堀川《にしほりかわ》、江戸時代までは紙屋《かみや》川《がわ》と称されていた。そして整備される以前、流れは北野天満宮となる右近馬場《うこんのばば》と、多治比文子《たじひのあやこ》の住まいである西京七条二坊《さいきょうしちじょうにぼう》を繋いでいた。

現在は流路を変えて暗渠《あんきょ》になっているところも多いが、平安京の西をある意味潤《うるお》し、反面、低湿地帯にして住みづらい土地にしてきたのがこの川だ。文子の住まいも、紙屋川の氾濫常襲区域《はんらんじょうしゅうくいき》に当たっていたという。

紙屋川の由来は平安初期、この川のほとり、北野の南に紙屋院《かんやいん》が設けられたことによる。

紙屋川

紙屋院は図書寮直轄《ずしょりょうちょっかつ》の官設製紙場で、当時の最高技術をもっての紙漉《かみす》きと、その技術指導を行っていた。『源氏物語』にも「うるわしき紙屋紙《かんやがみ》」とあり、その色紙は「色はなやかなる」と記されている。

しかし、紙の需要が高まるにつれて原料の調達《ちょうたつ》が滞り、また各地で紙漉きが盛んになったことにより、紙屋院は反故紙《ほごがみ》を集めての漉き返し、即ち「宿紙《しゅくし》」を漉くようになっていく。

そんな場所に、職人として関係してくるのが出雲族《いずもぞく》だ。

神亀《じんき》三年（七二六）の『山背国愛宕郡《やましろのくにおたぎぐん》出雲郷雲上里計帳』には「紙戸出雲臣冠」とあり、今の上御霊《かみごりょう》神社《じんじゃ》辺りに、出雲氏族の紙漉き職人がいたことが確認できる。また、正倉院文書《しょうそういんもんじょ》にも出雲郷にて漉かれた紙と推定されるものがあるという。

出雲郷には紙漉きのほか、鋳銭《ちゅうせん》や木工《もっこう》の技術職人たちがいた。

もっとも島根県の出雲を見れば、出雲大社《いずもたいしゃ》の建築技術、荒神谷遺跡《こうじんだにいせき》に眠っていた大量の青銅器、今に続くタタラや鍛冶の技術など、もともと優れた職能集団を抱えた国だったことが見て取れる。

その中から分かれて大きな一派となったのが土師《はじ》氏、個の職人として名が残ったのが紙漉きということだろう。

この紙漉きに欠かせない水は、紙屋川から供給されていた。

さて。

この紙屋川を北野天満宮から遡《さかのぼ》ると、蓮台野《れんだいの》に至る。

蓮台野は、西の化野《あだしの》・東の鳥辺野《とりべの》に並ぶ京の三大葬送地のひとつだ。

船岡山《ふなおかやま》の西から紙屋川に至る地域で、中央に蓮台寺《れんだいじ》があることにより、蓮台野あるいは蓮台寺野《れんだいじの》と呼ばれた。現在、引接寺《いんじょうじ》（通称：千本ゑんま堂）のある千本鞍馬口《せんぼんくらまぐち》は、そうした蓮台野の入り口だ。

この一帯は、今でこそ住宅地となっているが、平安時代中期以降は、天皇や皇后《こうごう》が荼毘《だび》に付《ふ》される場所だった。庶民にとっては鳥辺野と大差ない地であるのだが、葬地《そうち》の中でも、蓮台野は格が高かったと言えるだろう。

冥府の雷神

紙屋川沿いの天皇陵を内裏《だいり》から近い順に記すと、花山天皇紙屋川上陵《かざんてんのうかみやがわのほとりのみささぎ》、一条天皇《いちじょうてんのう》・三条天皇火葬塚《さんじょうてんのうかそうづか》となる。

実は、この蓮台野の中心となる上品蓮台寺《じょうぼんれんだいじ》に、東向観音寺とは別の、もうひとつの「蜘蛛塚」があるのだ。

伝わる話は「蜘切」由来譚《ゆらいたん》と同じだが、こちらの塚は鎌倉時代に成立した『土蜘蛛草子《つちぐもぞうし》』にも関連する。

簡単に粗筋《あらすじ》を記しておこう。

――蓮台野にて、源頼光と渡辺綱《わたなべのつな》は空飛ぶ髑髏《どくろ》を見る。それを追っていくと、神楽岡《かぐらおか》にある荒れ果てた屋敷に辿《たど》り着き、次々に化け物と遭遇《そうぐう》する。明け方近くに現れた美女を頼光が斬ると、白い血の跡を残して消えた。跡を辿ると洞穴に至り、巨大な〝化人《けにん》〟が現れる。正体は巨大な山蜘蛛で、洞穴から引き出して首を斬って腹を割《さ》くと、死人の首と数え切れないほどの小蜘蛛が現れた。頼光たちは首を埋《う》め、住処《すみか》を焼き払って京《みやこ》に戻った。

北野の話と異曲同工《いきょくどうこう》だが、話の冒頭、空飛ぶ髑髏に遭遇するのが蓮台野となっている。葬送地に髑髏が飛ぶのは、怪談としてはシンプルだ。作者は単に怪異譚の導入部として、蓮台野を使っただけなのか。

まあ、物語の真偽に目くじらを立てても仕方ないのだが、私は伝説の残る土地には何かしら人々が納得するような歴史的、地理的要素があると考えている。

蓮台野の蜘蛛塚は、現在、上品蓮台寺の墓地の中にある。

この塚は「蜘蛛塚」という名称のほか「頼光塚」とも呼ばれており、源頼光の墓とも伝わる。頼光自身が蓮台野辺りに住んでいたとの伝説もある。

それはともかく、物語では、空飛ぶ髑髏を追って辿り着いた「山蜘蛛」の居場所は、神楽岡だったと記されている。

神楽岡の別名は吉田山《よしだやま》——京都大学の東、吉田神社《よしだじんじゃ》の建つ丘陵だ。

ここに蜘蛛塚は見当たらないが、東麓には陽成天皇神楽岡東陵《ようぜいてんのうかぐらおかひがしのみささぎ》と後一条天皇菩提樹院陵《ごいちじょうてんのうぼだいじゅいんのみささぎ》(円墳火葬塚)がある。

後一条天皇菩提樹院陵は、明治期に天皇陵として比定《ひてい》されるまでは、在原業平《ありわらのなりひら》の墓と伝えられていた。「業平塚《なりひらづか》」は今、神楽岡の別の場所に存在するが、ここでまた阿保親王《あぼしんのう》の息《そく》の名前が出るのは少し驚く。

もっとも在原業平は半ば伝説化された人物なので、小野小町《おののこまち》ほどではないものの、各地に塚や足跡《そくせき》がある。ここも、そのひとつと数えていいのかもしれない。

いずれにせよ、神楽岡が蓮台野と相似《そうじ》する皇族の葬地だったのは確かだ。

この神楽岡は雷神が統《す》べる土地でもあった。

吉田神社の公式ホームページでは、摂社《せっしゃ》・神楽岡社《かぐらおかしゃ》の祭神を大雷神《おおいかづちのかみ》・大山祇神《おおやまづみのかみ》・高龗神《たかおかみのかみ》とし、こう記される。

『鎮座の年代は詳らかではありませんが、吉田神社本宮創建の頃には既に鎮座していたと言われ、延喜式に「霹靂神　神楽岡に坐す」と記されているお社です。』

吉田神社の創建は貞観《じょうがん》元年（八五九）とされているので、神楽岡社の雷神はそれ以前からの地主神《じぬしがみ》と考えられる。

つまり『土蜘蛛草子』の筋立ては、天皇家の葬送地であり、蜘蛛塚のある蓮台野から飛んだ髑髏が、雷神がおわす天皇家の葬送地に行き、頼光たちはその土地に住む土蜘蛛を狩ったというものなのだ。

片や、蓮台野を下った紙屋川は北野社の脇を流れ、土蜘蛛の住処に至る。その北野社の土地は、もともと雷公祭《らいこうさい》所縁《ゆかり》の場所だった。そして紙屋川のもっと下流に、多治比文子の住処が位置していたというわけだ。

京都で雷神と言えば、賀茂別雷大神《かもわけいかづちのおおかみ》を祀《まつ》る賀茂別雷神社《かもわけいかづちじんじゃ》——通称・上賀茂神社《かみがもじんじゃ》となろう。

上賀茂神社の社伝によると、神武天皇《じんむてんのう》の御代《みよ》、祭神である賀茂別雷大神は、神社の北北西に位置する神山《こうやま》（賀茂山）の麓《ふもと》に降臨したと伝わっている。

上賀茂神社は大同《だいどう》二年（八〇七）に神階の正一位《しょういちい》を受け、賀茂祭は勅祭《ちょくさい》とされた。いわば、天皇家直轄の雷神信仰を有する神社だ。

一方、北野や神楽岡の雷神は、まったく筋が異なっている。

思うに、それは葬送と死者にまつわる雷——黄泉国《よみのくに》で伊弉冉尊《いざなみのみこと》の腐乱死体にたかった雷神ではなかったか。

『古事記《こじき》』では黄泉国に赴《おもむ》いた伊邪那岐命《いざなぎのみこと》が「見るな」の禁忌を犯して伊邪那美命《いざなみのみこと》を見たところ、腐乱して蛆が湧いたその体には、頭に大雷《おおいかづち》、胸に火雷《ほのいかづち》、腹に黒雷《くろいかづち》、陰《ほと》に折雷《さきいかづち》、左手に若雷《わかいかづち》、右手に土《つち》雷《いかづち》、左足には鳴雷《なりいかづち》、右足には伏雷《ふしいかづち》と、併《あわ》せて八柱《やはしら》の雷神がいた、とある。

『日本書紀《にほんしょき》』一書《あるふみ》では少し話が変わっていて、伊弉諾尊《いざなぎのみこと》は黄泉国ではなく、殯《もがり》の場所に赴いていく。

そのとき、伊弉冉尊は生前と変わらぬ姿で出てきて会話を交わし、最後に「絶対に私を見ないでください」と言って姿をかき消す。辺りは真っ暗になり……と典型的な幽霊譚で、伊弉諾尊が火を灯《とも》すと、腐乱膨張した伊弉冉尊の死体の上に、八色雷《やくさのいかづち》がいたとある。

即ち、頭に大雷《おおいかづち》、胸に火雷《ほのいかづち》、腹に土雷《つちのいかづち》、背に稚雷《わかいかづち》、陰に裂雷《さくいかづち》、尻に黒雷《くろいかづち》、手に山雷《やまつち》、足に野雷《のつち》、右足には伏雷《ふすいかづち》——『古事記』とは若干異なっている。

この八色雷は伊弉諾尊が驚き逃げると、立ち上がって追ってくる。伊弉諾尊は道の辺にある大きな桃の木に隠れ、その実を取って投げたところ、雷たちは皆、退いた。

『日本書紀』はこう記す。

「此桃《これ》を用《も》て鬼を避《ふせ》ぐ縁《ことのもと》なり」

ここでは、雷イコール鬼とはっきり記されている。

記紀《きき》に記される雷神は、国家の庇護《ひご》を得た上賀茂神社の雷神とは異なっている。八色雷は鬼と等しい。

國學院大學の『古事記学センター』神名データベースで「八雷神《やくさのいかづちのかみ》」を調べてみると、こんなことが記されていた。

「神話や伝承の中で、雷神は竜蛇神として姿を現すことが多く、雨や水を掌る神としての性格がうかがわれるが、この八雷神が実際にどのような姿や性格の神として考えられるかは定かでない。その実体についても、雷の神であるとする説と、雷そのものではなく悪霊邪気や魔物、鬼形の類であるとする説がある。」

「雷神が竜蛇の姿を持つとされるのは、古代中国でも同様で、両国間の雷神には、様々な要素において性格の共通性が見受けられることから、その信仰の交流も考察されており、八雷神もまた、中国の思想の影響を反映しているとする説がある。」

雷は龍蛇《りゅうじゃ》の姿を取るのだ。

そこで思い至るのが、蝮部《たじひべ》を率いた多治比《たじひ》一族だ。

クモと出雲と大江匡房

村山修一《むらやましゅういち》氏は『天神御霊信仰』の中、「蝮はマムシ蛇または大蛇を意味し、雷神の本体とみられたので、小子部《ちいさこべ》氏と同様雷神の祭祀にたずさわった氏族であったかもしれない。」と記す。

氏は多治比の雷神を稲の生育を助ける稲妻的なものと解釈しているが、果たして妥当なのだろうか。

素人の私が言うのもなんだが、多分——少なくとも北野社に関わった多治比には、別の側面があったと思う。

なぜなら、もともと雷にも龍蛇にも、裏切られて祟り為《な》す伊弉冉尊的な怨霊《おんりょう》のシンボルとなる一面があるからだ。

御霊《ごりょう》となった井上内親王《いのえないしんのう》は息子と共に獄死した後、龍に変じて自分を陥《おとしい》れた藤原百川《ふじわらのももかわ》を蹴殺《けころ》した、と『愚管抄《ぐかんしょう》』に記されている。

また、五條市《ごじょうし》の伝説では、井上内親王は奈良から流されるとき、産屋峰《うぶやみね》で男児を出産。この子供は母と兄の怨《うら》みを晴らすため、雷神になったという話が伝わる。

一方「火雷天神《からいてんじん》」と呼ばれた菅原道真公《すがわらのみちざねこう》は、病に伏せっていた藤原時平《ふじわらのときひら》の両耳から青い龍となって姿を現す。

龍は怨霊の姿でもあったのだ。そして雷は鬼でもあり、死者の怨念が帯電《たいでん》して形を成したモノでもあったに違いない。

国生み神話にて、伊弉冉尊は死の寸前まで吐瀉物《としゃぶつ》や大小便からも神を生み続ける。しかし、黄泉国の雷神は伊弉冉尊が生んだ神ではない。

その雷神を使って伊弉冉尊が夫を追わせたというのなら、雷神たちは伊弉冉尊という死者の眷属《けんぞく》でもあっただろう。

雷神と共に伊弉諾尊を追った、もうひとつの存在は黄泉醜女《よもつしこめ》だ。

黄泉醜女こそ、冥界《めいかい》の住人的な解釈をされるが、実はこの名に対応する男神が一柱《ひとはしら》いるのだ。

葦原醜男《あしはらのしこお》——出雲の大国主命《おおくにぬしのみこと》の別名だ。

葦原は葦原中国《あしはらのなかつくに》の略で即ち現世《げんせ》。そこと黄泉国を往《い》き来《き》するための通路「伊賦夜坂《いふやざか》」「黄泉穴《よみのあな》」があるのが出雲だ。分厚いその扉を隔てて、黄泉・醜・女／葦原・醜・男は向き合っている。

……ほぼ、コマが揃った気がする。

先に、私は出雲と怨霊は繋がっていると記した。

そしてここに至って、多治比文子と出雲弟子丸の名前が並ぶ意味も理解できた。

キーワードは雷神・龍蛇・黄泉・出雲・怨霊だ。

『日本書紀』一書に記された、現実的な殯と死体の話を思えば、土師《はじ》氏も関わってくるかもしれない。

死者であり、雷神となった土師氏、即ち菅原道真公の怨霊を鎮め祀るのは、死の国の雷神を操る多治比、そして黄泉国へのゲートを守り、怨霊を鎮める業を持つ出雲族でなければならなかったのだ。

もっと言うなら、死体に取り着いていた八色雷と黄泉醜女は、殯の儀式を遂行《すいこう》し、死者を管理する人間の象徴的表現だったのではないか。

日々変化する貴人の亡骸《なきがら》を守り、世話した人々は、一体、何者だったのか……。

今は失われた古代の儀式だ。

北野社を巡る多治比と朝日寺《あさひでら》の対立はつまり、平安時代以前の古代祭祀的な鎮魂作法《ちんこんさほう》と、平安京鎮《ちん》護《ご》を担う比叡山系密教祭祀《ひえいざんけいみっきょうさいし》との対立だったのではなかろうか。

私はそう考える。

しかし、なぜそこに土蜘蛛が関わるのか。

神楽岡社の祭神は、大雷神・大山祇神・高龗神だった。

この三柱《みはしら》は『日本書紀』一書にて、伊弉諾尊が軻遇突智命《かぐつちのみこと》を斬ったときに生まれた神だ。

軻遇突智命は火の神であり、伊弉冉尊は軻遇突智命を生んだため、ホトを焼かれて死亡した。父の伊弉諾尊はそれを憎んで、軻遇突智命を斬り殺した。

三段に斬られた軻遇突智命の体は、ひとつは雷神となり、ひとつは大山祇神（山の神）となり、ひとつは高龗神となった。

高龗神は雨水を司《つかさど》る蛇体の神とされている。

ここにも死と雷、蛇が出てくる。これらの神が坐《い》ますがゆえに、神楽岡は葬送地に相応《ふさわ》しいとされたのだろう。

そして、そんな土地がどういうわけか、土蜘蛛の住処にも相応しいとされたのだ。

北野社、蓮台野、神楽岡――これらが土蜘蛛たちの住処だ。しかし、実は京都にはもう一カ所、「蜘蛛塚」が存在していた。

明治時代に廃寺《はいじ》となった大善院《だいぜんいん》（京都市下京区大政所町）だ。

記録によると、古くはここに大蜘蛛がいて、それを殺して土中に埋めた「荒墳《こうふん》」があったと伝わっている。

大善院は祇園社《ぎおんしゃ》の御旅所《おたびしょ》だった。御旅所となった由来は、この地から祇園社まで、蜘蛛が糸を引いているのを見たことにあるという。そして、その祇園社即ち現在の八坂神社《やさかじんじゃ》が主体となる祇園祭は、もともと「祇園御霊会《ぎおんごりょうえ》」という名称だった。

祇園祭は貞観《じょうがん》十一年（八六九）、神泉苑《しんせんえん》の南端に六十六本の鉾《ほこ》を立て、祇園社から神輿《しんよ》を出したことに端《たん》を発《はっ》するとされている。御霊信仰を背景に、疫神《えきじん》を鎮撫《ちんぶ》して疫病を防ぐ祭りだ。

御霊や疫神としての鬼と、祇園社は決して無縁ではない。また、前述どおり、祇園社には傀儡子《くぐつ》の神を祀った百太夫社《ひゃくだゆうしゃ》もあった。

これらもまた、土蜘蛛と関係しているのだろうか……。

土蜘蛛伝説は、有名な葛城《かつらぎ》のものをはじめ、全国各地に存在している。

妖怪というより、国家権力に恭順《きょうじゅん》しない「まつろわぬもの」たちの蔑称《べっしょう》で、大概は集団として記されて、彼らを従えた首長の名も残っている。

だが、それらはみな、記紀や風土記の中の話だ。神話から離れた平安京に三カ所もの蜘蛛塚があるのは多すぎないか。

——ここから暫《しばら》くは、妄想《もうそう》におつきあい願いたい。

先に結論を言ってしまうと、私は土蜘蛛は貶《おとし》められた出雲族ではないかと考えている。

『古事記』『越後国風土記逸文《えちごのくにふどきいつぶん》』『常陸国風土記久慈郡《ひたちのくにふどきくじのこおり》』では、土蜘蛛は「土雲」と記されている。

私にはこれが「出雲」の「出」から手足をもいだ表記のように見えるのだ。

出雲族はもしかすると、「雲」と略されていたのではないか。

いや、もしかすると、ではない。

実際、出雲族の居住区は賀茂川《かもがわ》を挟んだ東を雲上里、西を雲下里としていた。彼らの略称は「雲」だったのだ。

そして、その中、職人や下級官吏《かきゅうかんり》として収まらぬまま、ゲリラ的に散在していたまつろわぬ民を「土雲」と称したのではなかろうか。比叡山にいた土着の民の一方が、八瀬童子《やせどうじ》の祖となり、従わなかった片割れが酒呑童子《しゅてんどうじ》と呼ばれたごとく。

あるいは土師と出雲のふたつを併せて、略したものが「土雲」か。

北野社裏の土蜘蛛を斬った頼光の刀「蜘切」は、別名を「雲切《くもきり》」と言った。

一条戻橋《いちじょうもどりばし》には過去「雲寺《くもでら》」があり、橋の左詰の地名は「村雲《むらくも》」だった。また、愛宕山《あたごやま》山頂の愛宕権《あたごごん》現《げん》は、その別名を「白雲寺《はくうんじ》」と言った。

だからどうしたと言われればそれまでだが、戻橋や愛宕の特異性を思えばやはり、私は「雲」の字の中に、鬼や異能者との繋がりを連想してしまう。

これまで記してきたように、私は出雲族と土師氏は、死を管轄《かんかつ》する呪術集団だったと考えている。

しかし古墳が造営されなくなって殯が行われなくなったのち、死は単純な穢《けが》れとされて、彼らの持つ業は貶められた。

実際、中世以降、死を扱う職業は被差別民のものとされた。が、そんな現実の外で、異能ゆえに一般の被差別民以上に忌避《きひ》されて、恐れられた一族がいたとは想像できないか。

それが土蜘蛛という妖怪の姿を取って、正義の名の下《もと》に成敗されたと想像するのは無理があろうか。

『土蜘蛛草子』にて、神楽岡にいた土蜘蛛はこう話す。

「ここには鬼の塚があり、人もすっかり絶えてしまった。最早《もはや》どうしようもないので殺してほしい」

鬼の塚とは、なんだったのか。

頼光たちに殺された土蜘蛛の腹からは、死人の首が一千九百九十個、切り裂いた腹からは人の子供ほどの小蜘蛛が数え切れないほど現れたとある。

この死人の首というのは、土蜘蛛が喰らったものなのか。あるいは同族の象徴なのか。数え切れないほどにいた小蜘蛛たちは、どうなったのか。

話の最後、頼光と綱は住処を焼き払って帰路に着く。彼らには焼き払うほどの規模を整えた住処があったのか。

――そう。これはただの物語。後世に作られた妖怪絵巻だ。

だから、世迷《よま》い言《ごと》と笑ってもらって構わない。しかしどうしても気にかかるので、ここに記しておく次第だ。

本書の主人公である大江匡房《おおえのまさふさ》は、土師氏の血を拒絶しながらも、多分に土師氏的な感性を身につけていた。

いや、匡房が土師氏を忌《い》んだのは、殉死《じゅんし》を埴輪《はにわ》に代えた「罪」からだ。

彼が近代的な穢れの概念を持っていたなら、死に関わることそのものを厭《いと》うていたはずだ。けれども、匡房の理屈はそこにない。

匡房はもっと直線的に、古代の死を見つめていたのではないか。

それゆえに、冥界と通じる熒惑星《けいこくせい》の精として、閻魔庁《えんまちょう》への通行手形を持ったのではなかろうか。

四　御霊としての吉備真備

吉備塚古墳の祟り

漸《ようや》く大江匡房《おおえのまさふさ》の近くまで戻ってきたようだ。

しかし、ここまで来たら、吉備真備《きびのまきび》についても記しておかなくてはなるまい。

彼こそが、次章に語る大江匡房最大の仕掛け『野馬台詩《やまたいし》』に関与するからだ。なので、主役の再登場まで、もう一節おつきあい願いたい。

吉備真備は奈良時代の政治家であり、学者であった人物だ。彼は唐《とう》に二度渡り、様々な文物《ぶんぶつ》を本邦《ほんぽう》にもたらした。また、鑑真和上《がんじんわじょう》の来日に一役買った人物でもある。

しかし、伝奇伝説好きの認識は少し異なるに違いない。

遣唐使《けんとうし》として唐に渡った真備は、鬼となった阿倍仲麻呂《あべのなかまろ》の助けを借りつつ、唐側が出した難題を自らの頭脳、神仏の加護《かご》、そして呪術によって解決する。

活《い》き活《い》きとしたこの物語によってスーパーヒーローとなった真備は、陰陽道書《おんみょうどうしょ》『簠簋内伝《ほきないでん》』を唐から持ち帰り、安倍晴明《あべのせいめい》に伝えたともされている。そして、陰陽師《おんみょうじ》の祖とされた。

吉備真備伝説については次章に詳しく述べるので、今はここまでに留《とど》めておくが、私が本節で気になるのは呪術の使い手としての真備ではなく、御霊神社《ごりょうじんじゃ》に祀《まつ》られる祭神としての吉備真備だ。

おさらいとして、改めて上御霊神社《かみごりょうじんじゃ》と下御霊神社《しもごりょうじんじゃ》の祭神を見てみよう。

上御霊神社
崇道天皇《すどうてんのう》・井上大皇后《いのえのおおひきさき》・他戸親王《おさべしんのう》・藤原大夫人《ふじわらのたいふじん》・橘大夫《たちばなのたいぶ》・文大夫《ぶんのたいぶ》・火雷神《からいしん》・吉備大臣《きびのおとど》。

下御霊神社
吉備聖霊《きびのしょうりょう》・崇道天皇《すどうてんのう》・伊豫親王《いよしんのう》・藤原大夫人《ふじわらのだいふじん》・藤大夫《とうだいぶ》・橘大夫《きつだいぶ》・文大夫《ぶんだいぶ》・火雷天神《からいのてんじん》。

表記は各神社に従った。

これらの祭神の中、諸説まちまちなのが、火雷神・火雷天神と、吉備大臣・吉備聖霊だ。火雷神・火雷天神は菅原道真公《すがわらのみちざねこう》に比されるが、上下御霊神社ではこの解釈は採《と》っていない。ふたつの神社では、この神を吉備大臣を除いた六座の荒魂《あらみたま》としている。

確かに本家本元とも言える北野天満宮《きたのてんまんぐう》が近くにあるので、改めて祀る必要はないかもしれない。火雷神・火雷天神は、前節で記したように、御霊・怨霊《おんりょう》の原始的な形態である荒魂、黄泉国《よみのくに》の雷神的な霊魂とみなすこともできるだろう。

もうひとつ、意見が割れるのが、吉備大臣及び吉備聖霊だ。

上御霊神社ではこの神を吉備真備とし、下御霊神社では六座の和魂《にぎみたま》と解釈している。

また、永井路子《ながいみちこ》氏は『悪霊列伝』（新潮社）にて、吉備聖霊を吉備内親王《きびないしんのう》と解釈した。

吉備内親王は長屋王《ながやおう》の変《へん》で自殺に追い込まれたのち、確かに祟《たた》りを為《な》しているので、その解釈は妥当に思える。

しかし、私はやはり、この一座は吉備真備だと考えたい。

現実に生きた吉備真備の生涯《しょうがい》を少し辿《たど》ってみよう。

生年は持統天皇《じとうてんのう》九年（六九五）。備中国下道郡也多郷土師谷天原《びっちゅうのくにしもつみちのこおりやたごうひじやてんばら》（岡山県倉敷市真備町箭田）で生まれたという。土師谷という、私としては気になる土地の出身だ。

当初は下道《しもつみち》氏を名乗っていたが、天平《てんぴょう》十八年（七四六）、吉備《きび》に改姓。

吉備真備は最初の入唐《にっとう》後、藤原仲麻呂《ふじわらのなかまろ》に疎《うと》まれて一時筑前守《ちくぜんのかみ》に左遷《させん》される。しかし、二度目の渡唐《ととう》ののちに藤原仲麻呂の反乱、即ち「恵美押勝《えみのおしかつ》の乱《らん》」鎮定《ちんてい》に功《こう》を立て、右大臣に昇進する。

光仁天皇《こうにんてんのう》即位の際、政界引退を望んだものの慰留《いりゅう》されるほどの逸材《いつざい》で、再度の辞職願いを受理されたのは宝亀《ほうき》二年（七七一）。

遣唐使留学生として霊亀《れいき》二年（七一六）に『続日本紀《しょくにほんぎ》』に登場してから、なんと五十五年間、歴史の表舞台に立ち続けた。

そして致仕《ちし》した四年後の宝亀六年、八十一歳で薨去《こうきょ》している。

最終官位は正二位右大臣《しょうにいうだいじん》。

波乱はあったものの、栄達を極めた人生と言っていいだろう。だからこそ、御霊神社の祭神となっていることに、皆が首を傾げるのだ。

だが、私は吉備真備が本当に傷のない人生を送ったのか、穏やかな死を迎えたのか、少し疑問に思っている。

理由は三つある。

ひとつは、真備が公的な立場を退いてから亡くなるまでの四年間、一切の記録がないことだ。右大臣にもなった人物が死に様はもちろん、どこで、誰の元で隠居《いんきょ》していたかもわからないのは不自然ではないのだろうか。

もちろん私的な部分なので、省《はぶ》かれた可能性はある。しかし、まるで、かき消えたかのように記録が途絶《とだ》えるのは不審に思える。

二つ目は『続日本紀』の中、異例の長さで生前の功績《こうせき》、薨伝《こうでん》が記されている点だ。

ほぼ誄《しのびごと》と言っていい内容だが、いくら右大臣といっても、異常な長さだ。

晩年の記録がない一方、なぜ『続日本紀』は長文の薨伝を記したのか。記録者、あるいは編纂側《へんさんがわ》に思い入れがあったのか。それとも、別の理由があるのか。この長文を入れるのが正しい、あるいはやむを得ないとした理由はなんなのか。どこか釈然としないのだ。

三つ目の理由は「祟り」そのものだ。

奈良市高畑町《たかばたけちょう》、奈良教育大学キャンパス内には、吉備真備の墓と呼ばれるものがある。円墳《えんぷん》または前方後円墳《ぜんぽうこうえんふん》とされ、形は崩れてしまっているが、直径約二十五メートル、高さ約三メートルの墳丘《ふんきゅう》だ。正式名称は吉備塚古墳《きびづかこふん》。

この吉備塚古墳は触ると祟りがあるとされ、実際、様々な話が残る。

『国文：研究と教育』32巻（奈良教育大学国文学会）岡本大典「吉備真備と陰陽道 ―吉備塚伝承を中心に―」から引用しよう。

「つい最近（二〇〇八年五月頃）も、奈良教育大学の男子学生からこのような話を聞いた。

少し前に、吉備塚の木を校長先生が切ろうとしたら、次の日、首を吊って死んでいた。

校長といえば、奈良教育大学構内にある付小の校長のことであろうか、それとも学長であろうか。はたしてそんなことは本当にあったのだろうか。この他にも、ある先生からは、「吉備塚の木の伐採を業者に頼んだら断れた」という話も聞いた。吉備塚に関する都市伝説のようなものが、まことしやかに大学内で語られているのである。

しかも、吉備塚に関する伝承は、今に始まったものでない。高畑周辺では、吉備塚に触れたり、掘ったりすると、病気になったり、死んでしまうという伝承が語り伝えられているのである。なぜ、偉人である吉備真備の墓にこのような伝承が生まれたのであろうか。
「『大和の伝説』や鏡神社宮司梅木春雅氏の談によると吉備塚に触ったり、工事をしようとしたら病気になったり、死んだりしてしまうと語られている。それは、「一　はじめに」でも記述したように現在でも、奈良教育大学の学生の間で新たな話形を形成しながら連綿と受け継がれているのである。また、たたりを受けるのは基地にいた外国人であったり、大林組の佐藤某であったり、校長であったり様々な人である。と、どのような人であっても吉備塚のたたりを避けることができないという点は注目すべき点である。このような吉備塚に対する畏敬の念は、梅木氏によると人がまったく近寄らない時代があった程であったようである。

　つまり、この地域の人々にとってこの吉備塚は恐れ敬うべきものであり、不可侵の聖域であった

『南都名所集』「鏡明神」
（所蔵：奈良県立図書情報館）

吉備塚拡大部分

のであろう。それは、同時に吉備塚の主である吉備真備をも神聖化しているということでもある。」

発掘記録によると、この古墳は六世紀初頭のもので、吉備真備とは時代が合わない。だが、伝説上の被葬者と実際が異なることは珍しくないので、そこはさしたる問題ではない。問題は、吉備真備の墓とされた古墳が、なぜ触れることすら恐ろしい場所になったのか、ということだ。

もちろん一般人のお墓でも、不敬《ふけい》を働けば祟る、障《さわ》るとされる。しかし、それにしても吉備塚古墳の祟りは激しい。

岡本氏はこの地域には、安倍晴明伝説はじめ陰陽師の足跡《そくせき》が多々あることを指摘している。また、陰陽町《いんようちょう》には真備の子孫を名乗る家があるとも述べる。

陰陽家《おんみょうけ》・賀茂氏《かもし》の系図によれば、初代吉備麻呂《きびまろ》と吉備真備は同一人物となっている。また、先程記したように、真備は『簠簋内伝』を日本へ招来した人物とされている。

『簠簋内伝』自体は後代に作られたものなので、真偽は問うまでもないのだが、これらの話が広まるにつれ、吉備塚古墳周辺が陰陽師たちの注目を集めたことは間違いない。

実際、賀茂の流れを汲《く》む陰陽家・幸徳井《こうとくい》家の居住地は吉備塚の側にあったという。

これもまたそそる素材だが、私が今、注目するのは陰陽師との関わりではない。

藤原広嗣の怨念

吉備塚古墳近隣には、藤原広嗣《ふじわらのひろつぐ》の霊を祀った南都鏡神社《なんとかがみじんじゃ》（奈良市高畑町）がある。また、近くには僧玄昉《げんぼう》の首塚とされる「頭塔《ずとう》」（奈良市高畑町）というものもある。

双方とも、吉備塚古墳から半径五百メートル内に位置するものだ。

藤原広嗣・玄昉・吉備真備の名を揃えれば、思い至るのは「藤原広嗣《ふじわらのひろつぐ》の乱《らん》」以外にはないだろう。乱の顛末《てんまつ》を見てみよう。

――聖武天皇《しょうむてんのう》の時代、天平《てんぴょう》九年（七三七）、天然痘《てんねんとう》が大流行し、いわゆる藤原四兄弟をはじめ、貴族や高官が相次いで亡くなった。

藤原四兄弟とは、藤原武智麻呂《ふじわらのむちまろ》・房前《ふささき》・宇合《うまかい》・麻呂《まろ》の四人だ。すべて藤原不比等《ふじわらのふひと》の息子であり、聖武天皇の妻・光明子《こうみょうし》の異母兄たちだ。四兄弟はこの光明子を皇后《こうごう》とするため、長屋王の変を仕組んだと言われる。

だが、この企みも四兄弟が亡くなったことによって尻すぼみに終わる。藤原氏は勢いを失い、また官僚の多くが天然痘で死亡したため、朝廷は機能不全に陥《おちい》った。

窮《きゅう》した聖武天皇は、橘諸兄《たちばなのもろえ》を左大臣に抜擢《ばってき》する。そして、橘諸兄は唐より戻ったふたりの人物――吉備真備と僧玄昉を登用した。

亡くなった四兄弟のひとり、宇合の息子である藤原広嗣は、父の死以後もそこそこの出世コースを歩んでいたものの、親族をそしって仲が悪いという理由で、大宰府《だざいふ》へ左遷されてしまう。いや、吉備真備の薨文では、玄昉と対立したために左遷されたと記されている。多分、こちらが真実だろう。

そして二年後の天平十二年（七四〇）八月、広嗣は大宰府から上奏文《じょうそうぶん》を送った。

「天地の災害や異変の原因は吉備真備と玄昉にある。彼らを追放すべし」

続けて、彼は九月に挙兵《きょへい》。十一月に捕らえられて処刑された。

——南部鏡神社はその「怨霊」を鎮《しず》めるために建てられたのだ。

高畑町の南部鏡神社は、唐津市《からつし》に鎮座する鏡神社《かがみじんじゃ》を大同《だいどう》六年（八〇六）、新薬師寺《しんやくしじ》の鎮守神《ちんじゅがみ》として勧《かん》請《じょう》したものだ。

唐津にある鏡神社は、もともと息長足姫命《おきながたらしひめのみこと》（神功皇后）を祀っていた。そこに天平十七年（七四五）、二ノ宮として藤原広嗣は祀られている。

広嗣の死後、わずか五年だ。新薬師寺が建立《こんりゅう》されたのは、そのまた二年後の天平十九年（七四七）となる。

広嗣が怨霊とみなされたのは平安京以前となるので、彼は最古の御霊となる。しかしながら、祟り話は『続日本紀』に二カ所載るのみだ。

ひとつは天平十八年（七四六）六月。

玄昉の死に際し、「世に相伝《あいつた》へて云はく、『藤原広嗣が霊の為に害《そこな》はれぬ』といふ。」という記述。

もうひとつは宝亀六年（七七五）、真備の薨伝の中にある。

「［しかし広嗣の］よこしまな霊魂はまだおさまらず、［そのために、天平］勝宝二年（七五〇）、［真備

は」筑前守に左遷され、［さらに］急に肥前守に転任させられた。」（東洋文庫『続日本紀 4』平凡社）

現実的な左遷の理由は前述どおり、藤原仲麻呂に疎まれたことにあるのだが、『続日本紀』ではこれを広嗣の祟りとしている。

ちなみに玄昉が亡くなったのは、天平十八年（七四六）六月十八日。広嗣が唐津の鏡神社に祀られる前年だ。この噂により、藤原広嗣は怨霊として祀られるようになったのだろう。

しかし、その神社がどうして、新薬師寺の鎮守社として勧請されたのか。

新薬師寺は、光明皇后《こうみょうこうごう》が聖武天皇の病気平癒《びょうきへいゆ》のために建てたとされる。

光明皇后は藤原四兄弟の異母妹なので、四兄弟のひとり、宇合の息子である広嗣を鎮守として担ぎ出したのか。どうも、よくわからない。

一方、吉備塚古墳の側、玄昉の首塚とされる「頭塔」には、すさまじい話が伝わっている。

橘諸兄失脚《しっきゃく》後、玄昉は筑紫観世音寺別当《つくしかんぜおんじべっとう》に左遷されたが、突然、空中から手が現れて玄昉は連れ去られた。そして後日、彼の死体はばらばらになって興福寺《こうふくじ》に落ちてきた。その首を埋《う》めたのが「頭塔」であるとされているのだ。

もちろんこれは伝説だ。現在、「頭塔」は奈良時代、東大寺《とうだいじ》の僧実忠《じっちゅう》が国家安泰《こっかあんたい》を祈って築いた土《ど》塔《とう》であることが確認されている。「どとう」が訛《なま》って「ずとう」となり、そこにいつの間にか玄昉の伝説がくっついたというわけだ。

この玄昉の伝説は、鎌倉時代に記された『元亨釈書《げんこうしゃくしょ》』が初出のようだ。また、吉備塚古墳が吉備真備の墓とされた最古の記録は、延宝三年（一六七五）『南都名所集《なんとめいしょしゅう》』という。

初出イコール伝説の始まりではないが、鏡神社の奈良への勧請よりは新しいと見ていいだろう。

この塚から西一キロほどのところには、御霊神社（奈良市薬師堂町）も建っている。

この御霊神社は延暦《えんりゃく》十九年（八〇〇年）、桓武天皇の勅命《ちょくめい》で井上内親王を祀ったのが始まりとされ、そのほか、八所御霊《はっしょごりょう》を祀る。

だが、そこに伊予親王《いよしんのう》と吉備真備はない。

代わりに入っているのが藤原広嗣だ。

疫神・吉備真備

つまり、この一帯はまず藤原広嗣が祀られて、怨霊としての広嗣の存在に与《あずか》る形で、頭塔と吉備塚の伝説が成立したと考えられるのだ。

吉備塚古墳を陰陽師たちが意識したのは、多分、その後のことだろう。

南都鏡神社を中心に、広嗣の霊に殺された玄昉の首塚と、いまだ祟りが囁《ささや》かれる吉備真備の墓がある――これらは広嗣の話を知る人が、想像を逞《たく》しくした結果なのか。

玄昉にとって、広嗣はいわば加害者だ。霊的な勝者と言ってもいい。ならば吉備真備にとって、広嗣は如何《いか》なる存在になるのか。

南都鏡神社は新薬師寺の鎮守社だ。鎮守社はその土地や建物を守護するためのものであり、本来、怨霊が担《にな》うのは相応《ふさわ》しくない。

ここでひっかかってくるのが、広嗣が大宰府から送った上奏文だ。

「天地の災害や異変の原因は吉備真備と玄昉にある。彼らを追放すべし」

一般に、これは藤原に取って代わったふたりを妬《ねた》んでの誹謗《ひぼう》とみなされている。だがしかし、本当にそうなのだろうか。

当時は地震も多く天候不順で、聖武天皇が大仏を建立したり、遷都《せんと》を繰り返したりする世情不安な時代だった。

その中で、大流行したのが天然痘だ。

天然痘は天平七年（七三五）、九州北部の大宰府管内で発生し、全国に広がった。

『天皇の歴史2　聖武天皇と仏都平城京』（吉川真司　講談社学術文庫）によると、当時の日本の総人口の二五から三五パーセントが感染により死亡したとある。当然、平城京でも猛威《もうい》を振るい、藤原四兄弟も感染死した。

完全なパンデミックだ。

新型コロナウイルスの脅威を目《ま》の当《あ》たりにしている我々ならば、この恐ろしさはわかるはずだ。朝廷の機能不全どころか、全国が恐慌状態《きょうこうじょうたい》に陥ったに違いない。

この恐ろしい疫病《えきびょう》がもたらされた天平七年は……そう、まさに、吉備真備と玄昉が乗った遣唐船が、唐から日本に戻った年なのだ。

天然痘は漂着《ひょうちゃく》した外国船から広がったとの話もあるが、吉川真司《よしかわしんじ》氏によれば、真実の感染源は遣唐使か遣新羅使《けんしらぎし》である可能性が高いという。

いわば、遣唐船は新型コロナウイルス感染症初期のダイヤモンド・プリンセス号に相当するのだ。

そして、その疫病は遣唐船から下りた人々の帰京《ききょう》ルートと共に全国に広がり、平城京をも侵《おか》し始《はじ》めた。

藤原広嗣は、そのことに気がついたのではなかろうか。

――あやつらが疫神《えきじん》を日本に連れてきたのだ。そして、我が父と伯父たちの命を奪って、権力の座に就いたのだ！

こう考えれば、広嗣の上奏文が、ただの誹謗ではなかったことが理解できる。しかも、広嗣が左遷されたのは、天然痘の発生源とされた大宰府だ。

天然痘は既に終息していたが、彼がふたりの計略によって死地に送られたと考えても不思議ではない。広嗣にとっては、ふたりこそが悪鬼悪霊《あっきあくりょう》の化身だった。

自分の親族は体中が発疹《ほっしん》に覆われ、別人のようになって苦しみ、死んだ。にもかかわらず、玄昉と吉備真備は病に冒《おか》されないばかりか、父たちの座を奪い取った。

「おかしいと思わないか？」

広嗣は多分、そのことを多くの人に語ったはずだ。『続日本紀』に記された玄昉との対立理由も、同様だったかもしれない。

とはいえ、残念なことに広嗣はあまり賢くなかったし、人望《じんぼう》も薄かったようなので、どこまで取り合ってもらえたかはわからない。

大体、唐からもたらされた最先端の文物に疫神が紛れ込んでいたとなったら、今後の外交や文化の輸入に大きく差し障る。玄昉や真備のような秀才を失えば、国の運営も覚束《おぼつか》なくなる。切るなら、藤原広嗣だ。

——そして、広嗣は飛ばされた。

不審は残る。

『続日本紀』に残る藤原広嗣の上奏文は短すぎるし、吉備真備への薨文は長すぎる。私の色眼鏡《いろめがね》では、真備への薨文は腫《は》れ物《もの》に触るかのごとく見えるのだ。

ただ、一カ所、興味深いのは、真備が左遷されたときの文章だ。

『続日本紀』は、それを広嗣の祟りとしている。

実際に真備を疎んだ仲麻呂は最終的には朝敵《ちょうてき》となるので、彼の奸計《かんけい》によって左遷されたと記しても、真備が悪者となることはない。だが、記録はそれを広嗣の霊の仕業《しわざ》と記している。

どうしても、広嗣を悪霊としたかったのか。広嗣が真備に祟ったとしたかったのか。あるいは、逆に吉備真備ほどの人物が、生身の人間に差配《さはい》されることなど許せなかったのか。

御霊と祀られる人間は、生前の性格はともかくも、いわれなき罪を着せられて非業《ひごう》の死を遂げた者ばかりだ。

ならば、藤原広嗣もどこかに正義があったはずだ。

そして、同じく御霊とみなされている吉備真備にも、何らかの瑕疵《かし》や朝廷側の恐怖があったと見るのが妥当だ。

そうでなければ御霊にならない。吉備塚古墳は祟らない。

私はやはり、八所御霊に数えられているのは吉備真備だと思う。

上御霊神社に残る「八所御霊絵図」では、吉備大臣として老人の姿が描かれている。

確認できたのは部分図なので、他の祭神がどのような姿なのかはわからない。だが、吉備大臣という男性像は、冠烏帽子《かんむりえぼし》を被らない露頂《ろちょう》で垂髪《すいはつ》、長いもみあげと鬚《ひげ》を生やして、束帯《そくたい》に笏《しゃく》を持った姿で描かれている。

その顔は赤く、白い眉は太く、大きな三白眼《さんぱくがん》で上を見据えている。加えて興味深いのは、袖から覗いた手の甲に、獣のような長い白毛が生えていることだ。

この絵がいつ描かれたかはわからない。しかし、烏帽子を被らず、髪も結わずに露頂というのは異様な姿だ。菅原道真公《すがわらのみちざねこう》ですら、きちんと冠を着けている。

当時、烏帽子を被らないのは、裸になるのと同様だった。また、髪を結わないのは「童子」的存在とみなされた。

「童子」は社会的な立場にない子供か、一般社会の埒外《らちがい》にある特殊な存在を表す言葉だ。酒呑童子《しゅてんどうじ》、茨木童子《いばらきどうじ》の名前が代表例となる。

そう。鬼だ。鬼は京《みやこ》に疫病をもたらす。

吉備大臣の手に描かれた白い長毛は、戻橋《もどりばし》の鬼の腕にもあった。

吉備真備は生き身の疫神、鬼と考えられたのではないか。

そして、天然痘封じのために祀られて、御霊とされたのではなかろうか。

藤原広嗣を神とした南都鏡神社の膝元《ひざもと》に、塚の伝説が作られたのも同じ理由かもしれない。

広嗣側から見るならば、玄昉の始末はついている。しかし、吉備真備は強すぎる。

吉備塚古墳は触れただけで「病気になったり、死んでしまう」――感染力の強い塚だ。そこには真備が眠っている。

その恐ろしい魂を、神となった広嗣に抑えさせ、管理しようと思った人が過去にいたのではないか……。

無論、これは想像であり、結論の出ない話でもある。

ただ、一座の御霊の正体を――吉備大臣・吉備聖霊を疫神と解釈することで、再び研《と》ぎ直《なお》すことができるのではないかと、私は考えている。

第三章

『野馬台詩』開封

一

小野篁《おののたかむら》と吉備真備《きびのまきび》は、共に伝奇世界の有名人だ。

そして、そのふたりにまつわる話を大江匡房《おおえのまさふさ》は書き記している。

彼の好みはもうわかっている。

小野篁も吉備真備も人並み外れた学才を持ち、公卿《くぎょう》にまで昇った人物だ。加えて、もうひとつ、藤《ふじ》原氏《わらし》ではないということも、匡房にとっては重要だった。

大した働きをしていなかった源氏《げんじ》を持ち上げたのも、藤原氏への対抗措置だろう。

当時、藤原氏以外の氏族は圧迫され続けていた。それに対する諸氏族の不満は彼の周りに、そして匡房自身の心の内にも満ち満ちていただろうことは想像に難《かた》くない。

ただ、大江匡房はそれをあからさまにするほどの愚《おろ》か者《もの》ではなかった。いや、多分、氏族の名誉より、学問のほうが大事だったのだ。実際、匡房があの時代、並み居る貴族を押しのけて公卿にまで至ったのは、偏《ひとえ》に「頭脳」と「博識」に依《よ》る。

出自がどこにあろうとも、学さえあれば、誰にも引けは取らないという自負があったに違いない。

菅原道真公《すがわらのみちざねこう》や小野篁は、そんな自分の映し鏡でもあったのだ。

匡房はそんな彼らを世間の枷《かせ》から解《と》き放《はな》ち、説話の世界で称揚《しょうよう》した。

道真公に関しては、ただの怨霊《おんりょう》ではなく、学門の神として。

小野篁に関しては、ただの参議《さんぎ》ではなく、冥府《めいふ》の官として。

これらの話がのちに大きな力を得て、説話世界を彩《いろど》ったことは予想外だったかもしれない。匡房が今の時代を知れば、面映《おもは》ゆい気持ちを抱《いだ》くのではなかろうか。

さて。

そんな匡房が大きな仕掛けを施した最後の人物が、吉備真備《きびのまきび》だ。

出身地は備中国《びっちゅうのくに》土師谷天原《ひじやてんばら》——土師《はじ》である。

これもまた匡房のこだわりか、たまたまなのかはわからぬが、彼の取り上げた人物が薄いながら幾重にも繋がりを持つことは確かだろう。

吉備真備については前章にて私論を述べたが、これから取り上げる彼の姿は御霊《ごりょう》としてのそれではない。

小野篁同様の説話世界での有名人、陰陽師《おんみょうじ》としての吉備真備と、その話の中心となる予言詩『野馬《やま》台詩《たいし》』についてだ。

まず予《あらかじ》め言っておくと、吉備真備が異能者として初めて紹介されたのは、最早《もはや》、お馴染《なじ》みの『江談《ごうだん》抄《しょう》』だ。

鬼になった阿倍仲麻呂《あべのなかまろ》とタッグを組んで、唐《とう》を相手に丁々発止《ちょうちょうはっし》のやりとりをするこの物語は『江談抄』中、最も長く、最もエキサイティングなものになっている。

まずはその話を記そう。

テキストは『類聚本系《るいじゅうぼんけい》　江談抄注解《ごうだんしょうちゅうかい》』「吉備入唐間事（吉備入唐の間のこと）」を用いる。直訳だとわかりづらいため、逸脱しない程度に読みやすくした。（　）内は、私が補《おぎな》った。

――「吉備真備が入唐《にっとう》したときのこと」

吉備大臣《きびのおとど》が唐に行って学問をしたとき、諸方面の技芸・技能に広く通じて優れていたため、唐の人は自分たちが劣ることを恥と思って、密談を交わした。

「あの日本からの使者がやってきたら、楼《たかどの》に登らせてそこに置こう。事情を詳しく言ってはならんぞ。例の楼に登る人は多くは生きていないからな。だから、ただ、まずは楼に登らせて試してみようではないか。有無を言わせずに殺してしまうのは正しくないし、日本に帰すのも良くないし、留まっていれば、我々にとって大層な恥となることも出てこようから」

そう相談して、唐の人たちは吉備真備を楼に登らせた。

真備がそのままそこにいると、やがて深夜、風が吹いて雨が降り、楼に鬼がやってきた。真備は呪術にも長《た》けていたので、隠身《おんしん》の術《じゅつ》を使って身固《みかた》めをして姿を隠し、鬼に尋ねた。

「何者か。私は日本国の使いである。国王の御事《おんこと》に敵対できるものなどないぞ。それを、鬼がなにゆえ覗く」

聞いて、鬼は答えた。

「大層、嬉しいことでございます。私も日本国の遣唐使《けんとうし》です。是非、お話を承りたい」

「では、早く入れ。鬼の姿を止《や》めて来るがよい」

真備が言うと、鬼はそれに従って一度戻ったのち、衣冠《いかん》を着けて対面した。

まず、鬼が言った。

「私は遣唐使です。私の子孫の安倍氏《あべし》は今、日本におりましょうか……。この事が聞きたかったのに、今まで一度も叶《かな》わなかったのです。私は大臣として唐に来ましたが、この楼に登らされて、食べ物を与えられずに餓死しました。そして、鬼となったのです。楼に登る人を害する気持ちはないのですが、（鬼である私の瘴気《しょうき》にあたって）皆、ひとりでに死んでしまうのです。このように、お会いして日本のことを尋ねようとすると、答えぬままに死ぬのです。だから、あなたにお会いできてとても嬉しい。私の子孫には官位がございますでしょうか」

真備は官位のなりゆき、子孫の様子を七、八人ばかり語って聞かせた。鬼は大層、感激した。

「この事が聞けたのは、この上なく嬉しいことです。恩返しに、あなたにこの国のことをすべて語って差し上げようと思います」

「それはいい」と真備も喜んだ。

夜明け方に、鬼は帰っていった。

朝、唐の人が食事を持って来てみると、真備は死なずに生きている。それを見て、唐の人はいよいよ驚いた。

夕方、鬼が来て告げた。

「この国で相談していることがあります。日本の使いの才は不思議だ。なんとかやり込めてしまいたいので、難しい書物を読ませて、その誤りを嗤《わら》おうではないか、と」

「なんの書か」と真備は尋ねた。

「この国で大層読み難《にく》いとされる古書で『文選《もんぜん》』というものです。一部三十巻、諸家集《しょかしゅう》の優れたものを選び、集めたものです」

「お前は、その書を聞いて、私に伝え教えることができるか？」

「私にはできません。ですので、あなたを、その話をしているところにお連れして、お聞かせしようと思っております」

「どうやって。楼は閉じられているのだぞ」

「私は飛行自在の術が使えますから。一緒に行って、お聞かせしましょう」

鬼はそう言って、楼の戸の隙間から外に出て、真備と一緒に『文選』を講《こう》じているところに行った。帝王の宮殿で、三十人の儒者《じゅしゃ》に一晩中講義させているのを聞いたのち、真備は鬼と共に楼に戻った。鬼は尋ねた。

「聞き取れましたか？」

「聞き終わったよ。すまないが、古い暦《こよみ》を十巻ほど探してきてくれないか」

真備が言うと、鬼は暦十巻をすぐに持ってきた。真備はこれを得て『文選《もんぜん》』上帙《じょうちつ》の一巻を（古い暦の）端々に三、四枚ずつ書いて持ち、一両日でみな暗誦《あんしょう》してしまった。

唐側は人を使って食べ物を持たせ、『文選』を楼に送らせた。そして儒者ひとりが勅使《ちょくし》となって楼に登り、真備を試そうとした。ところが、既に『文選』の端が破れて楼内に散らばっている。

使いの者は驚いて、真備に尋ねた。

「この書は、ほかにもあるのか」

「沢山ある」

真備は言って（『文選』の端を）与えた。勅使はますます驚いて、このことを帝王に告げた。

（帝王は真備に質問を寄越《よこ》した）

「この書は日本にあるのか」

真備は答えた。

「随分、昔から日本にあり、『文選』と言って、当たり前のように皆が暗誦しているものだ」

唐の人は「この書は、この国にあるものだ」と言った。

真備はそう聞いて、「では、日本のものと付け合わせてみよう」と、『文選』三十巻を借りて書き写し、のちに日本にもたらした。


鬼がまた来て言った。

「唐の人が、あなたには学問はあっても技芸はきっとないだろうから、囲碁《いご》で試してみようと相談しています。そして、白石を日本になぞらえ、黒石を唐になぞらえて、勝負をして（勝って）殺してしまおう。そんな謀《はかりごと》をしています」

真備は囲碁の様子を鬼に尋ね訊き、楼の組入天井《くみいれてんじょう》を三百六十目数え、別に聖目《ひじりめ》を記して、一夜のうちに持《じ》（引き分け）となるように考え終えて、囲碁を習得してしまった。

そののち、唐の人が囲碁の上手を集めて、真備と対局させた。（真備の考えどおり）持となって勝負がつかなくなったとき、真備は密かに唐方の黒石一個を盗んで呑み込んだ。そのため、勝負を決しようとすると、唐が負けてしまった。

唐の人が怪しんで石を数えると、黒石が足りない。そこで占い師に占わせると、真備が盗んで呑んだという結果が出た。腹中にあるというので、呵梨勒丸《かりろくがん》（下剤）を飲ませたが、真備は下痢止めの呪術で身を固め、とうとう勝負に勝ってしまった。

そこで唐の人は真備を楼に閉じ込め、食物を断った。

しかし、鬼が食べ物を運んできたので、真備はそのままそこで数カ月を過ごした。

鬼がまた来て言った。

「今度、彼らが相談していることがあります。高名な智徳のある僧で、密教を行う宝志《ほうし》という僧侶がいます。それに命じて、鬼か霊人《れいじん》が（真備にこちらの手の内を）告げているのだろうから、（それが入れぬように）結界を張って文章を作り、真備に読ませよう、と」

（結界を張られては）最早、鬼の力も及ばないということで、真備が為《な》す術《すべ》もなくいると、案の定、楼から下ろされて、帝王の前で（宝志の作った『野馬台詩《やまたいし》』という）文章を読まされた。

真備は目が眩《くら》んで、書を見ても、まったく文字すら見えてこない。そこで日本の方に向かって、暫《しばら》く日本の神仏に祈った。神は住吉大明神《すみよしだいみょうじん》。仏は長谷寺《はせでら》の観音《かんのん》だ。

そのお陰で文字だけは見えるようになったが、今度は読む順序がまったくわからない。すると、

突然、一匹の蜘蛛《くも》が落ちてきて、（書の上を、読む順序どおりに）糸を引き続けていく。それを

見て、真備は書を読み取った。

帝王も文書の作者もいよいよ驚いて、彼を元のように楼に登らせて、食べ物を与えないことにした。

「今から楼を開いてはいけない」

（と言うのを）鬼が聞いてきて真備に告げた。

「なんとも悲しいことだ。では、この地に百年を経た双六《すごろく》の筒、また賽《さい》、盤《ばん》はあるか。あれば頂きたい」

真備が言うと、鬼は「それはある」と探して持ってきた。

筒は棗《なつめ》、盤は楓《ふう》だ。

そこで真備が賽を盤の上に置いて筒をかぶせると、唐土《とうど》の日月《じつげつ》が封じられて、隠れてしまった。
二、三日経っても現れないので、上は帝王から、下は庶民に至るまで驚き騒ぎ、叫ぶことは絶え間なく、天地を動かすほどだった。
原因を占わせると、術を使う者が封じ隠したとの答えが出た。方角を（占いで）示すと、真備がいる楼の方角に当たった。

唐の人が来て、真備に尋ねた。

「私は知らない」

彼は答えた。

「だが、無理に無実の罪に落とされた私は、先日、日本の仏神に祈ったのだ。それが自《おの》ずから感《かん》応《のう》があったのかもしれないな。私を日本に帰してくれれば、日月の現れないことはないだろう」

「わかった。帰朝《きちょう》させるから、早く（日月の）封を解け」

唐の人がそう言ったので、筒を取ると、日月は元のとおりに戻った。

こうして、真備は日本に帰ることができた。

江帥《ごうそつ》（大江匡房）が言った。

このことは、私は確《かく》と詳しく書物では見ていないが、故《こ》孝親《たかちか》朝臣《あそん》が先祖から語り伝えられていたことを、私に話されたものだ。だから、由緒がないわけではない。大体は、書物にもあるだろうかね。我が朝の名を高らしめたのは、ただ、この吉備大臣のこのことに依る。『文選』、囲碁、『野馬台詩』が日本に伝わったのは、この大臣のお陰なのだ。

――以上が、類聚本系『江談抄』に載る「吉備入唐間事」だ。

なんとも伝奇的で、楽しい物語ではないか。

ちなみに文中、子孫の「安倍」を気にかける阿倍仲麻呂、そして吉備真備は、史実としては養老《ようろう》元年（七一七）遣唐留学生として共に唐に渡っている。

また、実在する宝誌《ほうし》（宝志）和尚《わじょう》は五一四年に没しており、真備が唐に渡った時期には存命していない。

登場人物の生没年はかなり適当なのだけど、話の運びは次々と持ちかけられる難題を主人公が解くという、王道の物語となっている。

同系統の話は、神話から今の小説まで無数無限に存在している。

たとえば、難題をクリアした例としては、須勢理毘売命《すせりびめのみこと》との結婚を巡って、娘の父・須佐之男命《すさのおのみこと》から出された難題を解いた大国主命《おおくにぬしのみこと》の話。失敗した例としては、かぐや姫と五人の貴公子の話などが挙げられようか。

いわゆる「難題型《なんだいがた》」と呼ばれる物語は世界中に存在しており、このタイプの話が、人を惹《ひ》きつける普遍的要素を持っているのがわかるだろう。

現在、ボストン美術館に収蔵されている『吉備大臣入唐絵巻《きびだいじんにっとうえまき》』はこの話を下敷きにして描かれた。

そしてまた、この物語が人々に普及するにつれ、吉備真備はただの遣唐使から呪術的な能力を持つ天才として捉えられ、イメージが決定されたのだ。

物語の力、かくあるべし。

だが、ここで改めて声を大きくして言っておこう。

初出は『江談抄』だ。

大江匡房が吉備真備を天才的呪術師・陰陽師として、世に送り出したのだ。

既に記したごとく、現在『江談抄』には類聚本系と古本系《こほんけい》と呼ばれるふたつの系列が残っており、両者には互いに少しずつ違う話が収録されている。そして、この物語は「吉備入唐間事」として類聚本系のみに載る。

もっとも、この話が有名になったのは『江談抄』原文そのもののインパクトというより、『吉備大臣入唐絵巻』から続く各種の書物に、何度も何度も再録されたことによる。

小野篁伝説の伝播《でんぱ》・生成と同様だ。

実際、物語として読むにしても、絵巻物のほうが楽しい。しかし、ここでは飽《あ》くまでも、原典のほうにこだわりたい。

なぜなら、読み比べてみた結果、原典と絵巻物では内容に大きな違いがあると気づいたからだ。

「吉備入唐間事」は古本系・類聚本系『江談抄』を併せた中でも、一番の長さを誇っている。

『江談抄』は匡房の語りを藤原実兼《ふじわらのさねかね》が書き留めたものとされているので、言い方は悪いが雑談だ。それがここまでの長さとなるのは、匡房と、筆記者・藤原実兼の並々ならぬ情熱、あるいは意図が潜んでいるとみなしていい。

のちに記すが、この物語は一言《いちごん》だにゆるがせにしない構造になっている。ゆえに、私は「吉備入唐間事」は語られた物語ではないと推測する。

いや、天才の匡房と秀才とされた青年だ。口頭で一言一句《いちごんいっく》揺るぎない構成を取ることも可能かもしれない。しかし……。

気を持たせるのはやめておこう。結論を先に記しておく。

私は「吉備入唐間事」は予言詩『野馬台詩』解読の手がかり、または解説書だと確信しているのだ。

二

『野馬台詩《やまたいし》』をご存じだろうか。

詞章《ししょう》は、五言《ごごん》二十四句《く》。

この詩は中国南朝梁時代《ちゅうごくなんちょうりょうじだい》（五〇二～五五七）、宝誌和尚《ほうしわじょう》が作ったとされる。そして日本に伝わって以来、僧侶、学者、近現代のオカルト予言マニアまで、多くの人の心を捉えた。

何故《なにゆえ》、長い時代に亘《わた》って、日本人は『野馬台詩』に魅せられ続けてきたのだろうか。理由は、この詩が日本の未来――終末を記した予言詩とされたからに他ならない。

同じく日本滅亡を記したとされる予言書には『聖徳太子日本国未来記《しょうとくたいしにほんこくみらいき》』、通称『未来記』がある。『野馬台詩』はこの『未来記』といつも並んで語られてきた。

『未来記』に言及した古典を探すと、たとえば『平家物語』巻八「山門御幸《さんもんごこう》」には、

「既に此京《このみやこ》は、ぬしなき里にぞなりにける。開闢《かいびゃく》よりこのかた、かかる事あるべしともおぼえず。聖徳太子の未来記にも、けふの事こそゆかしけれ」とあり、また『太平記』「正成天王寺未来記披見事《まさしげてんのうじみらいきひけんのこと》」では楠木正成《くすのきまさしげ》が『未来記』を見たとある。

『未来記』は偽書《ぎしょ》とされているが、動乱の時代においては大きな力を持っていたのだ。

『野馬台詩』も同様だった。

中国伝来とされる詩を日本の未来詩とした根拠は、冒頭「東海姫氏国」を日本国と解釈したことに

依《よ》っている。

本来、東方世界全般を示す「東海」を、誰が日本と限定したのか。今は不明としか言い様がない。が、それはともかく、以来、その時々の時勢に合わせて『野馬台詩』には様々な解釈が施されてきた。

一番有名なのは、詩句中にある「百王流畢竭」で、天皇が百代で絶えるとみなす説だ。

『未来記』を引いた『平家物語』巻八「山門御幸」にも、

「四宮位《しのみやくらい》に就かせ給はば、百王までも日本国の御主《おんあるじ》たるべし」

とあり、『平家物語』のこの項が、両予言詩を意識していたのがわかる。

また詩句「黒鼠喰牛腸」を奈良時代の僧・道鏡《どうきょう》とし、その悪政を指すとした説や、平将門《たいらのまさかど》の乱《らん》や源《げん》平《ぺい》の争い等々、世の中が不安定になるたびに、時代に絡めて『野馬台詩』は解釈されて、末世《まつせ》を嘆く材料とされた。

昨今では、小峯和明《こみねかずあき》氏らをはじめとする中世文学の研究者が『野馬台詩』の成立、注の推移、存在意義に対しての研究成果を発表している。

だが、終末予言というだけが『野馬台詩』の魅力ではない。予言以上に、人々が『野馬台詩』に惹《ひ》きつけられるのは、物語の魅力にある。

「楼《たかどの》から下ろされて、帝王の前で文章を読まされた。」「読む順序がまったくわからない。すると、突然、一匹の蜘蛛《くも》が落ちてきて、糸を引き続けていく。それを見て、真備《まきび》は書を読み取った。」

「吉備入唐間事」にこう記される詩こそが『野馬台詩』だ。

ただの詩の伝来ではない。難解な一篇の予言詩でもない。『野馬台詩』は蜘蛛の糸の導きなくしては解読されなかった予言詩だ。そして、解読された内容は日本滅亡を語っている。
ドラマチックではないか。
解読に成功した吉備真備《きびのまきび》は、内容に絶望しなかったのか……。
それはともかく、類聚本系《るいじゅうぼんけい》『江談抄《ごうだんしょう》』には、この詩が添付されている。
まず、真備が読めなかったという詩の原形を記してみよう。

始定壌天本宗初功元建
終臣君周枝祖興治法主
谷孫走生羽祭成終事衡
塡田魚鱠翔世代天工翼
孫子動戈葛百国氏右扶
昌微中干後東海姫司為
白失水寄胡空為遂国喧
龍游窘急城土茫茫中鼓
牛喰食人黄赤与丘青鐘
腸鼠黒代鶏流畢竭猿外
丹尽後在三王英称犬野
水流天命公百雄星流飛

それを蜘蛛の糸は、下図のように示した。
読み方は、図中央、右にある「東」を始点とし、中央左「空」を終点とする。
そして、読《よ》み解《と》いた詩が次になる。

（小峯和明氏『『野馬台詩』の謎　歴史叙述としての未来記』を全面的に参考にし、校異のある文字については『類聚本系江談抄注解』江談抄研究会編／武蔵野書院発行に従った）

東海姫氏国　　東海、姫氏《きし》の国
百世代天工　　百世、天工に代わる。
右司為扶翼　　右司、扶翼《ほよく》となり、
衡主建元功　　衡主《こうしゅ》、元功を建つ。
初興治法事　　初めには法の事を治めることを興《おこ》し、
終成祭祖宗　　終りには祖宗を祭ることを成す。
本枝周天壌　　本枝、天壌《てんじょう》に周《あまね》く、

水	丹	腸	牛	龍	白	昌	孫	填	谷	終	始
流	尽	鼠	喰	游	失	微	子	田	孫	臣	定
天	後	黒	食	窘	水	中	動	魚	走	君	壌
命	在	代	人	急	寄	干	戈	鱠	生	周	天
公	三	鶏	黄	城	胡	後	葛	翔	羽	枝	本
百	王	流	赤	土	**空**	**東**	百	世	祭	祖	宗
雄	英	畢	与	茫	為	海	国	代	成	興	初
星	称	竭	丘	茫	遂	姫	氏	天	終	治	功
流	犬	猿	青	中	国	司	右	工	事	法	元
飛	野	外	鐘	鼓	喧	為	扶	翼	衡	主	建

君臣定始終
谷塡田孫走
魚鱠生羽翔
葛後干戈動
中微子孫昌
白龍游失水
窘急寄胡城
黄鶏代人食
黒鼠喰牛腸
丹水流尽後
天命在三公
百王流畢竭
猿犬称英雄
星流飛野外
鐘鼓喧国中
青丘与赤土
茫茫遂為空

君臣、始終を定む。
谷塡《み》ちて、田孫走り、
魚鱠《ぎょかい》、羽を生じて翔《か》ける。
葛《かずら》の後、干戈《かんか》動き、
中微《なかごろび》にして、子孫昌《さか》んなり。
白龍、游《およ》いで水を失し、
窘急《きんきゅう》にして、胡城《こじょう》に寄す。
黄鶏、人に代わって食し、
黒鼠、牛腸を喰らう。
丹水《たんすい》、流れ尽して後、
天命、三公に在らん。
百王、流れ畢《こと》ごとく竭《つ》きて、
猿犬、英雄と称す。
星流れ、野外に飛び、
鐘鼓《しょうこ》、国中に喧《かまび》すし。
青丘と赤土と、
茫茫《ぼうぼう》として遂に空《くう》と為る。

伝奇的な物語に彩られた、意味ありげな文様。浮かび上がる不吉な文言。多様な解釈が可能な難読の詩句……。

私もまたそのひとりだが、こういう詩はノストラダムスの予言と同じで、如何様《いかよう》にも解釈できる。

数多《あまた》の人が魅せられたのも納得できる。

その気があれば、現代でも、政治や世界情勢に充分当て嵌《は》められるに違いない。

しかし、先人たちが遺した予言詩としての解釈は、道鏡の事件にしろ源平の戦いにしろ、既に過去のものばかりだ。

予言というのは我々の危機感に訴えるから面白いのであって、昔のことが当たっていても大した感《かん》慨《がい》は湧いてこない。

のみならず、かつての解釈は感心するにも至らない……先人たちには誠に申し訳ないが、強引かつ中途半端なものとしか、私の目には映らなかった。

「黄鶏」が平将門《たいらのまさかど》で「黒鼠」が平清盛《たいらのきよもり》だと言われても、そんなものは個人個人のイメージでしかないだろう。

ゆえに、私は詩そのものより、詩の出現を記した物語のほうを好んだのだ。

但し『野馬台詩』そのものの中に、惹かれる部分がなかったというわけではない。

蜘蛛によって描かれたという、謎の図形は気になった。

図形だけを取り出すと、なんとも意味ありげではないか。

しかも非常に手が込んでいる。

単に目眩《めくら》ましというのなら、渦巻きでもジグザグでもよかったはずだ。それをなぜ、このような不思議な形を取ったのか。

何かの文字のようにも見えるし、卍《まんじ》などの宗教的な模様のようにも思われる。

私は詩の内容よりも、このデザインに惹かれたが、過去の論にも、この図形に言及し、解釈を試みたものはほとんど存在しなかった。

無意味な図形とは思わない。

古《いにしえ》の人は、図形・図像に様々な意味と祈りを籠めた。

円を描けば日月《じつげつ》を表し、×は封じ、星形は呪符《じゅふ》としての五芒星《ごぼうせい》になる。紐は結ぶことにより、魂を繋ぐものとして吉祥《きっしょう》を表す象徴となり、紙を折れば、その折り方にも意味を見出して吉凶を占う。

それが古代人の感性だ。

その感性を持った時代の人が作り出した文様が、無意味であるはずはない。

『野馬台詩』図形

私は図形にこだわり、結果、『野馬台詩』にこだわった。

そしていつしか図形そのものよりも、『野馬台詩』にとって、この図形が如何なる意味を持つのか――そちらに意識の焦点を移した。

つまり、これはパズルではないかと考えたのだ。

この図を解読することにより、『野馬台詩』の別の側面が見えてくるのではないか。

私はそう推理したのだ。

想像は当たっていた。しかし、言い切れるまでには数年かかった。

糸口を見つけたのは私ではない。

パズルが得意だという友人に『野馬台詩』の図を渡したところ、数カ月後に「多分」という留意点《りゅういてん》つきで解答がもたらされたのだ。

いわく「一番、単純な方法だった」と。

つまり、図形どおりに『東』から読んで出てきた詩を冒頭に置き直して、また図形に沿って読んでいく。それを何回か繰り返してみると、なんと、ふたつの文字だけが動かないことが判明したというのだ。

一目瞭然《いちもくりょうぜん》。

並べられた図形すべてで【成】と【白】の位置が変わっていない。

私は息を呑み、突然、気がついた。『野馬台詩』原形の冒頭に、はっきり記してあるではないか。

「始定」――始めに定む。

一回目

青	星	百	丹	黄	**白**	葛	谷	本	初	右	東
丘	流	王	水	鶏	龍	後	塡	枝	興	司	海
与	飛	流	流	代	游	干	田	周	治	為	姫
赤	野	畢	尽	人	失	戈	孫	天	法	扶	氏
土	外	竭	後	食	水	動	走	壌	事	翼	国
茫	鐘	猿	天	黒	窘	中	魚	君	終	衡	百
茫	鼓	犬	命	鼠	急	微	鱠	臣	**成**	主	世
遂	喧	称	在	喰	寄	子	生	定	祭	建	代
為	国	英	三	牛	胡	孫	羽	始	祖	元	天
空	中	雄	公	腸	城	昌	翔	終	宗	功	工

二回目

三	遂	茫	星	後	**白**	走	初	国	世	羽	中
在	為	鐘	青	竭	黄	動	本	翼	主	孫	微
命	空	猿	丘	畢	鶏	戈	枝	扶	建	昌	子
天	中	犬	流	尽	龍	孫	興	氏	元	翔	生
黒	雄	称	飛	流	游	田	治	姫	祖	終	鱠
鼠	公	英	与	流	代	干	周	為	祭	宗	魚
喰	腸	国	赤	王	人	後	天	司	**成**	功	君
寄	城	喧	野	水	失	塡	法	海	終	工	臣
急	胡	鼓	外	丹	水	谷	事	東	衡	天	定
窘	牛	茫	土	百	食	葛	壌	右	百	代	始

三回目

```
外—寄—鼠—遂　飛—白—治—世　鱠—君—事—干
｜　　　　　｜　｜　　　　　｜　｜　　　　　｜
野—急　公—三　称—後　田—国　終—功　谷—後
　　｜　｜　　　　　｜　｜　　　　　｜　｜　
赤—窘　英—在　犬—竭　孫—翼　翔—工　葛—塡
｜　　　　　｜　｜　　　　　｜　｜　　　　　｜
与—牛　国—為　流—黄　興—主　生—天　壌—法
　　｜　｜　　　　　｜　｜　　　　　｜　｜　
流—茫　喧—空—丘—鶏　枝—建—子—衡　右—天
｜　　　　　　　　　　　　　　　　　　　　　｜
王—土—鼓　命—猿　畢　戈　扶—昌　終—百—周
　　　　｜　｜　｜　｜　｜　｜　｜　｜　　　　
水—百　胡　天　鐘　尽　動　氏　孫　成　代—為
｜　｜　｜　｜　｜　｜　｜　｜　｜　｜　｜　｜
失　食　城　中　青—龍　本—元　微　祭　始　司
｜　｜　｜　｜　　　　　　　　　｜　｜　｜　｜
人　水—腸　雄—星—游　初—祖—中　宗—定　海
｜　　　　　　　　　｜　｜　　　　　　　　　｜
代—丹—喰—黒—茫—流　走—姫—羽—魚—臣—東
```

四回目

```
雄—失—王—寄　空—白—建—君　天—為—祖—戈
｜　　　　　｜　｜　　　　　｜　｜　　　　　｜
中—人　土—外　喧—飛　枝—鱠　右—代　初—動
　　｜　｜　　　　　｜　｜　　　　　｜　｜　
天—代　鼓—野　国—称　興—終　壌—始　走—本
｜　　　　　｜　｜　　　　　｜　｜　　　　　｜
命—丹　胡—急　為—後　主—功　法—定　姫—元
　　｜　｜　　　　　｜　｜　　　　　｜　｜　
猿—喰　城—窘—在—竭　翼—工—塡—宗　羽—氏
｜　　　　　　　　　　　　　　　　　　　　　｜
鐘—黒—腸　赤—英　犬　孫　翔—葛　祭—魚—扶
　　　　｜　｜　｜　｜　｜　｜　｜　｜　　　　
青—茫　水　与　公　流　田　生　谷　成　臣—昌
｜　｜　｜　｜　｜　｜　｜　｜　｜　｜　｜　｜
龍　流　食　牛　三—黄　国—天　後　終　東　孫
｜　｜　｜　｜　　　　　　　　　｜　｜　｜　｜
尽　游—百　茫—遂—鶏　世—衡—干　百—海　微
｜　　　　　　　　　｜　｜　　　　　　　　　｜
畢—星—水—流—鼠—丘　治—子—事—周—司—中
```

五回目

孫田国天生翔葛谷後干

衡世治子事周司中微孫

昌臣東海百終**成**祭魚扶

氏羽姫元本走初動戈祖

為天右代始壌法定宗填

工翼主功終興枝鱠君建

白空喧飛称国為後竭在

窘城胡急野鼓土外寄王

失雄中人代天命丹喰猿

鐘黒腸水食百游流茫青

龍尽畢星水流鼠丘鶏遂

茫牛与赤英公三黄流犬

詩の最初をここに置き直せ、と。

ヒントは最初から、まさに最初の二文字に記してあったのだ。

自身の不明を恥じたものの、図形に意味のあることが確信されたのは嬉しかった。

思ったとおり、『野馬台詩』はただの予言詩ではない。蜘蛛の描いた文様は、単なる作者の気紛れではなく、この不思議なパズルを成立させるために作られたものだったのだ。

では、このパズルの「意味」とは何か。

【成】と【白】が動かないということは、この二文字の中にこそ、日本の未来が秘められているということなのか。

それとも、そこに意味などなくて、作者はこのパズルを成立させるため、便宜的《べんぎてき》に漢詩を用いたのか。

いや、文字に意味がないのなら、数字の羅列《られつ》でも良かったはずだ。そうしなかった理由は何か。

「始定」という文字を必要としたためか。予言と図形とは関連性があるのか、ないのか。

パズルであることが明らかになったのは、何より嬉しい。だが、それだけで『野馬台詩』が解決したわけではない。

――いつかは元に戻るはずだ。

友人が試してくれたのは五回までだ。もしかすると何十回目かで、この二文字が動く可能性もある。そして元に戻ったとき、あるいはこの法則が崩れたとき、何かまた新しい事実が浮かび上がるのではないか。

私は試してみることにした。

最初の五回から、十回目に至ったときも【成】と【白】は動かなかった。

これはもう、本物だ。

小躍《こおど》りして喜んだものの、この時点で、私はまた新たな法則が詩に潜んでいることに気がついた。

詩の始点・終点となる文字が、一回一回すべて異なるということだ。

原形の始点は「東」、終点は「空」だが、二回目は「中」「窘」。五回目は「興」「国」。そして、十回目は「司」「竭」となる。

今のところ、ひとつも重ならない。

文字は全部で百二十字だ。それが一回で二文字ずつ消化され、なおかつ【成】【白】が動かないなら、単純な話、『野馬台詩』は五十九回目で元に戻るのではないか。あるいは途中、【成】【白】が動くなら、六十回で戻る。

考えただけでげんなりしたが、それで『野馬台詩』がパズルだと言い切れるなら、安いものだろう。

暇を見つけて、私は地味な作業を繰り返した。

巻末に原形から六十回目までの結果を載せたので、好きな人はじっくりと、面倒くさい人はぱらぱらと目を通していただきたい。

——出てきた結果は、ご覧のとおり。

恐ろしいことに、六十回でも、詩は元に戻らなかったのだ。

二十四回目にして「東」が最初の位置に戻ったときは、相棒《あいぼう》の「空」が裏切っているし、三十回目にして「空」が戻ったときは「東」が旅に出てしまっている。

それどころか、始点終点になる文字に重複までが出始めた。

嫌な予感がした。

しかし、私にはまだ希望があった。百二十、または九十九回目で戻るのでは、といった希望だ。

百二十は単純に、全文字数百二十から導いた数字だ。そして、九十九というのは【成】【白】から連想した。

【白】は白寿《はくじゅ》の祝《いわ》いなどで知られるように、九十九を示す文字でもある。図形の【成】と【白】に言葉としての意味があり、「白にて成る」と読んでいいなら、それは九十九回目で『野馬台詩』が元に戻るという隠しメッセージかもしれない。

私はそんな期待を抱《いだ》いた。

その期待にはもうひとつ、隠れた目論見《もくろみ》もあった。

なぜならば【白】を「九十九」と読み替えるのは、日本固有のものだからだ。

実は『野馬台詩』を知って以来、私はずっと、詩の作り手は日本人ではないのかと疑っていたのだ。

薄いながらも、根拠はある。

伝承では中国の宝誌和尚作とされているが、今のところ中国に残る宝志和尚の資料中、『野馬台詩』は見つかっていない。蜘蛛の描いた模様もない。加えて、唐《とう》の僧侶がなにゆえに、東の小国・日本の未来を予言する詩など書いたのか。それも腑《ふ》に落《お》ちなかった。

吉備真備の物語に基づけば、唐の側が用意した嫌味な難題と考えられよう。だが、あの物語はフィクションだ。実在した高僧が、理由もなく日本の終末を詩に著《あらわ》すのは不自然だ。

だから、作者が真実、宝誌であるならば、予言詩ではなかっただろうし、予言詩としてこの世に出たなら、日本人の手による可能性が大きい。

私はそう推理したのだ。

実際、『野馬台詩』の作者については、宝誌和尚説と、宝誌和尚に仮託した日本人説のふたつがある。

けれども【白】が「九十九」なら、『野馬台詩』は純粋な日本産と決定される。

そんなことを考えながら、相変わらずもたもたと一字一字を移動させつつ、私は期待を募《つの》らせたのだが……。

九十九回でも、百二十回でも、詩は元に戻らなかったのだ。

一応、百二十回目で「東」と「空」は起点終点に戻っている。だが、ほかの文字は滅茶苦茶だ。

九十九回目

青	空	黒	飛	国	**白**	治	世	填	君	終	干
寄	人	英	水	在	犬	微	子	田	功	谷	定
赤	水	鼠	遂	竭	丘	孫	動	魚	工	葛	壌
与	龍	称	急	為	畢	興	主	鱠	生	周	天
百	外	野	胡	星	流	後	建	翔	羽	枝	本
流	鼓	王	命	茫	鶏	戈	百	昌	終	祖	宗
茫	公	喧	天	猿	流	海	国	孫	**成**	代	為
窘	牛	中	失	喰	代	姫	氏	天	祭	始	司
尽	城	鐘	三	後	食	初	右	中	事	法	元
游	黄	雄	腸	土	丹	走	扶	翼	衡	臣	東

百二十回目

青	丹	鼠	牛	龍	**白**	昌	孫	事	谷	生	始
流	尽	公	水	游	失	填	羽	鱠	孫	臣	姫
天	後	英	食	窘	水	中	国	動	走	君	終
命	在	代	人	急	寄	干	戈	宗	周	田	百
流	外	鶏	黄	城	胡	本	葛	翼	元	天	祖
王	土	鼓	赤	猿	空	東	後	世	祭	定	微
茫	百	畢	与	鐘	為	子	衡	代	**成**	興	初
星	称	竭	丘	喰	遂	右	魚	壌	終	治	功
流	犬	腸	三	中	国	司	法	工	天	扶	翔
飛	野	雄	黒	茫	喧	為	枝	氏	海	主	建

――もしかしたら、この時点で詩を読むことで、別の意味が現れるのでは。

そんなことも思ったが、試みに並べてみた文字は、元の詩よりもっと意味の通らない漢字の羅列でしかなかった。

始点終点が戻っただけでは、『野馬台詩』は完成しないのだ。

相変わらず【成】【白】だけは頑《がん》として動く様子がない。一体、いつまで続くのか。戻る。絶対、いつかはすべて元に戻るはずなのだけど……。

苛立《いらだ》つ反面、私は何か空恐ろしいものを感じ始めていた。

『野馬台詩』自体より、これを作った人間に畏怖《いふ》と恐怖を覚えたのだ。

一体、いつの時代の誰が、どのような計算式を用いて、こんなものを編《あ》み出《だ》したのか。

『野馬台詩』の断片が文献上、初めて確認されるのは奈良時代のことという。『江談抄』は平安末期。『野馬台詩』全文が明らかになるのは中世・応仁期《おうにんき》、十五世紀半ばとされる。

その時代にどうやって、こんなものを作り得たのか。

別に、古の人間を侮《あなど》っているわけではない。彼らは科学・数学的思考に長《た》けていた。

一年を約三百六十五日と見るなど、天文学的な基礎の多くは古代に発見されている。河図《かと》や洛書《らくしょ》という易《えき》・八卦《はっけ》の元になった「魔方陣《まほうじん》」と呼ばれる図形も、古代中国の発明だ。円周率もまた然《しか》り。

遙か古代に、天文学、暦や科学の基礎はすべて整えられている。『野馬台詩』もそうした中で出てきたものなのかもしれない。

ただ、『野馬台詩』にどうしてそんな計算式が用いられねばならなかったのか。私は疑問に思うのだ。

深遠な意図が存在するのか、はたまた、ただのお遊びか。今の時点では、まだわからない。

現時点で私が言い切れるのは、『野馬台詩』は単純な未来詩などではないということと、作者が只《ただ》者《もの》ではなかったこと。そのふたつの点だけだ。

三

手作業で百二十回目までをこなしたものの、私はこれ以上、この作業を続けることに限界を感じた。しかし、馬鹿みたいに毎日毎日、文字を移動させたお陰で、その移動に揺るがない法則があるのが見えてきた。

「野馬台詩　巻末資料」に、再び目を通していただきたい。

二十四回毎に「東」が始点に、三十回毎に「空」が終点に戻っていることがわかるだろう。同時に右端上の「始」等、いくつかの文字が周期毎に、定位置に戻ることが確認できる。

その文字をここに取り出してみよう。

一定の文字だけが、一定の動きをしているのが見えてくるはずだ。

同時に、右半分と左半分の文字は各々その枠内でしか移動しないことも判明した。上部の線で繫がってはいるものの、左右は別々の法則で循環《じゅんかん》して動いている。

ゆえに、この先は図をふたつを分けて考える。仮に前半、右半分を【成】のグループ、後半の左半分を【白】のグループとして、話を進めることにしたい。

まずは始点に「東」を持つ、前半【成】について見てみよう。

「野馬台詩　巻末資料」から確認すると、「東」が詩の始点に戻る二十四回毎に、最初の位置に戻る文字は、不動の【成】を除いて二十六字。

そのうち、二十四文字は詩の始点を務める漢字だ。

【成】の前後にある「祭」「終」だけは、一度も始点に来ない。だが、巻末資料を見ればおわかりのとおり、このふたつの文字の動きは一回毎に【成】を挟んで、上下が逆転しているだけだ。そのため、二十四回目には定位置に戻っているというわけだ。

そして、この「祭【成】終」を除いた二十四字は、ひとつのグループを作って循環している。

これが前半の法則だ。

以下、便宜的に数字を振って、文字の動きを図

周期毎に戻る文字　一覧

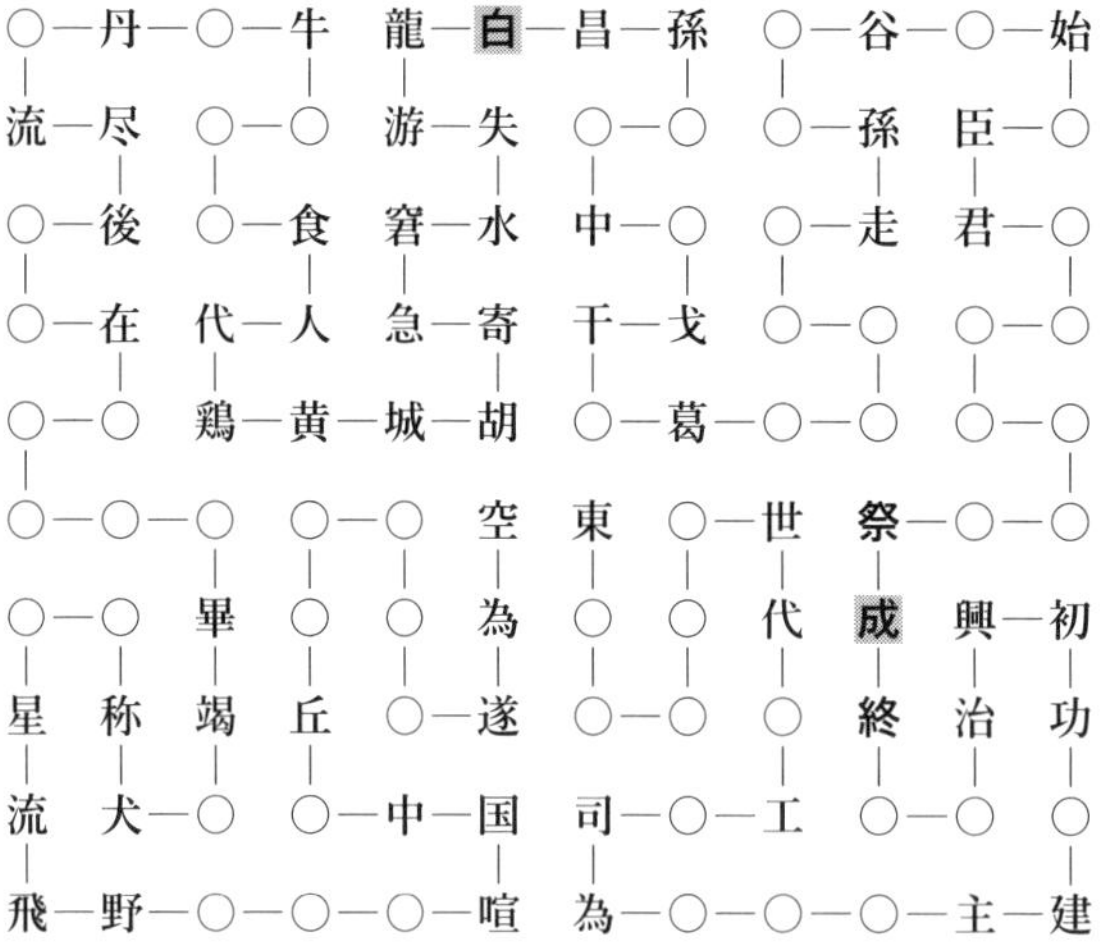

にしてみよう。[1]

①の文字は、次に②の場所に移り、②は③に……と考えていただきたい。

次に、後半【白】を見てみよう。

後半は三十回毎に、不動の【白】を除く三十五文字が、最初の詩の位置に戻る。そのうち、三十字と五文字はそれぞれのグループとなって循環している。[2]

こちらも数字で表してみた。

はなはだ複雑な動きだが、曖昧《あいまい》なところはどこにもない。

これが規則だとすると、詩の始点と終点に関わらない残りの文字も、いくつかのグループを作り、循環している可能性がある。

任意《にんい》の文字を決めて移動を追うと、案の定、答えはすぐに出た。

前半【成】では、番号を振らなかった残りの三十三文字すべてが、三十三回毎に元に戻る。しか

[1]

前半【成】

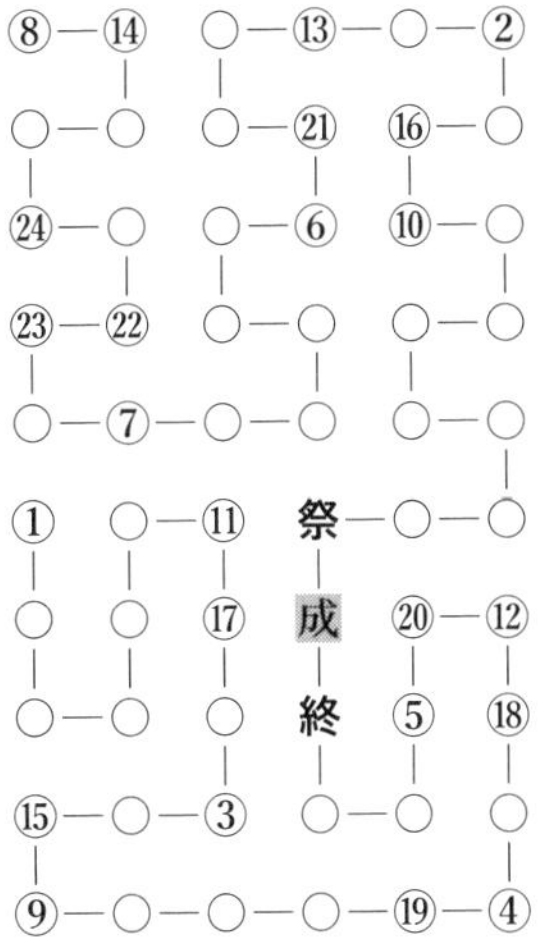

も、始点を務めるグループが元に戻る二十四回毎、これらの文字列はまた別の法則によって循環していることがわかったのだ。

即ち十一文字が三つのグループを作り、二十四回に一文字ずつ、新たな移動と循環を繰り返すのだ。3

後半【白】にはまた、別の法則がある。

詩の終点（原形の「空」の位置）に来ない文字は、七文字と十三字のグループに分かれて循環する。

そして、それとは別に、二×二パターン「赤・与」「天・命」の四文字が、上下入れ替わりを繰り返して動いていることが判明した。4

なんという複雑さ。そして、なんという面白さ！

これらの文字の動き方にも、きっと意味があるのだろうが、私には手に負えなかったので、解釈はのちの人に任せたい。

だが、『野馬台詩《やまたいし》』が予言詩という形を用いた

2

後半【白】第一グループ（三十字）

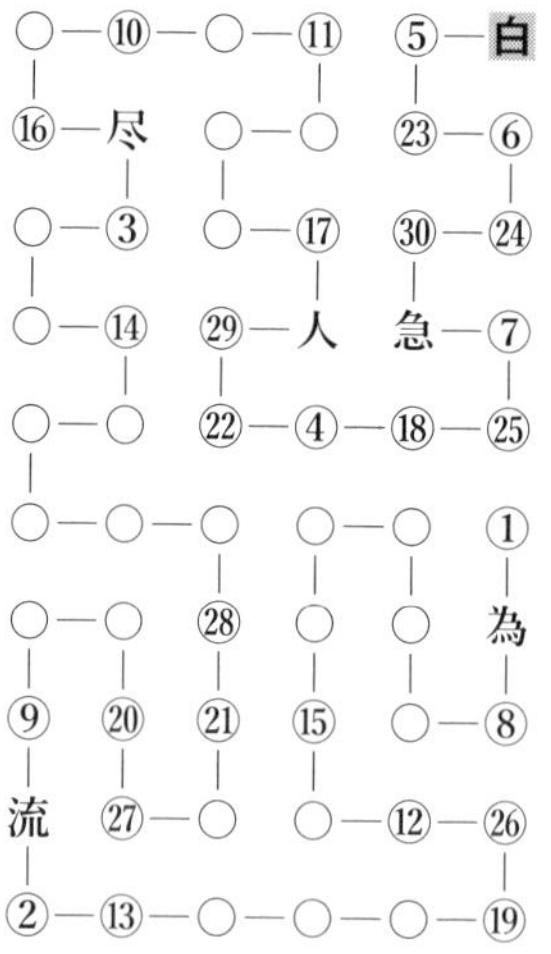

後半【白】第二グループ（五字）

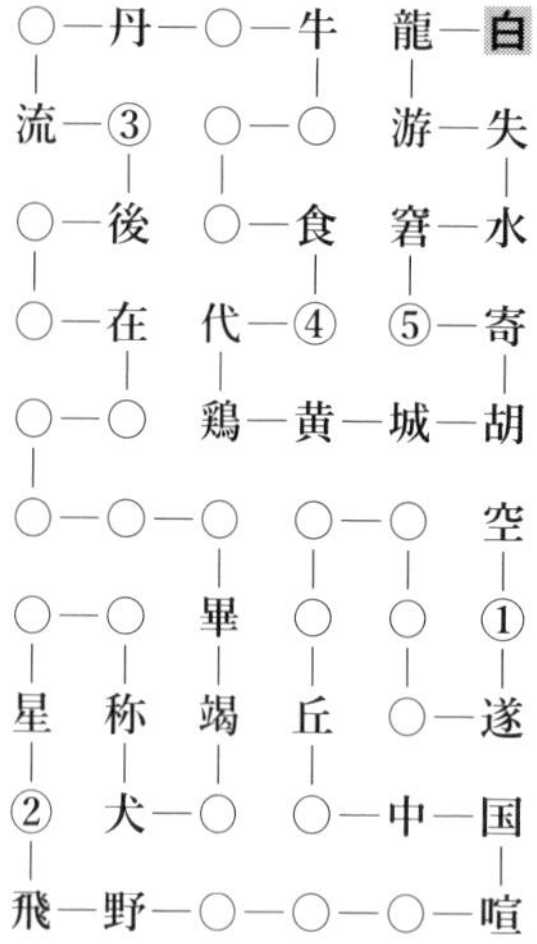

3

前半【成】第一グループ（十一字）

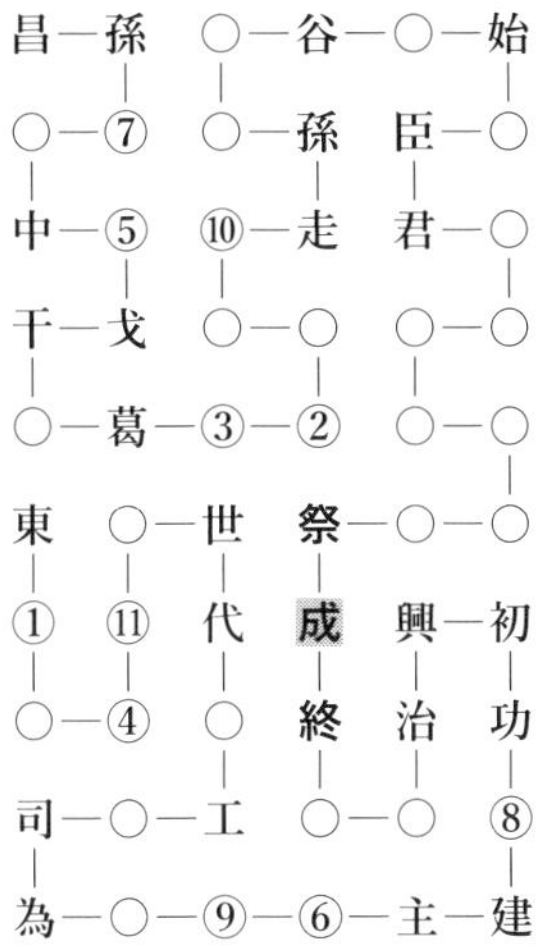

前半【成】第二グループ（十一字）

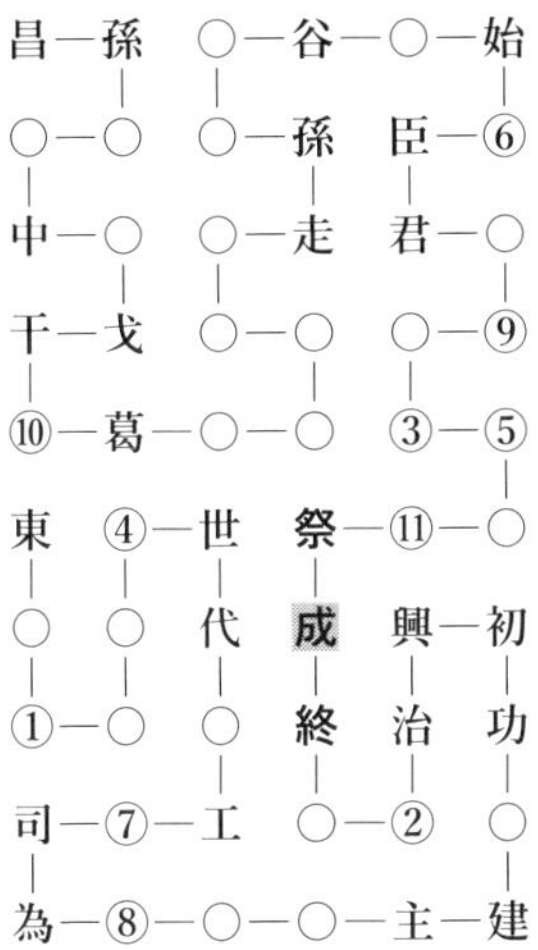

前半【成】第三グループ（十一字）

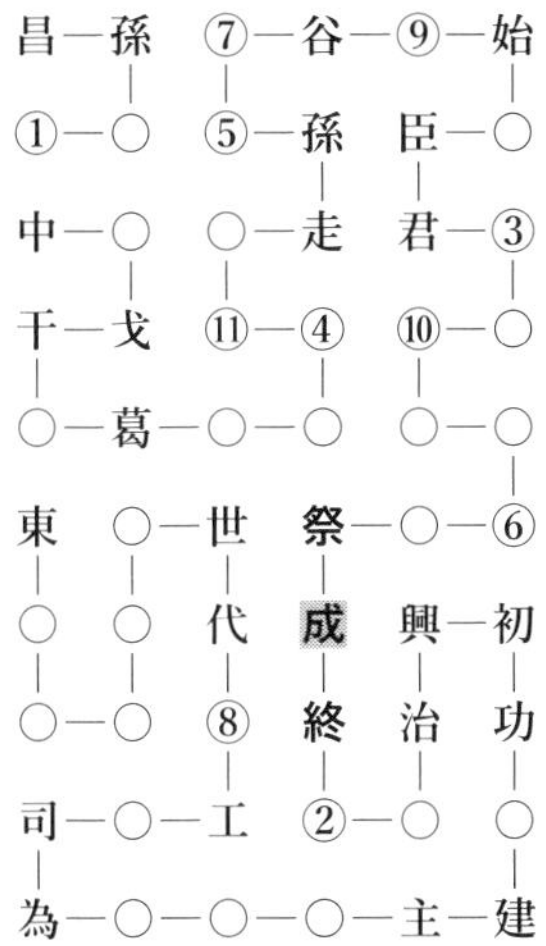

4

後半【白】第一グループ（七字）

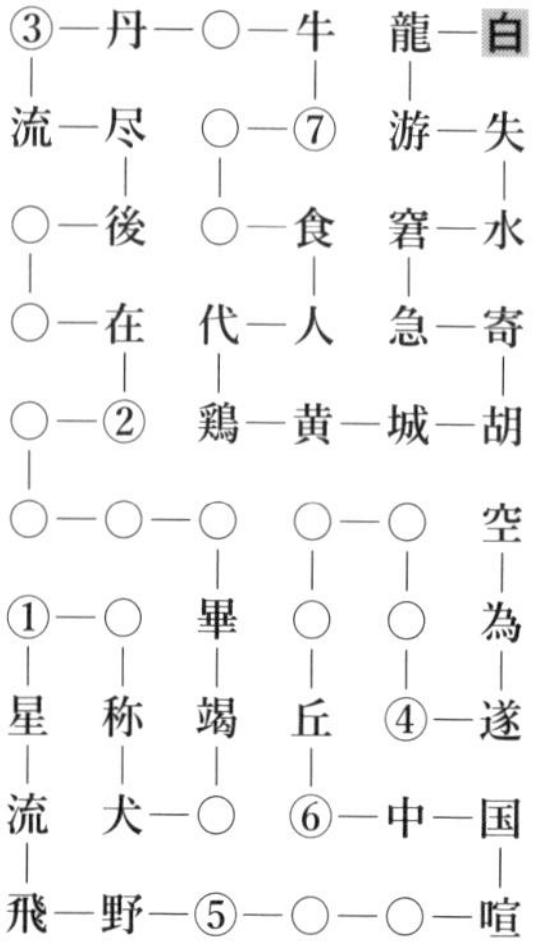

後半【白】第二グループ（十三字）

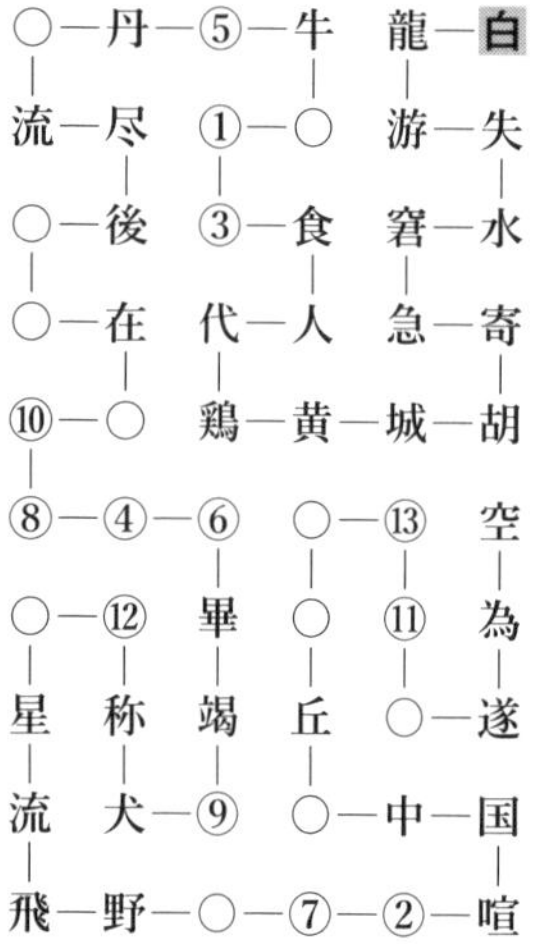

後半【白】「赤与」「天命」

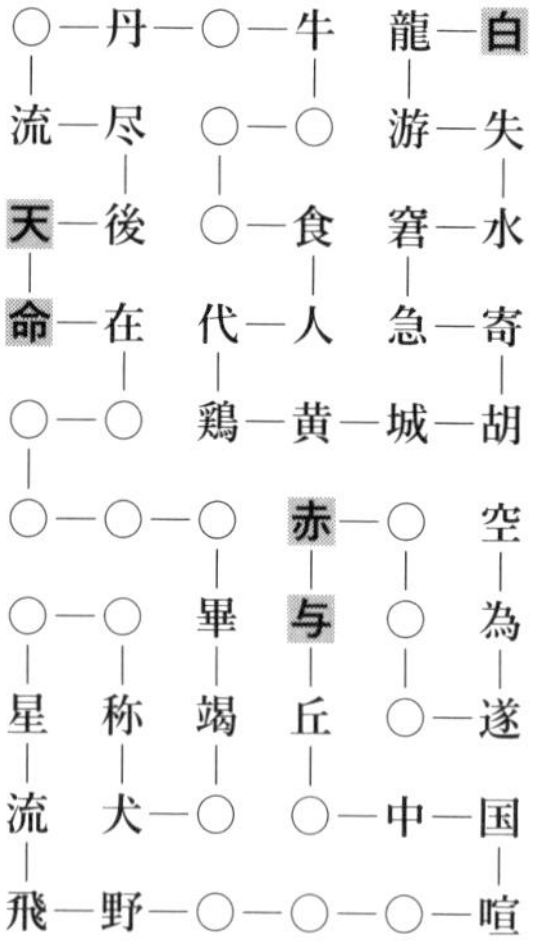

後半【白】「与赤」「命天」

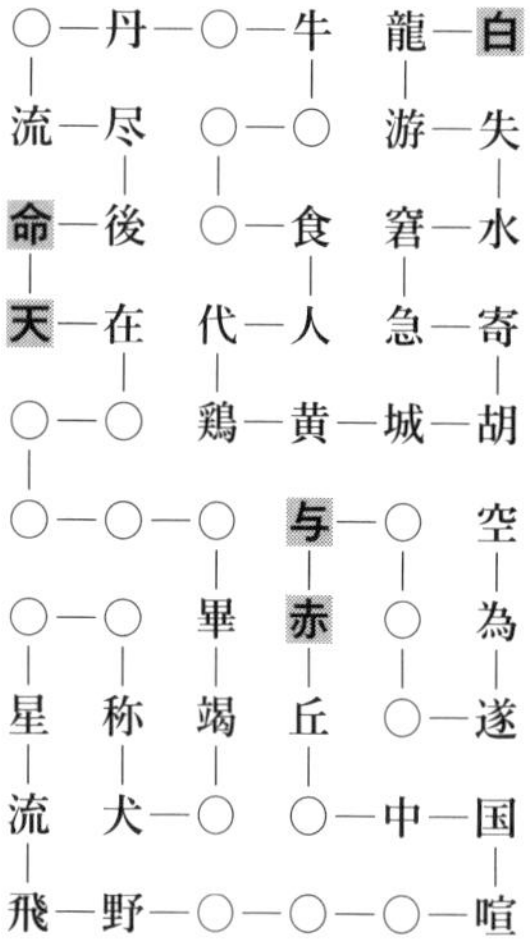

古代のパズルだったこと。それは断言してもいいだろう。

私はすっかり興奮した。が、ここで話を終わらせてしまうわけにはいかない。文字の動き方が判明したからには、最初の疑問に戻らねばなるまい。

――何度目で、元に戻るのか。

幸い、この程度の計算ならば、算数が苦手な私にもなんとか手に負えた。しかし、私同様に苦手な人もいるだろうから、ここは丁寧《ていねい》に説明しよう。

前半【成】

二十四回毎に「東」が始点に戻る。

また、二十四回毎に「祭【成】終」及び詩の始点になる文字を含んだ二十七文字が、最初の位置に戻る。そのとき、定位置に戻らない文字は三十三。

この三十三文字は（十一字グループ×三）は「東」が始点に十一回戻ったときに、最初の位置に戻る。そのとき「祭【成】終」は反転していない。

24 × 11 = 264

後半【白】

三十回毎に、【白】及び詩の終点となる文字を含んだ三十六文字が最初の位置に戻る。

その他の文字は二十四。

一度も終点に来ない文字二十四字は、七文字と十三文字に分かれ、その文字数と等しい回数で循環する。

13 × 7 = 91

しかし、九十一回目は「赤・与」「天・命」の四文字が上下逆転しているため、元に戻るのは、

91 × 2 = 182

更に「空」が終点に戻るのは、三十回毎となるため、後半が完全に復元されるのは、

30 × 182 = 5,460

30と１８２の最小公倍数は5,460 ÷ 2 = 2,730

この前半【成】と後半【白】を単純に掛けると、

264 × 5,460 = 1,441,440

【白】の最小公倍数２７３０を掛けた場合は、

$264 \times 2{,}730 = 720{,}720$

そこから求められる全体の最小公倍数は、

120,120

つまり、十二万百二十回目で『野馬台詩』は完全に元に戻るというわけだ。

……本当に、本当に、手作業でやろうなんて思わないでよかった。あのままアナログで続けていたら、一生が終わるところだった。

さすがに制作者も実際、十二万百二十回やってみたわけではないだろう。その謎の人物もまた、色々な計算式を駆使《くし》して、これを作ったに違いない。

しかし、この数に至る図形を、あの魅力的で不思議な形を、如何《いか》なる手続きで作り上げたのか。

私にはまったく想像できない。

四

——十二万百二十回。

私は出てきた数字を眺めた。

意味ありげな数である。いや、ここまで手の込んだことをして出てきた数字が、無意味であるはずはない。

パズルというのは、解《と》けたら答えが出てくるものだ。

ならば『野馬台詩《やまたいし》』の答えはどこにあるのか。これをどう、解いていくべきか。

新たな謎を前にして、私は改めて腕捲《うでまく》りをした。

どこまで力が及ぶのか、はなはだ自信がないけれど、こうなったら、やるしかないだろう。

一旦、図形から離れ、私は数字の列を睨《にら》んだ。

キーワードのいくつかは、既にある。「七二〇七二〇」と「一二〇一二〇」。

この数を見て、真っ先に私が想起したのは、暦の数字だ。

「十二」は一年十二カ月。

そして「七十二」から連想したのは、古代中国の季節を表す表記のひとつ「七十二候《しちじゅうにこう》」だ。

理由のない、ただの直感ではない。

既に『野馬台詩』の計算式には、暦と関わる数字がいくつか登場している。

前半【成】にて「東」が始点に戻るのは、二十四回毎だった。後半【白】にて「空」が終点に戻るのは三十回毎。

二十四は二十四時間、または「立春《りっしゅん》」「冬至《とうじ》」などを表す二十四節季《にじゅうしせっき》の数に等しい。七十二候は二十四節気を更に分けたものになる。

また三十は、古代中国の暦における、ひと月の日数と重なってくる。

大体、詩の詞章《ししょう》自体、五言《ごごん》二十四句《く》という形式で成立しているのだ。出てきたすべては暦の数だ。

とはいえ、ここで結論を押しつけてしまうわけにもいくまい。

暦なら暦でいい。けれど、そう言い切るためには、もっとはっきり確信を得たい。これらの数字が、または『野馬台詩』全体が、暦に関係するという証拠がどこかに隠れていないか……。

最早《もはや》、ここまで来ると意地というか、気分は勝負に近かった。

どこまで解けるか。どこまで謎は深くなるのか。この先、如何《いか》なる仕掛けが待つのか。

『野馬台詩』作者との知恵比べだ。

正直、私は興奮していた。

古代の埋《う》もれた財宝を発見したような心持ちだ。

詩と図が宝誌和尚《ほうしわじょう》作なら約千五百年、『野馬台詩』全文が明らかになってからなら五百年超。誰も解けなかった謎の一端を、宝の洞窟の入り口を見つけることができたのだ。

嬉しくないわけがない。しかし、お宝のある洞窟は深くて、その全貌《ぜんぼう》は摑《つか》めない。

どこから、どう攻めるべきか。

悩んだ結果、私は原点に戻ってみることにした。

「吉備入唐間事」だ。


改めて、先に記した訳文を読んでいただきたい。

一読、この話がいくつかのパートに分かれていることがわかるだろう。簡単にまとめると、以下のようになる。

①　鬼の出現
②『文選《もんぜん》』解読
③　囲碁《いご》の勝負
④『野馬台詩』解読
⑤　双六《すごろく》による日月《じつげつ》の封印〜帰朝《きちょう》

話を何度も読み返すうち、私はこれらの難問には共通点があり、ひとつの大きなテーマの中に括《くく》れることに気がついた。

唐との勝負の中には抽象的な「時」——暦が隠れていると確信したのだ。

順を追って説明しよう。
①のプロローグは置いておく。最初の勝負は②。『文選』解読だ。
講義を聴き終わった吉備真備《きびのまきび》は、鬼に頼んで「古暦」を持ってこさせる。そして、それに文章を書

き散らすことで、彼は『文選』が昔から日本にあったと思わせて勝利する。

「古暦」は当然、昔の暦だ。昔の暦とは、即ち過去の時間の進行表だ。

そこに記されていたからこそ、唐の役人は『文選』が記された時間を「過去」とみなした。

つまり、最初の難問は「過去」によって解かれたと言っていい。

次は③。囲碁の勝負だ。

試合において、真備は「持《じ》」を考え出し、黒石を呑むことで勝利する。

「持」とは囲碁用語で引き分けを言う。また、囲碁では上位者が黒を持ち、下位を白とする。いわゆる玄人《くろうと》・素人《しろうと》の語はこれが語源となっており、唐側が日本を白としたのは、己の優位を示すためだ。

だが、この話、よく考えるとかなりおかしい。

真備が囲碁をマスターしたなら、わざわざ「持」に持ち込んで石を呑むようなことをせず、堂々と勝てばいいだけだ。しかし、物語の語り手はどういうわけか「持」にこだわった。そして黒石を真備に呑ませて、更なる窮地《きゅうち》に追い込んでいく。

一体、どういうことだろう。

囲碁は遊具である以前、「日置盤《ひおきばん》」と呼ばれる暦を表す道具だった。

歴史的には、現在の十九路盤《じゅうきゅうろばん》の前に十七路盤《じゅうななろばん》があるのだが、十七路盤は紀元前でほぼ絶えているので、ここでは物語の時代設定に合わせて、十九路盤について見ていきたい。

十九路盤は縦横各々十九の線が引かれた碁盤で、碁石を置く線の交差点は十九×十九＝三百六十一点存在する。

この数字は、囲碁においては一と三百六十に分けられる。盤の中央にある点、即ち「天元《てんげん》」を宇宙の根源、太極《たいきょく》とみなして一を取り、残りを三百六十とするのだ。

そして、北極星の周辺をすべての星が巡るごとくに、三百六十点は天元の周囲を移動するもの――移り変わる四季とみなされる。

ひとつの季節は九十日。

古代中国において、三百六十は一年を表す。

現在の認識とは開きがあるが、この時代の天文学が未発達だったわけではない。

西暦八十二年頃成立した『漢書《かんじょ》』では、既に一年は三百六十五日と四分の一と記されている。地球の公転周期は三六五・二四二二日（理科年表より）なので、ほぼ正確な数字と言えよう。

しかし、数の象徴的解釈にこだわった中国の哲《てつ》理《り》の中において、一年は三百六十とされたのだ。

碁盤《ごばん》の構造は、この中国の思想にて表現されて

碁盤

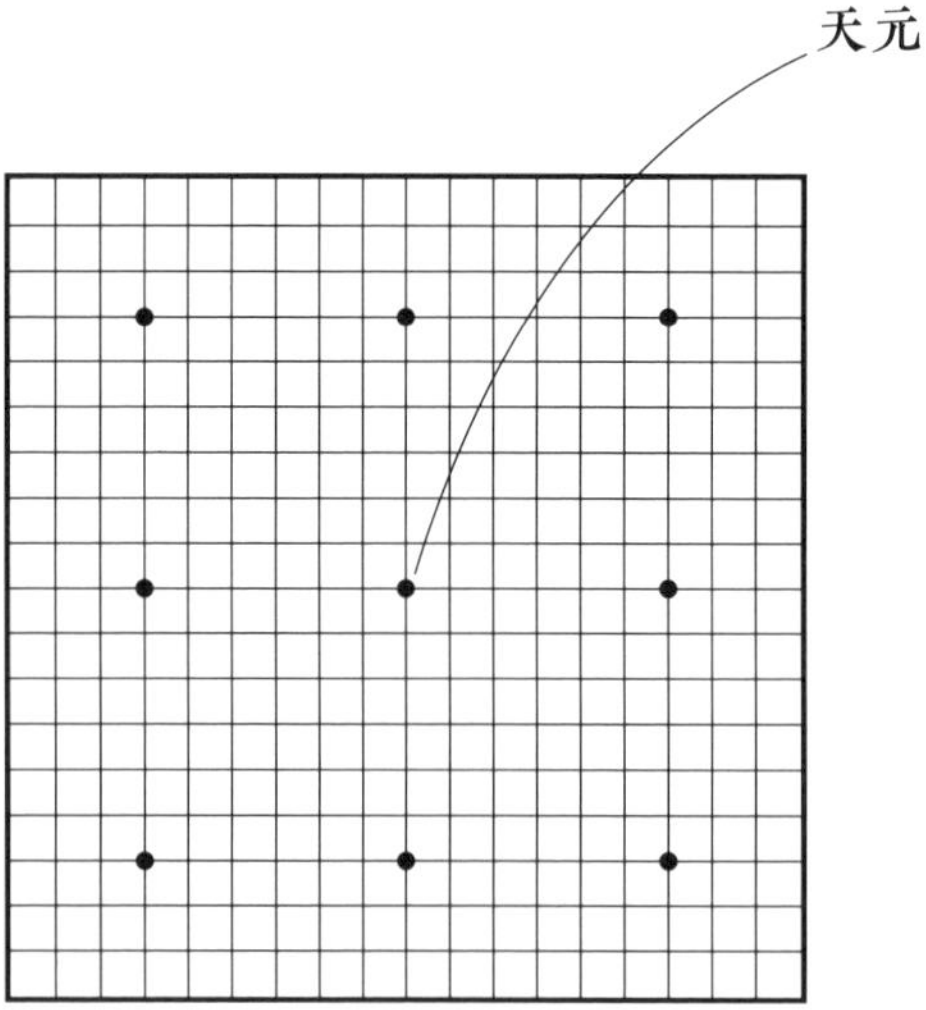

いる。

三百六十という数は「周天《しゅうてん》」即ち円の度数、三百六十度にも等しいものだ。

それを記した盤の外周は、十九路×四＝七十六。交わる点が四隅あるので、四を引いて七十二路となる。

七十二路は、前述した七十二候に相当する。

改めて解説するならば、七十二候は「立春」や「冬至」などの二十四節気を更に区切って、時候の変化、季節の移り変わりを表したものだ。日本で最も知られているのは、植物の名でもある「半《はん》夏生《げしょう》」だろう。

また、七十二候は、一年を五日毎に区切ったものでもある。ゆえに外周七十二路は、七十二×五日＝三百六十日。暦における一年の日数と、これまた等しくなっている。

まさに、碁盤は暦の道具。そして、囲碁は宇宙そのものを凝縮《ぎょうしゅく》した遊戯《ゆうぎ》でもある。

なぜなら、時を刻した碁盤は大地をも表しているからだ。

中国では「天円地方《てんえんちほう》」と言い、天は丸く、大地は四角いものとされてきた。天は動き回る動であり、地は動かない静となる。天動説的な考え方だ。

それに則《のっと》り、大地である碁盤は四角く、上を動く天は円《まる》い碁石となる。

碁石の黒白は陰陽《いんよう》を表し、石の数は白が百八十、黒が百八十一で、その合計はまたも三百六十一となり、盤石《ばんじゃく》な大地の上を移ろう星と時間を象徴している。

——説明が長くなってしまったが、これで私が「持」にこだわる理由が見えてきたと思う。

結論は簡単。囲碁は暦だ。

そこで陰陽の数が一致する「持」は、過去でも未来でもない現代、即ち「今」という時を表しているのではなかろうか。

真備が黒石を呑み込んで、碁石の総数を陰陽等しく三百六十としたのもまた、同じ理由に依《よ》るのではないか。

囲碁の難問は「今」を表す。私はそう考えたのだ。

さて。『文選』が過去、囲碁が現在となると、④の『野馬台詩』については、自ずと答えは導き出されてくるだろう。

『野馬台詩』は予言詩として紹介されている。物語作者もそれを承知した上で、この詩をここに持ってきたのだ。

単純に言えば、『野馬台詩』は「未来」を表す。

となると、過去・現在・未来ときた最後の⑤、双六《すごろく》による日月の封印〜帰朝は何を表しているのだろうか。

実は双六もまた囲碁と同様、暦・宇宙を模した遊具のひとつなのだ。

くどくなって恐縮だが、双六についても説明しておこう。

私たちが今、双六と言ったときに想像するのは、いわゆる絵双六というものだ。賽子《さいころ》を振って、その目の数だけ進んだところに記されている文を読み、「風邪をひいたので一回休み」となったり「電車に乗って三駒《こま》進む」となったり……。盤上の設定に沿って駒を進めて「上がり」を目指す。この遊びは比較的近代になって出てきたものだ。

しかし、『野馬台詩』に記されている双六は別物だ。

盤上遊戯《ばんじょうゆうぎ》なのは同じだが、ルールはバックギャモンに近く、賭博性《とばくせい》も兼ねている。

中世までは双六と言えばこちらであり、正倉院《しょうそういん》の宝物にも螺鈿《らでん》の双六盤《すごろくばん》が遺《のこ》されている。

絵双六と分けるため、現代では前者の表記を「双六」、バックギャモン風の遊戯を「雙六《すごろく》」と書き分けているが、ここでは原文に従って、「双六」と記していきたい。

双六は、十二の枡目《ますめ》が二列に並んだ盤面に、白黒各十五個ずつの駒を二個の賽子を使って進める遊戯だ。

盤は長方形、駒は円い。

ここまで記せばもう、囲碁で語った「宇宙」の簡略版が、双六であることが理解されるに違いない。

双六盤

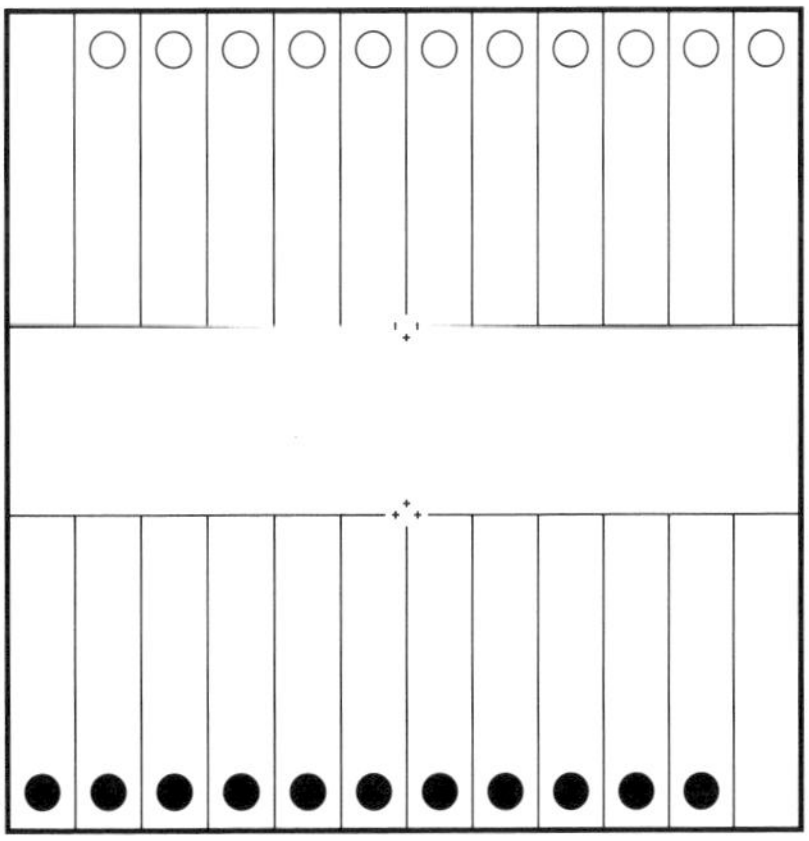

十二の枡目は十二カ月、それを二列に並べて二十四節季。白黒各十五個の駒は陰陽であり、総数三十はひと月の日数となる。

その盤上に賽《さい》を置き、筒で覆い隠すことで、吉備真備は日月を封じた。

双六で用いる賽子は二個。一から六までの数字が振られたそれは、ふたつ合わせて十二になり、これまた一年の月に等しい。

真備はこの賽子を楓《ふう》の盤の上に置き、棗《なつめ》の筒を被せたのだ。

しかし、それでなぜ日月が封じられるのか。賽子に筒を被せるのは、普通に遊ぶ行為と同じだ。吉備真備が特別な力を持っていたためか。

いや、これにもきちんとした理屈がある。わざわざ限定して記された木材によって説明がつくのだ。

棗と楓は、陰陽道《おんみょうどう》の占いである六壬《りくじん》――式占《しきせん》の道具である式盤《しきばん》に用いられるものだ。

式盤は天円地方の考えに則り、円形の天盤と方形の地盤を組み合わせ、暦を元に天盤を回転させて占う道具だ。

天盤には北斗七星や二十八宿《にじゅうはっしゅく》の星、地盤には方位や十二支などが記されており、これ自体、時間と宇宙の雛形《ひながた》となっている。

そして、その天盤は楓の瘤《こぶ》である「楓人《ふうじん》」、地盤は雷に撃たれた棗の木で作ることと定まっている。

ここで言う楓は私たちが知るカエデではなく、マンサク科フウ属の樹木だ。樹脂《じゅし》には特有の香りがあり、中国では「楓香脂《ふうこうし》」という名の生薬《しょうやく》として用いられているという。

一方の棗は桃と同じく、不老長寿を司《つかさど》る女神・西王母《せいおうぼ》に関連づけられる樹木で、特に雷に打たれた

「雷震棗木《らいしんそうぼく》」または「霹靂棗木《へきれきそうぼく》」と呼ばれるものは、霊験《れいげん》あらたかで邪気《じゃき》を祓《はら》うものとされた。

いずれも霊力の強い木だ。

真備はそれら、式盤の素材となる木を用いたのだ。

だが、再度、注意深く見てほしい。

式盤の楓は「天」、棗は「地」だ。

吉備真備の双六盤は、棗の筒に楓の盤。天地が逆になっているのだ。

――まさに天地をひっくり返す。

つまり、吉備真備は双六を使って天界を地の下に置き、一年十二カ月の時を表す賽子を地中に隠してしまったわけだ。

式盤を知る人なら、にやりと笑って膝《ひざ》を打つか、記された呪法とその効果に深く得心《とくしん》したはずだ。

それを唐側の懇願《こんがん》で元に戻して、天地の理《ことわり》は蘇る。

混沌《こんとん》に帰《き》した宇宙が再び調《ととの》うこのエピソードは、死と再生の模倣《もほう》にも等しい。

まさに、物語のクライマックスに相応《ふさわ》しい仕掛けと言っていいだろう。

「吉備入唐間事」は、この四つのエピソードにて、過去・現代・未来・終末から宇宙の再生という壮大なドラマを表現しているというわけだ。

加えて、宇宙・暦を巡るこのドラマは、紛れもなく陰陽道の物語でもある。

説明するまでもなかろうが、陰陽道とは古代中国の陰陽五行説《いんようごぎょうせつ》に基づいて、天文・暦数《れきすう》・卜筮《ぼくぜい》・風《ふう》水《すい》などを扱う方術《ほうじゅつ》のことだ。日本にもかつては陰陽寮《おんみょうりょう》という公的な専門部署があり、それを担《にな》った代表的な家系として、伝説的陰陽師・安倍晴明《あべのせいめい》を出した安倍家と名門賀茂《かも》家が両立していた。

第二章で記したように、物語の主人公・吉備真備は、賀茂家の初代、吉備麻呂《きびまろ》と同一人物とされている。そして子孫の成りゆきを案じる鬼は、遣唐使《けんとうし》として唐に赴《おもむ》き、戻ることなく死んだ人物――即ち阿倍仲麻呂《あべのなかまろ》であり、陰陽家《おんみょうけ》安倍の祖先とされる人物だ。

「吉備入唐間事」はこれら安倍・賀茂という、二大陰陽家の祖を主役に据えた物語とも読み解けるのだ。

現在、陰陽師は呪術者としての側面が強調されているが、官人としての彼らの務めは、主に天文観測と暦の作成にあった。言うならば、陰陽師は「時」を掌握《しょうあく》する人々でもあったのだ。

その一族の祖ふたりを主役に、「吉備入唐間事」は過去から未来、宇宙の再生までを語っていく。端正《たんせい》かつ壮大な物語ではないか。

そして、その美しい仕掛けの中に『野馬台詩』は据えられているのだ。

五

「吉備入唐間事」には「時」が隠れている。

そこに思い至った私は、この考えを『野馬台詩《やまたいし》』にも応用できないかと考えた。

前節にて語ったごとく、『野馬台詩』を単純に「未来」の象徴とする読み方もある。これが予言詩とされたのも、同じ認識によるものだ。

間違いとは思わない。だが、それだけでは『野馬台詩』にて導き出されてきた数が、あまりに無意味というか、もったいない。

一二〇一二〇

これもまた「吉備入唐間事」で読《よ》み解《と》くことはできないだろうか。

私はそう考えた。

物語には、過去から未来への大きな時間が流れている。

『野馬台詩』の中で見えてきた十二の数が、考えたとおりに一年を示しているのなら、この「未来詩」にも、もっと多様な「時」が隠れていてもいい。

図形に意味を見出したときから、私は『野馬台詩』は内容以上に、循環《じゅんかん》によって出てくる数に意味があるのではないかと疑っていた。

いや、意味というと正確ではない。作者が隠したのは、なんらかの方式だ。作者は『野馬台詩』に隠した方式を、真備《まきび》に課した難題同様、読者への挑戦としたに違いない。

詩の最初の二文字「始定」に気がつけば、地道に文字を並べ替え、数を導くことは可能だ。しかし、出てきた数をどう読むか。

それを解くには、あまりにも、このままではヒントが少ない。そのヒントこそが、本文の中に隠れているのではないか。

私はそう考えた。

元々、私は「吉備入唐間事」には『野馬台詩』の詩と図そのものが添付されていたと推測している。

『野馬台詩』は当時の知識階級にも、そうそう知られたものではなかった。

現に『江談抄《ごうだんしょう》』の聞き手である藤原実兼《ふじわらのさねかね》も、別の話の中で『野馬台詩』はまだ見たことがないと語っている（類聚本系『江談抄』第五・七十二）。

今でこそ注釈書には図が添えられているけれど、それを見ないまま、物語だけを読んでも多分、面白味は半減しよう。

『江談抄』は類聚本系《るいじゅうぼんけい》、古本系《こほんけい》と分かれているが、いずれも完本とは言い難い。少なからず、散逸《さんいつ》した部分はあったに違いない。『野馬台詩』の図そのものも、そこに紛れてしまったのではなかろうか。

なぜ、そう思うかというと、繰り返しになるが「吉備入唐間事」の中にこそ『野馬台詩』の「数」を解くヒントがあると考えるからだ。

手がかりは『江談抄』原文の中にある。

物語の内容でも、現代語訳でもなく、漢文で記された原文そのものの中に秘められている。

その原文を見直す前に、いま一度、暦に使われる数の整理をしておきたい。

囲碁《いご》で挙げたものがほとんどだが、今後の便のために繰り返しておく。

ちなみに、これまたくどいようだが、以下に挙げる数は飽《あ》くまでも、古代中国の宇宙観に則《のっ》った暦の数だ。現代天文学で用いられるものとは、異なっていることを了承されたい。

三六〇　一年の日数。

三〇　一月の日数。

一二　一年の月数。
九〇　春夏秋冬の一季節。
二四　二十四節季《にじゅうしせっき》。
七二　七十二候《しちじゅうにこう》。二十四節気を更に三分割したもの。五日間に相当。
一五　二十四節季の一節季から次の節季までの日数。即ち半月。
六〇　十干十二支《じっかんじゅうにし》の組み合わせ。
九　数の極《きょく》。すべての数字が零《ゼロ》を除いた一～九で表されるため。
五五　河図《かと》の総数。または、天地の総数一～十を和したもの。
四五　洛書《らくしょ》の総数。

九は数の極であると同時に、暦との関連で考えるなら「九宮《きゅうきゅう》」を示すとも考えられる。

「九宮」というのは、気学や易学で重要視されるもののひとつで、年末年始に販売される暦にて、一白水星《いっぱくすいせい》・二黒土星《じこくどせい》……と続く九星占《きゅうせいうらな》い、そして方位の吉凶の原理となっているものだ。

その元々は太一《たいいつ》（太極）、即ち陰陽《いんよう》の元となる形無き「万物の源《みなもと》」を中央に、八卦神《はっけじん》のいる八宮を周囲に配したことに始まる。

先程の「吉備入唐間事」中、囲碁の様子を尋ねた真備は、三百六十目を数えた楼《たかどの》の天井に聖目《ひじりめ》を記したはずだ。

「聖目」とは、碁盤の上に記された九つの黒い点を指す。中央「天元《てんげん》」と、それを等間隔に囲む八つの点だ。

中国的宇宙そのものの図であり、九宮図《きゅうきゅうず》もまた同様だ。また、九宮は上下左右の数の和がすべて十五になるという、魔方陣《まほうじん》と呼ばれる図形でもある。

これに先んじて、古代中国の宇宙観を表す基盤《きばん》となったのが、五十五、四十五の数を持つ「河図」「洛書」と呼ばれる図形だ。

伝説に依《よ》れば、「河図」の図は黄河《こうが》から現れた竜馬《りゅうめ》の背にあり、「洛書」の図は洛水《らくすい》という川から現れた神亀《しんき》の甲羅《こうら》にあったとされる。

このふたつは易《えき》・八卦の基になり、「洛書」は九宮にも通じている。

詳しい説明は省略するが、参考のために図は載せておく。

気学《きがく》や易学《えきがく》の書を繙《ひもと》けば、必ず出てくるものなので、興味のある方は改めて専門書を当たっていただきたい。

九宮図

四緑	九紫	二黒
三碧	五黄	七赤
八白	一白	六白

河図

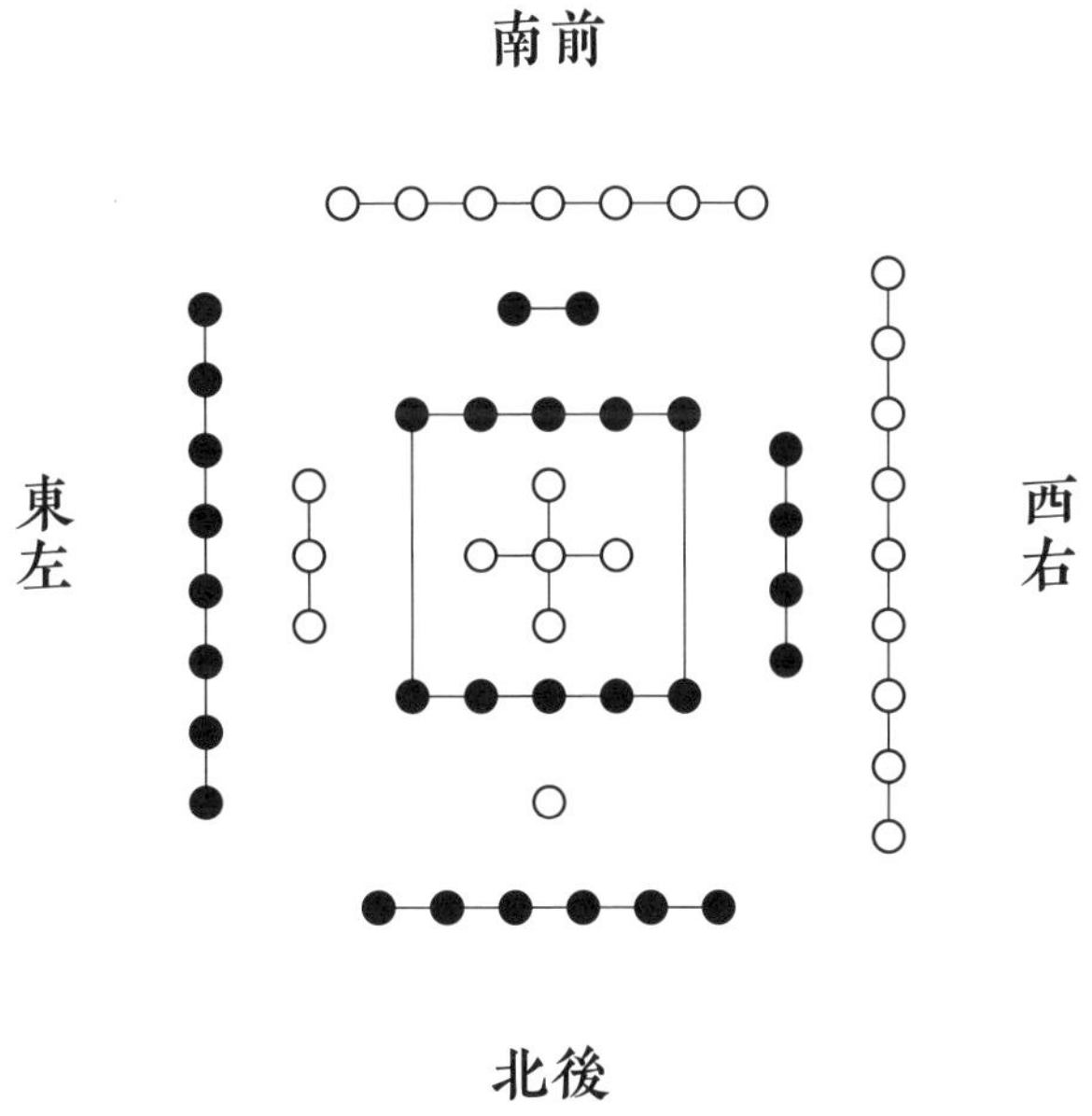

洛書

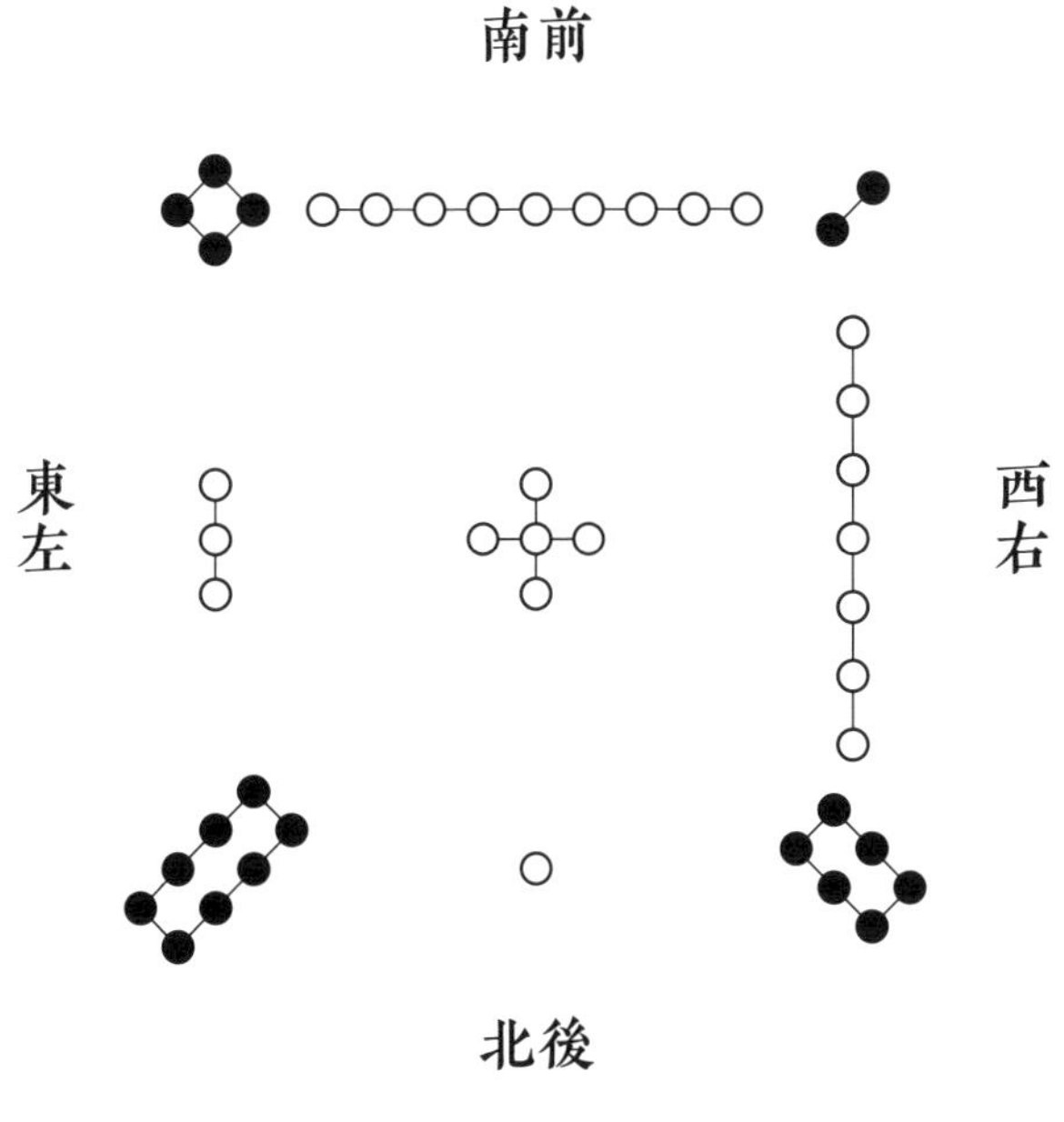

これらを頭の隅に置き、原典「吉備入唐間事」を見直してみよう。
原文は『類聚本系《るいじゅうぼんけい》　江談抄注解《ごうだんしょうちゅうかい》』（江談抄研究会／武蔵野書院）を転写した。
読まずともいいので、ざっと目を通していただければ幸いだ。

「吉備入唐間事」原文

吉備大臣入唐習道之間、諸道芸能博達聡慧也。唐土人頗有恥気、密相議云、我等不安事也。不可劣先普通事。日本国使到来、令登楼弖令居。此事委不可令聞。又件楼宿人多是難存。然只先登楼可試之。偏殺左ハ不忠也。帰ハ又無由。留天居ハ為我等頗有恥ナント議天令居楼之間、及深更風吹雨降鬼物伺来。吉備作隠身之封不見鬼天、吉備云、何物乎。我是日本国王使也。王事靡盬、鬼何伺ヤト云ニ、鬼云、尤為悦。我モ日本国遣唐使也。欲言談承ト云ニ、吉備云様、然ハ早入レ。然ハ停鬼形相可来也ト云ニ随天鬼帰入天著衣冠出来相謁。鬼先云、我是遣唐使也。我子孫安倍氏侍ヤ、此事欲聞于今不叶也。我ハ大臣ニテ来テ侍シニ、被登此楼テ不与食物シテ餓死也。其後鬼物ト成ル。登此楼人尓無害心イヘトモ自然ニ得害、如此相逢欲問本朝事不答シテ死也。逢申貴下所悦也。我子孫官位侍リヤ。吉備答某人、々々官位次第子孫之様七八許令語。聞大感云、成悦聞此事尤極也。此恩ニ貴下ニ此国事皆悉語申サント思也。吉備大感悦尤大切也云々。天明鬼帰畢。其朝開楼食物持来ルニ不得鬼害存命。唐人見之弥感云、希有事也ト思。

其夕又鬼来テ云、此国ニ議事アリ。日本使才能奇異也。令読書テ欲笑其誤云々。吉備云、何書乎。鬼云、此朝極難読古書也。号文選一部卅巻、緒家集ノ神妙ノ物ヲ所撰集也ト云々。其時吉備云、此書聞テ令伝説哉如何。鬼云、我ハ不叶、貴下具申於彼沙汰所為令聞如何。閉楼タリ、争カ可被出ヤト云ニ、鬼云、我ハ有飛行自在之術、至テ聞ト思ト云、出自楼戸隟相共到文選講所。於帝王宮率三十人儒士終夜令講聞天、吉備聞之、共帰楼。鬼云、令聞得哉如何。吉備云、聞畢。若旧暦十余巻被求与乎ト云ニ、鬼受約与暦十巻即持来。吉備得之、文選上帙一巻ヲ端々三四枚ツヽ令書天持ルニ、歴一両日天誦ヲ皆悉成ス。侍夫シテ食物荷セテ文選ヲ令送楼。儒者一人為勅使欲試尓文選端破テ楼中ニ散置。使唐人来者見之天各恠天云、此書ハ又ヤ待ト云ニ、多也ト云テ令与ニ、勅使驚天此由申帝王。此書又本朝尓有歟ト被問。出来天已経年序、号文選天人皆為口実誦者也ト申ニ、唐人云、此土在之也ト云尓、吉備見合ト云テ乞請取卅巻天令書取、令渡日本也。

又聞天云、唐人議云、才ハ有トモ藝ハ必シモアラシ、以囲碁欲試ト云テ、以白石擬日本、以黒石擬唐土テ、以此勝負殺日本国客様ヲ欲謀間、鬼又聞天令告吉備、々々令問聞囲碁有様、就列楼計組入、三百六十目計、別天指聖目、一夜之間案持了之間、唐土囲碁上手等撰定集テ令打ニ、持ニテ打無勝負之時、吉備偸盗唐方黒石一飲了。欲決勝負之間唐負了。唐人等云、希有事也、極テ恠トテ、計石尓黒石不足。仍課卜筮占之、盗テ飲ト云。推之大尓争尓在腹中、然者瀉薬ヲ服セシメントテ令服呵梨勒丸、以止封不瀉之、遂勝了。仍唐人大怒テ不与食之間、鬼物毎夜与食、已及数月也。

然又鬼来云、今度有議事。爰高名智徳行密法僧宝志尓令課テ、鬼物若霊人告トテ令結界テ、文ヲ作テ貴下ニ読セント云事アリ。力モ不及ト云ニ、吉備術尽テ居之間、如案下楼、於帝王前令読其文。吉備目暗テ、凡見此書字不見。向本朝方暫祈申本朝仏神神者住吉大明神、仏者長谷寺観音也。目頗明シテ文字許見ニ無可読連様ニ、蛛一俄落来于文上天イヲヒキツヽクルヲミテ読了。仍帝王并作者モ弥大驚テ、如元令登楼弖、偏不与吉備食物欲絶命。自今以後不可開楼ト云ヲ鬼物聞之告吉備。々々尤悲事也。若此土ニ歴百年タル双六筒又簺盤侍ラム、欲申請ト云尓、鬼云、在之ト云テ、令求与。又筒棗盤楓。簺置枰上覆筒、唐土日月被封テ二三日許不現シテ、上従帝王下至諸人唐土大驚騒叫喚無隙動天地。令占之術道之者令封隠之由推之。指方角ニ当吉備居住楼。被問吉備尓答云、我ハ不知。若我ヲ強依被冤陵、一日祈念日本仏神、自有感応歟。可被還我於本朝者日月何不現歟ト云尓、司令帰朝也。早可開ト云。仍取筒ハ日月共現。為之吉備仍被帰也云々。江帥云、此事我慥委ハ雖無見書、故孝親朝臣之従先祖語伝之由被語也。又非無其謂。太略粗書ニモ有所見歟。我朝高名只在吉備大臣。文選囲碁野馬台、此大臣徳也。

一見して、数字が散らばっているのがわかるだろう。

「子孫之様七八許」「文選一部卅（三〇）巻」「三十人儒士」「旧暦十余巻」「暦十巻」「端々三四枚」「組入三百六十目」。

加えて、数字が導き出される単語として「古暦」「囲碁」「白」「訶梨勒丸《かりろくがん》」「双六」がある。

私はこれらを改めて、すべて数字に置き換えてみた。

「卅巻」「三十人」「十巻」「三百六十目」はそのままの数として問題ない。

「古暦」は一年十二カ月と見る。

「囲碁」で三百六十以外に導き出される数は、七十二（候）と十九（路）。

「白」はどうにも個人的に捨てきれないので、九十九として考えてみる。

「双六」は二十四（十二の枡目×二列）と三十（駒数）。

残るは「訶梨勒丸」と「子孫之様七八許」、「端々三四枚」の数字だ。

「訶梨勒丸」は一応、一年十二カ月、あるいは閏年《うるうどし》を加えた十三カ月と見ておきたい。

物語上では下剤とされているが、単に「訶梨勒」と言った場合、これは掛け飾りの一種となる。

訶梨勒は現在も正月の柱飾《はしらかざり》として、お茶席に用いられている。

実在する植物としての訶梨勒の実を模した袋に、十二個、あるいは十三個（十二カ月＋閏月）の訶梨勒の実や香を入れ、陰陽五行《いんようごぎょう》を表す五色の組紐《くみひも》で稲穂を編《あ》み、四季を表現したものだ。

しかし、この掛け飾りの成立は、室町時代《むろまちじだい》に入ってからとされている。『江談抄』の記された平安末期、訶梨勒の掛け飾りがあったかどうか、私には確認が取れなかった。

とはいえ、用いる数として新規のものがあるわけではないので、参考としてここに挙げておく。

あとは「子孫之様七八許」と「端々三四枚」だ。

単に七か八、三か四と取ったのでは、あまりに曖昧《あいまい》だ。だが、ひとつひとつを別の数とみなすと、既出《きしゅつ》の数に被りすぎる。

面白い考え方はないものか……。

もちろん、無理に意味を見出せば、こじつけになりかねない。けれど、可能性は些細《ささい》なものであっても捨てたくない。

まずは、こじつけでも構わないから考え得る限りの解釈を出し、それを検証して取捨選択《しゅしゃせんたく》したほうが見落としは減るに違いない。

私はそう考えて、さんざ頭を捻《ひね》った末、古人の時の数え方を参考にすることにした。

江戸時代まで「二七日」と記された場合は、二×七＝十四、二週間を指していた。「一七日」なら一週間。主に時を数えるときの記述法だが、『野馬台詩』が暦と関係するなら、悪い考えではないだろう。ゆえに、

「子孫之様七八許」は七×八＝五十六。

「端々三四枚」は三×四＝十二。

一応、この数もリストの中に入れておこう。

以上で、原典中の数は出揃う。

暦に関係した数は、眺めただけで一目瞭然《いちもくりょうぜん》だ。

30、３６０、12（13）、72、24。

こじつけに近く、暦との関係が直接出てこない数字は以下。

10、19、99、56。

――さて。これをどう解くか。

単純な話だ。割ってみればいい。

もし『野馬台詩』が本当に暦と関係しているならば、上の数字で割り切れるか、また、新たな何かが見えてくるはずだ。

私はまず、最小公倍数一二〇一二〇を、暦の数で割ってみた。

120,120 ÷ 30（日）= 4,004

120,120 ÷ 360（年）= 333.666……

120,120 ÷ 12（月）= 10,010

120,120 ÷ 13（閏月）= 9,240

120,120 ÷ 72（候）= 1,668.333……

120,120 ÷ 24（節季）= 5,005

３６０と72では端数が出て、割り切れない。
ほかはともかく、一年の数でも割れないのでは話にならない。
やはり、考え違いだったのか。
がっくりしたものの、気を取り直し、私は前半・二百六十四回と、後半・二千七百三十回を単純に掛け合わせた数字、七二〇七二〇で試してみた。

720,720 ÷ 30 = 24,024

720,720 ÷ 360 = 2,002

720,720 ÷ 12 = 60,060

$$720{,}720 \div 13 = 55{,}440$$

$$720{,}720 \div 72 = 10{,}010$$

$$720{,}720 \div 24 = 30{,}030$$

今度はすべてが割り切れた。見事。

もしこの計算が作者の意図するものならば、作者の意識は『野馬台詩』が元に戻るための最小の回数にはなく、計算そのもののほうにあったことの証明にもなる。

つまり、作者は……どうやったかは知らないが……意味ある数字を導き出すためのツールとして図形を作ったということだ。

なぜ、こんなことをしたのだろう。

真意は皆目《かいもく》不明だが、やはり『野馬台詩』は暦のパズルだ。そして、それを解き明かすヒントは原文の中にあったのだ。

私はすっかり勢い込んで、ならば、と暦とは関係のない物語中の数でも割ってみた。「一〇」は、割り切れることがわかっているので措《お》いておく。

残るは十九、九十九、五十六だ。

$$720{,}720 \div 19 = 37{,}932.6315789$$

$$720{,}720 \div 99 = 7{,}280$$

720,720 ÷ 56 = 12,870

19ではきれいに割り切れなかった。

またもがっくりしてしまったが、結果は結果だ。仕方ない。

99と56も、偶然かどうかは不明のままだ。だが、ここで結論を出す前に、すべてのデータを揃えておこう。

次に、私は「子孫之様七八許」と「端々三四枚」を単体の数としても割ってみた。

720,720 ÷ 7 = 102,960

720,720 ÷ 8 = 99,090

720,720 ÷ 3 = 240,240

720,720 ÷ 4 = 180,180

こちらはすべて、きれいに割れた。

ここまで来ると、しつこい私は、もうひとつ調べたくなった。

詩の中には出てこない、だが、暦としては大事な「二十八宿《にじゅうはっしゅく》」――黄道《こうどう》に沿って、天球を二十八に分け、星宿《せいしゅく》（星座）の所在を示す数でも割れるのではないか、と。

$$720{,}720 \div 28 = 25{,}740$$

よし。ならば、「河図」と「洛書」ではどうか。

$$720{,}720 \div 55 = 13{,}104$$
$$720{,}720 \div 45 = 16{,}016$$

きれいに割れた。

結局、曖昧だったのは、自分で捻り出した数だけだった。

図らずも、下手《へた》の考え休むに似たりが実証されてしまったわけだが、本文に出てくる数及び、暦にまつわる数字では、『野馬台詩』はすべて割り切れる。

「七十二」という数が何を指すかは、繰り返すまでもないだろう。

『野馬台詩』はつまり、二十四節気を五日毎に三分割した、七十二候を用いた循環の中に、二〇〇二年分の時の流れを隠していたのだ。

出てくる数字すべてに無駄がない。

ならば、と、次に私は考えた。

前半の循環二百六十四回と、後半五千四百六十回を単純に掛けて出てくる百四十四万一千四百四十

――「一四四一四四〇」も便宜上《べんぎじょう》の数字ではなく、意味あるものではないのだろうか。

生憎《あいにく》、私の記憶の中に、この数字を解く鍵はなかった。一般向けに記された暦の解説書にも見当たらない。仕方なく、小難じい暦関係の本を読み散らかしていくと、暫《しばら》くして中国の暦の歴史についての記述に当たった。

そこに……あったのだ、「一四四」が。

「一四四」は木星の周期に関係する数だった。

この星がおおよそ十二年で天を一周することに気づいた古代中国人は、空を十二分割し、それぞれ十二支の名を付けた。

我々が生まれ年とする干支《えと》、たとえば子年《ねどし》というのは本来、「子」の区分に木星がいる年のことを示しているのだ。

この木星の周期は、時を数えるための礎・指針となり、ゆえに木星は「歳星《さいせい》」と呼ばれた。私たちが年齢を「歳」と呼ぶのは、この「歳星」の名から来ている。

もちろん、実質的な天文学では、木星の周期は十二年ちょうどというわけではない。これまた、中国の哲理において十二年とされているだけで、その齟齬《そご》は一年の日数同様、古代の人も弁《わきま》えていた。

後漢《ごかん》・章帝《しょうてい》から魏《ぎ》・明帝《めいてい》の青龍《せいりゅう》四年（二三六）まで施行された「四分暦《しぶんれき》」では、既に木星の周期は十一年八七一となっていて、現在の観測結果と大差ない数字となっている。

「一四四」はこの「四分暦」の前――前漢・武帝《ぶてい》の太初《たいしょ》元年（紀元前一〇四）に作暦の令が出、新《しん》の時代（紀元八～二三）より用いられたという「三統暦《さんとうれき》」という暦に出てくる。

「三統暦」では木星の周期を十一年九一九とする。そして、十二年の十二倍、つまり百四十四年毎に、積み重なった誤差によって、十二分割された空の区画をひとつ超越するとしているのだ。

つまり「一四四」は木星の周期と、その誤差に関わる数で……それが記されているのは、紀元前からの暦であり……。

なんだか、頭がくらくらしてきた。

たしか「吉備入唐間事」原文に、「旧暦十余巻」とあったはずだ。私はそれを「過去」を導くための言葉と解釈した。だが、もしかしたらこれもまた、パズルを解くヒントだったのか。

とすれば、『江談抄』原文は非常に、というより、もはや異常に手の込んだ暗号となる。

私ごときで歯が立つのか。だんだん不安になってきたが、今はとりあえず先に進もう。

一四四一四四〇は、木星が一万十回、空の十二分割の区画をずれたという意味の数字だ。ずれていった木星が、元の十二支に戻るのは、

144 × 12 = 1,728

千七百二十八年毎となる。

この一七二八で一四四一四四〇を割ってみると、木星は八百三十四回、元の位置に戻り、尚、二百八八年の余りとなる。

つまり、最初の十二支から、二区画分のずれが出るわけだ。基点を「子」とするならば、木星は「寅」

に移ったことになる。

この「寅」は、漢王朝（紀元前二〇六～紀元後二二〇）以降、現在まで続いている暦においては「寅月《いんげつ》立春《りっしゅん》」――つまり、正月を表す十二支として採用されている。

漢王朝以前の周代では、正月は「子月《しげつ》」の冬至としていた。

木星の周期を一四四とした「三統暦」は、まさに漢代に成立している。ならば、この一四四一四四〇は子から寅に移動した正月を表していると見ることもできようか。

なんだかすごい……が、本当にここまで考えて、このパズルが作られたのか。スケールが大きくなりすぎて、言い切る自信がなくなってきた。

ともかく一四四という数が暦に関わることを知り、私のテンションは俄然《がぜん》、上がった。

勢いに乗って、私はもうひとつ、前半と後半、及び七十二万七百二十を数秘術的《すうひじゅつてき》方法で分解して、足してみた。

数秘術と記すと怪しいが、この方法もまた、古代中国の術数《じゅつすう》と呼ばれる計算式ではお馴染みのものになっている。

たとえば、碁盤の目である三百六十一。これを太極と一年の日数とする一方で、昔の人は、以下のような理屈もつけた。

九宮に八卦を掛けて七十二。それを陰陽の二で割り、三十六。そこに太極の一を加えて「三六一」とする、と。

いまひとつ納得できないが、昔の中国人はともかく、こういった数の考え方が好きだったのだ。

また、大きな数字を桁毎《けたごと》に足し、一桁になるまで繰り返して意味を求めることも好んだ。たとえば、三百六十五を三、六、五とし、三＋六＋五＝十四。その十四をまた一＋四＝五として、三百六十五＝五と考える、など。

そんな考え方に基づいて、前後半の循環総数と、『野馬台詩』すべてが元に戻る数を分解して足すと、このようになる。

前半・二六四
2＋6＋4＝12／1＋2＝3
後半・五四六◯
5＋4＋6＋0＝15／1＋5＝6
総循環数・一四四一四四◯
1＋4＋4＋1＋4＋4＋0＝18／1＋8＝9

三の倍数が出揃った。

数の象徴については、古今東西《ここんとうざい》様々な意味づけがされているが、『野馬台詩』において、この数に重要性があるとは思えないので、あまり深読みはしないでおく。

ほとんど余分な作業だったが、数秘術的な方法でも、ちょっと面白い結果が出るとだけは記しておこう。

5

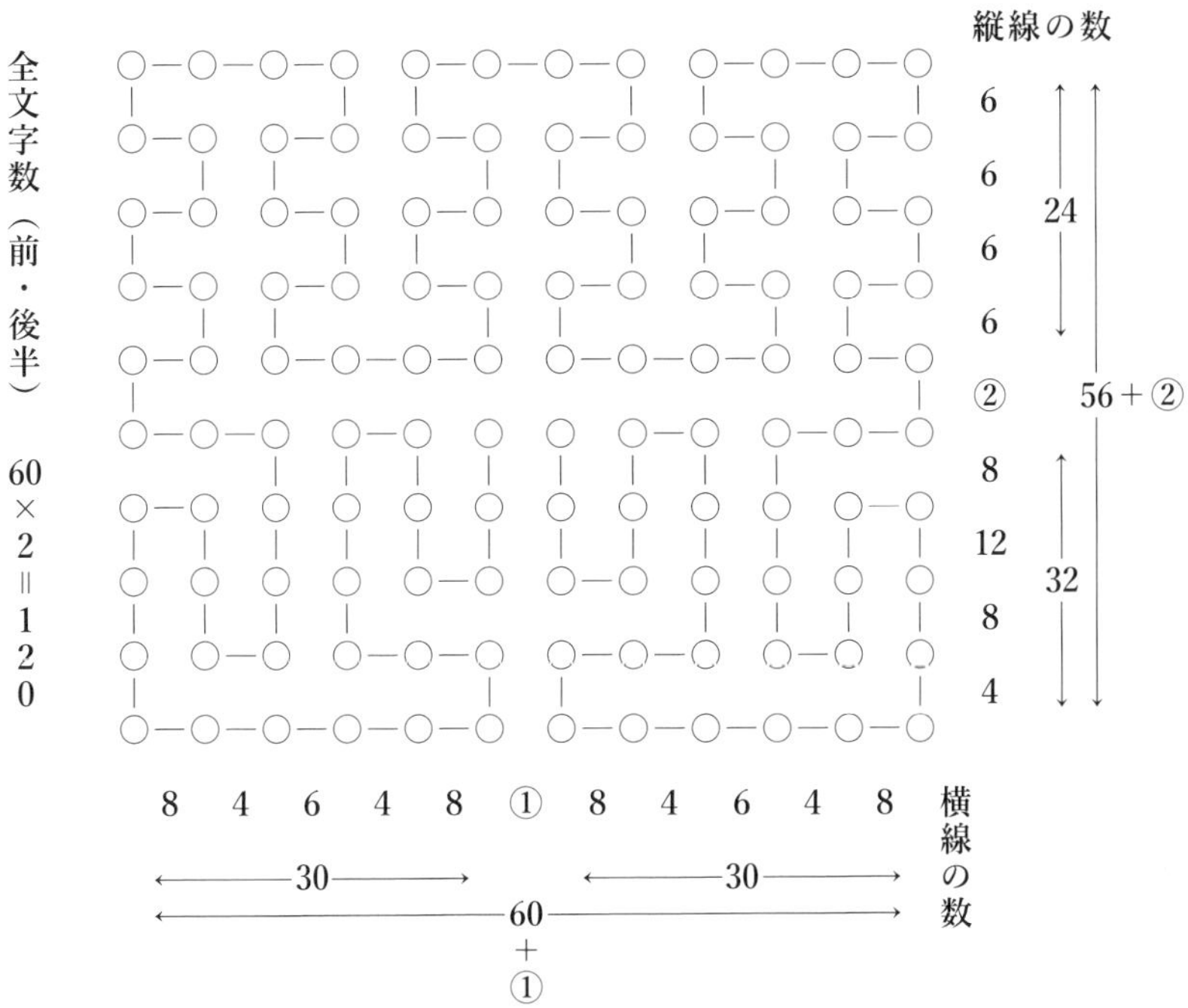
全文字数（前・後半）
60×2＝120
縦線の数
6
6
6
6
②
8
12
8
4
24
32
56＋②
8 4 6 4 8 ① 8 4 6 4 8
横線の数
30
30
60
＋
①

暦の数はここ以外にも隠れている。

蛇足《だそく》かもしれないが、図形そのものの線の数も挙げておく。[5]

既に説明は不用だろう。

『野馬台詩』の「数」は暦で解ける。

しかしながら、前半【成】には不明点が残ってしまった。

「東」が始点に戻るたび、二十四の文字が従う。これは問題ないのだが、始点に来ない文字は三十三。それらは十一文字ずつの三つのグループに分かれ、「東」が当初の位置に戻ることを十一回繰り返したときに整う。

三十三、十一は何を示しているのだろうか。

単純に奇数としてしまってもいいのだが、もう少し考えを巡らせたい。

とはいえ、再び暦を調べても納得する答えは出なかった。

見落としている可能性はある。が、「旧暦」と言うのに相応《ふさわ》しい「三統暦」「四分暦」にもないのなら、望みは薄いと言っていい。

しかし、放置するのも気持ち悪いので、以下に推論を述べておきたい。

三十三と十一は、いずれも暦とは関係しない。けれども考えていくうちに、私はふたつの数字をひとつに括《くく》る、ある存在に気がついた。

観世音菩薩《かんぜおんぼさつ》だ。

三十三は、この菩薩と深い縁を持っている。

「法華経普門品《ほけきょうふもんぼん》」によれば、観世音菩薩は衆生済度《しゅじょうさいど》のため、三十三の姿に変じる。観音霊場《かんのんれいじょう》が三十三カ所あるのも、京都の三十三間堂《さんじゅうさんげんどう》も、観音菩薩の「三十三身《さんじゅうさんじん》」に由来を持つ。

十一は言うまでもなく十一面観音《じゅういちめんかんのん》だ。そして十一面観音は、吉備真備《きびのまきび》を助けた長谷寺《はせでら》の観世音菩薩の姿でもある。

「成」の文字そのものと観世音菩薩が関わるかどうかはわからぬが、前半【成】には観世音菩薩の影があるように思えるのだ。

ならば翻《ひるがえ》って後半【白】には、真備を助けたもうひとつの神・住吉大明神《すみよしだいみょうじん》の影が落ちているのか。

後半【白】の数はすべて暦で解けるが、住吉そのものとの繋がりはわからない。

だが、「白」は住吉のシンボルカラーだ。住吉の神は白髪・白鬚《はくしゅ》の老人で、白鬚明神《しらひげみょうじん》とも称された。

ゆえに、【白】の場に住吉明神の影があっても妥当に思える。

まあ、確証は取れないので、これは脇に置いておき、「吉備真備入唐間事」になぜ、長谷寺の観音と住吉大明神が出てきたのかについて考えたい。

長谷の十一面観音は、平安時代から霊験《れいげん》あらたかな場所として認識されていた。それゆえに出した、と単純に考えてもいいのだが、『野馬台詩』を作ったとされる宝誌和尚《ほうしわじょう》が十一面観音の化身とされていたことは注意を要する。

宝誌和尚は仙人的な風貌を帯びた風狂《ふうきょう》の僧であったというが、徐々に伝説化され、予言者として評価された。そして同時に十一面観音の化身という話も広まった。

その宝誌和尚が作ったという予言詩解読の場面において、唐《とう》の十一面観音への対抗馬として、長谷の十一面観音が持ち出された。――そんな読み方もできるだろうか。

住吉大明神が出てきた理由は、一応、ふたつ考えられる。

第一は、遣唐使《けんとうし》の船が住吉《すみよし》の津《つ》から出たことだ。吉備真備も阿倍仲麻呂《あべのなかまろ》も遣唐使であるために、その守護神として、住吉の神を配置した可能性がある。

第二の理由は、暦と天文、陰陽道《おんみょうどう》との関係だ。

先に住吉神のオリオン三つ星説、日月星説《じつげつせい》を紹介したが、住吉は航海の守護神でもあったため、海《かい》路《ろ》を導く星とはもともと縁が深い。

星の位置を把握《はあく》することは航海の基礎であり、海人《かいじん》たちの技術でもあった。ゆえに、かの安倍晴明《あべのせいめい》も海人族《かいじんぞく》だったとする説もある。

星と暦は切り離せない関係にある。その関わりから『野馬台詩』後半【白】に潜む、三十・二十四・七・十三（十二カ月＋閏年）という暦の基本的な数字、即ち星の巡りが出てきた可能性もあるかもしれない。

長谷の十一面観音と、星神《せいしん》としての住吉三神《すみよしさんじん》。

作者はそれをもパズルを解くためのヒントとして、物語の中に籠めたのか。

真実はわからない。

しかし、すべてを並べ終え、このことだけは確信できた。

『江談抄』「吉備入唐間事」――『野馬台詩』解読の手がかりはここにある、と。

裏を返せば、物語を記した、あるいは語った人物は『野馬台詩』のパズルを解いていたということだ。そして読者への挑戦として、賀茂と安倍の祖先を軸《じく》に陰陽道と暦を語り、文章にヒントをちりばめたのだ。

「……とはいえ、わかりづらすぎる」

出てきた結果を見返して、思わず私は呟いた。

こんなヒントの隠し方をしたならば、誰も気がつかないだろう。

いや、私ごときが気がついたのだ。古《いにしえ》の天才・俊才《しゅんさい》たちが気づかずにいたのは不自然だ。

千五百年または何百年に亘《わた》る封印を私が解いたと豪語《ごうご》したなら、彼らはきっと憤慨《ふんがい》し、墓から出てくるに違いない。

だが、しかし。

「気づかなかった可能性はある……」

続けて、私は呟いた。

なぜならば、この話は『江談抄』の物語を凌《しの》ぐ評価を得た『吉備大臣入唐絵巻《きびだいじんにっとうえまき》』によって、改竄《かいざん》されているからだ。

この絵巻が出現してのち、「吉備入唐間事」は微妙に歪《ゆが》み、歪んだまま、一般に流布《るふ》することになってしまった。

犯人は既に割れている。

絵物語を作成した、平安末期の文化サロン。

首謀者《しゅぼうしゃ》の名は——後白河法皇《ごしらかわほうおう》。

六

『吉備大臣入唐絵巻《きびだいじんにっとうえまき》』は『伴大納言絵詞《ばんだいなごんえことば》』『年中行事絵巻《ねんじゅうぎょうじえまき》』などと共に、初期絵巻の傑作とされている。最近の研究によって、『吉備大臣入唐絵巻』『伴大納言絵詞』『年中行事絵巻』『信貴山縁起《しぎさんえんぎ》』『地獄《じごく》草子《ぞうし》』等はみな、後白河法皇《ごしらかわほうおう》をチーフプロデューサーとして制作されたことが明らかになった。国宝・重文の揃い踏みだ。

鳥羽天皇《とばてんのう》の第四皇子として生まれた後白河は、平家《へいけ》の台頭《たいとう》からその滅亡、源頼朝《みなもとのよりとも》の奥州攻《おうしゅうぜ》めまでのドラマチックな歴史の中で、影の主役ともされる人物だ。

異母兄である近衛天皇《このえてんのう》が若干十六歳で亡くなったのち、後白河は兄でもある崇徳上皇《すとくじょうこう》派の復権を阻《はば》む形で皇位に即《つ》く。時の関白《かんぱく》・藤原忠通《ふじわらのただみち》や、崇徳を実子ではないとみなした鳥羽法皇たちによる、中継ぎとしての擁立《ようりつ》だった。

実際のところ、彼らは後白河（当時は雅仁親王）に天皇としての資質を見出さず、その息子・守仁親王《もりひとしんのう》（のちの二条天皇）を即位させたかったのだ。だが、守仁親王があまりに幼かったため、中継ぎとして雅《まさ》仁親王《ひとしんのう》を擁立することにしたという。

その人物がまさか、のちに「日本国第一の大天狗《おおてんぐ》」と評されることになろうとは、誰も予想しなかったに違いない。

ともあれ、二十九歳で即位した後白河は、五代の天皇の上皇として三十四年間に亘《わた》って院政《いんせい》を敷き、複雑な政治情勢の中で皇統《こうとう》を操り、武家を弄《もてあそ》び、政治の実権を握り続ける。政治的表面だけを追っていくと、まったく「天狗」の名のとおり、妖怪的に食えない人物だ。

しかし、その一方で、後白河は平安末期の文化に大きく貢献した。

その代表として、当時の流行歌謡である今様《いまよう》を集めた『梁塵秘抄《りょうじんひしょう》』の編纂《へんさん》が挙げられる。政治的評判はともかくも、今様狂いと言われたこの法皇は、当時の庶民文化を保護称揚《ほごしょうよう》し、今に伝えた人物として高い評価を受けている。もちろん、それによって傀儡《くぐつ》子や遊女《ゆうじょ》たち本来の生命力が衰えていったのは、第一章にて記したとおりだ。

そんな法皇のサロンにて作られた『吉備大臣入唐絵巻』は、のちの時代に語られた吉備真備《きびのまきび》伝説の基本となった。

十三世紀、同じ話を掲載《けいさい》した『吉備大臣物語《きびのだいじんものがたり》』や『長谷寺霊験記《はせでられいげんき》』も、この絵巻を下敷きとしている。そのため、のちの文人・研究者たちのほとんどは、絵巻に記された物語をベースとして解説するに至ったのだ。

だが、『江談抄《ごうだんしょう》』と『吉備大臣入唐絵巻』の間には、いくつか大きな相違がある。もちろん、ただの物語として楽しむためには、気にならない程度の差異だ。

けれども、「吉備入唐間事」が『野馬台詩《やまたいし》』解読の手がかりであると知った今、その差は無惨なまでに大きい。

絵物語すべての詞章《ししょう》を挙げるのは、さすがに煩雑《はんざつ》すぎるので、わかりやすい部分のみを並列して取り上げよう。

支障がないため、比較するための原典も現代語訳のほうを載せる。

絵巻詞章

「大臣、くはしくありさまをかたるをきゝて、おに、おほきによろこびて」

原文訳

真備は官位のなりゆき、子孫の様子を七、八人ばかり語ってあげた。鬼は大層、感激した。

絵巻詞章

「このくにゝ、きはめてよみにくきふみなり。文選といふなり。」

原文訳

この国で大層、読み難《にく》いとされる古書で『文選《もんぜん》』というものです。一部三十巻、諸家集《しょかしゅう》の優れたものを選び、集めたものです。

絵巻詞章

「三百六十一もくあるものゝ、ひしりめ九はえるなりといふ。」

原文訳

真備は囲碁《いご》の様子を鬼に尋ね訊き、楼《たかどの》の組入天井《くみいれてんじょう》を三百六十目数え、別に聖目《ひじりめ》を記して、

——一目瞭然《いちもくりょうぜん》。

数がほとんど抜け落ち、そして変化している。

決定的な差異は、碁盤の目数だ。

『江談抄』では「三百六十目数え、別に聖目を記して、」となっているところを、絵巻では三百六十一目。聖目（＝ひしりめ）を九としている。

真備が碁盤の目を三百六十一としなかったのは、「天元《てんげん》」を別格としたからだ。

だが、絵巻物の作者は盤の目数を三百六十一と正した。

しかし、三百六十一では『野馬台詩』のパズルは解《と》けない。

ちなみに、九という数のみを取り出せば、前述どおり『野馬台詩』の循環数《じゅんかんすう》は割り切れる。だが、これではたとえ『野馬台詩』が暦数のパズルとして解けたとしても、本文との関わりは見えてこない。

数を抜き、数を違《たが》えたこの改変こそが、のちの人たちを『野馬台詩』解読から遠ざけていたに違いない。

また、絵巻は双六《すごろく》の素材を棗《なつめ》の筒と楓《ふう》の盤《ばん》とせず、「棗の筒、桂《かつら》の盤」としている。これでは式盤《しきばん》の素材とならず、天地はひっくり返せない。物語の面白味も殺《そ》がれていると言っていいだろう。

アレンジを為《な》した、直接の者の名前はわからない。しかし、制作を指揮した後白河法皇が、できあがった作品を許容《きょよう》したのは確かだろう。

法皇もまた「吉備入唐間事」の真意を見抜けなかったのだ。

なぜ、このようなことが起きたのか。

それを知るには、後白河法皇がどこから、この物語を仕入れたか。それが問題になってくる。

何度も記しているごとく、吉備真備の物語は『江談抄』に原典がある。大江匡房《おおえのまさふさ》が語ったことを藤《ふじ》原実兼《わらのさねかね》が覚え書きとしてまとめたものだ。

実は現存する『江談抄』中、『野馬台詩』は二度、話題になっている。

吉備真備の物語ともう一カ所、同じく類聚本系《るいじゅうぼんけい》「源中将師時亭文会篤昌事（源中将師時亭《みなもとのちゅうじょうもろときてい》の詩文の会における篤昌《あつまさ》のこと）」にて語られるエピソードだ。

若干、わかりやすく記してみよう。

――最近の詩文の会の様子を、大江匡房に尋ねられ、実兼は答える。

「大したことは起きてませんが……そういえば、先日、源師時《みなもとのもろとき》邸にて開かれた詩文の会に出席しました」

「そのことならば、昨日、文章生《もんじょうしょう》の藤原篤昌《ふじわらのあつまさ》が来て話していったよ。皆の作品もあらかた聞いた。篤昌は君の詩を評価してないようだったがね」

そう言われた実兼は、思わずカッとなって言い返す。

「篤昌の詩こそ、珍奇なものです。座の人々もそう申しておりました。あなたはどう思われるのです」

「まあ、取るに足らないものだろう。彼は殊《こと》の外《ほか》、自作に使った『英雄』という詞《ことば》を強調していたが。席での様子はどうだったのだ」

「まったく傍若無人《ぼうじゃくぶじん》でしたよ。あのような席で、指貫《さしぬき》を着用することは禁止されてもいいことです」

実兼の怒りを余所《よそ》に、匡房は言った。

「だがね、あれが『英雄』という語を使うには、確かな根拠のあることなのだよ。宝志《ほうし》の『野馬《やま》台《たい》の讖《しん》』に、天命三公《てんめいさんこう》に在《あ》らん。百王流《ひゃくおうなが》れ畢《こと》ごとく竭《つ》きて、猿犬英雄《えんけんえいゆう》と称《しょう》す、とある。王法が衰《すい》微《び》し、世の決まりが行われない前兆だ」

「その讖とは……？　何が起こるというのです」

「まだ、知らないのか」

「存じません」

「この讖は、日本の衰亡していく様を記したものだ。それで、日本に来て『讖書《しんしょ》』と称せられるのだ。また、この書によって、日本を野馬台と言うようになったのだ。日本に渡ってきた経緯《けいい》も由緒のあることなのだよ」

ムキになる若い貴族と、それをからかうような匡房の様子が、活《い》き活《い》きと描き出された話だ。

詩会の様子を教えてくれと言いながら、匡房は既に情報を得ている。それを引き金に実兼を煽《あお》り、彼はこの青年に『野馬台詩』の存在を知らせていくのだ。

ちなみに「讖」とは、予言という意味を持つ語だ。

匡房は最初から『野馬台詩』を教えるきっかけとして、藤原篤昌の悪口を用意していたに違いない。

しかし、匡房あるいは実兼は、ここでひとつ大きな嘘をついている可能性がある。

匡房は『野馬台の讖』に「英雄」という語があると語るが、「英雄」は既に『文選』にあるのだ。

例えば、左思《さし》（左太沖）「詠史詩八首《えいししはっしゅ》」の第七首の一節。

――「英雄有屯邅　由来自古昔（英雄には屯邅《ちゅんてん》あり、由来古昔《こせき》よりす）」

『文選』は紀伝道《きでんどう》（平安時代の大学寮の学科）の教科書のひとつだ。特に「吉備入唐間事」に出てくる『文選』上帙《じょうちつ》は、試験の課題にもなるものだった。ふたりが知らないわけがない。

また、匡房は『文選』のプロだ。

「文選読み」と呼ばれる読法があるが、これは漢文を読む一方法で、ある語をまず音読し、さらにその語の訓を重ねて読むやり方だ。

日本では近年まで、漢字のいろは歌とでも言うべき「千字文《せんじもん》」を「文選読み」で音読していた。その冒頭を記すと以下となる。

「天地玄黄」
「テンチのあめつちは　クエンクワウとくろく・きなり」
「宇宙洪荒」
「ウチウのおほぞらは　コウクワウとおほいにおほきなり」

――まさに詩のごとく美しい調子だ。

そしてこの『文選』の訓読は、大江《おおえ》家と菅原《すがわら》家が二頭として君臨していたという。

いや、そんな難しいことを連ねずとも、『江談抄』（第三　二十一）はタイトル自体が「英雄の人をもつて右流左死《うるさし》と称《い》ふ事」となっており、ひっかかりもなく使われている。

「英雄」の語は『文選』にあり、匡房自身が既に用いていた。

実兼もまた然《しか》りだ。

記憶から抜け落ちていたとしても、「文選にある」と言われれば、彼はすぐ納得しただろう。

いや、このエピソードは、篤昌が作った詩における「英雄」の使い方が通常と異なっていたために、俎上《そじょう》に載《の》せられたのかもしれない。

実際の詩が残っていないので、篤昌が「英雄」をどのような文脈で使ったのかはわからない。だが、匡房がそれを擁護《ようご》して『野馬台詩』を持ち出したなら、篤昌は実兼に先んじて『野馬台詩』を知っていたことにならないか。そんなことがあるのだろうか。

つまり、この話はどこかおかしいのだ。

深読みをするなら、このエピソード自体が『野馬台詩』を導くための創作だった可能性がある。実際にあった詩文の会を下敷きに、実兼と示し合わせてのフィクションだ。

大体、「吉備入唐間事」に隠された仕掛けの周到さを思うなら、この話が口頭で伝えられたとは考えづらい。

「源中将師時亭文会篤昌事」にある会話が交わされたのは、話題となった詩会の時期から推察し、匡房の亡くなる五カ月程前とされている。となれば、ふたりの間で『野馬台詩』が周知のこととなっている吉備真備の話題が出たのは、これよりのちのことになる。

あまり時間は残っていない。

匡房は鍵となる言葉や数字を示しつつ、吉備真備の話を語り、『野馬台詩』を前にして実兼にパズルの解き方を示したのではなかろうか。

そして、もしかすると実兼は、後日『野馬台詩』を解説する役を担《にな》っていたのではないか。

それが実現していたら、吉備真備の物語も『野馬台詩』そのものも、今とは違う伝わり方をしていた可能性がある。しかし、私と、そして大江匡房の期待を余所に、匡房の死から半年後、実兼は謎の突然死を遂げてしまうのだ。

藤原忠実《ふじわらのただざね》が記した『殿暦《でんりゃく》』によれば、暗殺説も囁《ささや》かれたとか。

まだ若く、政治的な力もさしてなかったこの青年が、なにゆえ殺されねばならなかったのか。

理由は皆目、わからない。けれど、そののち暫《しばら》くして『吉備大臣入唐絵巻』が後白河法皇サロンにて描かれ、世に出たことは確かだ。

実は藤原実兼《ふじわらのさねかね》の息子通憲《みちのり》は、後白河と深い繋がりを持っていた。

通憲は出家ののちの名を信西《しんぜい》と言い、俗名よりも、平治《へいじ》の乱《らん》で非業《ひごう》の最期を遂げた信西入道《しんぜいにゅうどう》として知られる人物だ。

この通憲は親譲りの頭脳の持ち主で、「当世無双《とうせいむそう》の宏才博覧《こうさいはくらん》」と称されるほどの博学だった。そして、後白河の乳母《うば》、紀伊局《きいのつぼね》と結婚し、のちに後白河の即位を実現させる。

血縁関係こそないものの、彼はいわば後白河の身内だったのだ。

匡房の死より五十年ほどのち、後白河法皇は蓮華王院《れんげおういん》、通称三十三間堂《さんじゅうさんげんどう》の北側に建てた宝蔵《ほうぞう》に、古《こ》今《こん》の典籍《てんせき》・絵画・名器とされた楽器の類を蒐集《しゅうしゅう》して収めている。

そのとき、法皇は「本朝の書籍及び諸家譜《しょかふ》は皆、ことごとく集められるべし」と、蒐集方針を発表している。

宝蔵創建時、通憲は既にこの世にないが、その子息である静賢《じょうけん》は後白河に近侍《きんじ》していた。親子二代に亘る側近が、自家の資料を提出しないわけはない。

『吉備大臣入唐絵巻』の詳しい制作年が不明なため、断言することは憚《はばか》られるが、私はそこに、通憲の父・実兼が書き留めた『江談抄』が、写本なりとも入っていたのではないかと推測している。そして、それを読み、『吉備大臣入唐絵巻』は作られたと考える。

但し、法皇は解釈を間違えた。

藤原実兼の不慮の死による謎解きの断絶によって、上皇も、通憲・静賢ですら物語をただの説話とし、伝奇小説として享受《きょうじゅ》した。物語以上の仕掛けが隠されているとは、露《つゆ》ほども思わず……。

以上は飽《あ》くまで、私の想像ではあるが、真実がどこにあるにせよ、結果、後白河法皇により『野馬台詩』は二十一世紀に至るまで、封印されたままとなったのだ。

七

「吉備入唐間事」。

この話を、大江匡房《おおえのまさふさ》は母方の祖父・橘孝親《たちばなのたかちか》から聞いたこととして語っている。

しかし、本当にそうなのだろうか。

それが次なる私の疑問だ。

この物語によって、『野馬台詩《やまたいし》』が暦のパズルとして解《と》けることは証明した。それを解くためには一言一句《いちごんいっく》を疎《おろそ》かにせず、つぶさに見ていく必要があった。

匡房は祖父から聞いた話を、そこまで正確に記憶していたのか。

もちろん、彼は天才だ。一度聞かされたことを正確に繰り返す記憶力があったのかもしれない。

しかし、後代の誰も『江談抄《ごうだんしょう》』と絵巻の相違には、何の異議《いぎ》も唱えていない。

――非難しているわけではない。

物語は変容するほうが自然なのだ。

より面白くするため、より大衆的にするために、枝葉末節《しょうまっせつ》と思われる部分は整理され、エキサイティングな場面が強調されて、語り継がれていくのが常だ。

『竹取物語《たけとりものがたり》』も『浦島太郎』も、最初に記されたものと、今現在、我々が普通に知っているものとではかなり形が変わっている。

それが伝承としての自然の形だ。

ならばこそなぜ「吉備入唐間事」が『野馬台詩』にとって、これほどまでに正確なのか。私は不思議に思うのだ。

匡房はこの話を「故孝親朝臣《こたかちかあそん》が先祖から語り伝えられていたことを、私に話された」と言っている。

その先祖とやらの話も、ここまでの正確さを保っていたのか。

――ここで改めて、「吉備入唐間事」以前に『野馬台詩』について記された記録を整理してみよう。

「『野馬台詩』の謎―歴史叙述としての未来記」（岩波書院）を記した小峯和明《こみねかずあき》氏のまとめによると、現時点では『延暦寺護国縁起《えんりゃくじごこくえんぎ》』に引用される『野馬台詩』「延暦九年注」の表記が初出であるという。

『延暦寺護国縁起』は長らく偽書《ぎしょ》とされてきたが、近年、真作であることが明らかになった。そして真作という決定により、延暦九年（七九〇）には既に『野馬台詩』の注釈《ちゅうしゃく》がなされていたことが確認された。

「野馬台讖云、大唐宝志和尚述、十一面観世音化身也」

この言葉に始まり、『延暦寺護国縁起』作者は詩の後半にある一部――「丹水流尽後」から「茫茫遂為空」までの注釈に及ぶ。

少し寄り道となるが、西往寺《さいおうじ》（京都市下京区高辻通大宮西入坊門町）に「宝誌和尚立像《ほうしわじょうりゅうぞう》」が残っているのをご存じだろうか。

とてもインパクトのある像で、縦に割れた僧侶の顔から十一面観音《じゅういちめんかんのん》の顔が覗いているというものだ。

この姿の由来は、十三世紀初頭に書かれた『宇治拾遺物語《うじしゅういものがたり》』に記されている。

――三人の絵師が宝誌和尚の肖像を描こうとすると、和尚が「我が真の形を写せ」と言って額《ひたい》の皮を裂き、金色の菩薩《ぼさつ》の顔を現す。一人の絵師は十一面観音と見、一人の絵師は聖観音《しょうかんのん》と見た……。

観音菩薩《かんのんぼさつ》の化身として、宝誌和尚の名は日本でもかなり広まっていたのだ。しかし、その名声ゆえに『野馬台詩』宝誌作説は、後代の日本における偽作《ぎさく》だという疑惑が、今もつきまとう。

さて。

『延暦寺護国縁起』の次に、『野馬台詩』の記述が出てくるのが、延喜《えんぎ》十八年（九一八）以前に記された『善家秘記《ぜんけひき》』だ。その逸文《いつぶん》に、詩の解読譚《かいどくたん》が見えるという。

表題は「祈念十一面観音読野馬台」。現在はほとんど解読不能だが、「宝志」等の文字がある。

その次が、承平《じょうへい》六年（九三八）『日本紀私記《にほんぎしき》』。

「師説、梁時宝誌和尚讖云、東海姫氏国」。日本の称号についての論に出てくる。

そうして、次が『江談抄』。

『野馬台詩』全文が出てくるのは、それより遅れて、室町時代《むろまちじだい》の歴史書『応仁記《おうにんき》』の中となる。

これらの断片により、『野馬台詩』は奈良時代、まさに吉備真備《きびのまきび》の時代には日本に伝わっていたと証明される……証明されたことになっている。

本当に、そうなのだろうか。

『江談抄』以前の記録はすべて、文字の断片だけだ。

この詩が妖しい図形によらねば読み取れないものという記述は、どこにも存在しない。

『善家秘記』には十一面観音に祈り、『野馬台詩』を読んだとある。だが、そこにもまた、図の話は出てこない。単に予言詩としての解釈が難しいため、観音に祈ったとも考えられる。

その読み方について、初めて言及されるのが『江談抄』だ。そして、そののちの資料のみが『野馬台詩』の「図」に触れるのだ。

これは一体、どういうことか。

疑問はまだある。

実は『野馬台詩』の「図」を導く蜘蛛《くも》のエピソードは、「野馬台《やまたい》」という語自体にも関わってくるものなのだ。

通常の解釈における「野馬台」は、日本のこととされている。

先に挙げた『江談抄』、詩文の会の話でも、匡房は藤原実兼《ふじわらのさねかね》に「この書によって、日本を野馬台と言うようになった」と語る。

しかし「野馬《やば》」は本来、文字通り野生の馬を指す言葉だった。

だが、そののちの度重なる解釈の誤解を経て、日本でのみ、「野馬」はなんと、蜘蛛の糸という意味を持つようになったのだ。

「炎は日光に風の塵《ちり》を動かすを以《もっ》ての故《ゆえ》に、曠野《こうや》の中に野馬を見るが如《ごと》く、無智の人は初めて見て之《これ》を謂《い》ひて水と為《な》す」（大智度論　巻第六『国訳大蔵経』東方書院）

錦三郎《にしきさぶろう》氏の『飛行蜘蛛』（笠間書院）によれば、捉え難い逃げ水（真理）即ち陽炎《かげろう》の喩《たと》えに「野馬」が使われたことにより、古人は陽炎と野馬のふたつを混同した、と。

加えて、蜘蛛《くも》の糸が空にたなびく様を表す「遊糸《ゆうし》」の語を陽炎と混同してしまったため、「野馬」「遊糸」「陽炎」を同じ意味とみなしたという。

そのため、平安中期に編《あ》まれた『和漢朗詠集《わかんろうえいしゅう》』では既に「糸を乱る野馬は草の深き春」と、野馬・蜘蛛の糸の混同が起きている。この詩は匡房も『江談抄』で引いており、とりたてて異議は唱えていない。

そして、鎌倉前期『顕註密勘《けんちゅうみつかん》』に至ると、もう「野馬ハ遊糸と同物《どうぶつ》ともいへり」という誤った認識が通説となる。

つまり、平安中期から鎌倉期、知識人たちにおける「野馬」の語は、蜘蛛の糸または陽炎のごとく儚《はかな》いものとの認識だったというわけだ。

ゆえに『野馬台詩』の「野馬」の語に蜘蛛の糸をひっかけられるのは、「野馬」を蜘蛛の糸と誤認した平安中期以降の日本人となる。

そして繰り返しになるが、蜘蛛の糸が描いた話の初見は『江談抄』にある……。

そう。

既にわかっているはずだ。

私はこのパズルは、大江匡房の自作ではないかと疑っているのだ。

詩自体は宝誌和尚のものとして、日本に伝わっていただろう。話の骨子《こっし》も、橘孝親の口を通じて、匡房に伝わっていたかもしれない。

だが、詩を暦のパズルに仕立て、ヒントを物語に籠めたのは、大江匡房その人ではなかったか。

何よりも、私が彼を疑うわけは、匡房には判じ物好き――パズラーやゲーマーとしての一面があるからだ。

いきなりだが、ここで漢字のパズルを提供しよう。

以下の言葉を意味の通るものとして解読せよ。

・二冂口月八三中トホセ
・木の頭を切り、月の中を破る
・粟天八一泥
・左縄足出
・一伏三仰不来待書暗降雨慕漏寝
・十廿卅五十落書事

正解はこうなる。

・二冂口月八三中トホセ

二冂口月八三これらの文字の真ん中に線を一本通すと「市中用小斗」。市の中で小さな升《ます》を使っている、という意味になる。但し、現在は「二冂」に縦線を引いても「市」とはならないのでわかりづらい。

・木の頭を切り、月の中を破る

前の問題と似たような考え方で、答えは「不用」。

・粟天八一泥

漢字をどう読んで、意味を得るかというクイズ。答えは「逢はでや一人寝《ぬ》る」。恋人と会わずに独り寝をするという意味だ。そこから、この五文字で「かこつ」と読み、身の境遇《きょうぐう》を嘆《なげ》く意とする。

・左縄足出

「しめ」と読む。注連縄《しめなわ》は左縄に綯《な》って、足（藁）を出すのが決まりだから。

・一伏三仰不来待書暗降雨慕漏寝

この問題は、嵯峨天皇《さがてんのう》が小野篁《おののたかむら》に出したものとして、既に記している。

答えは和歌。

「月夜には来ぬ人待たる、かき曇り、雨も降らなん恋ひつつも寝ん」

・十廿卅五十落書事

正解不明。実兼がメモとして遺《のこ》したものだが、どう読むかは明らかではない。

――これらはすべて、匡房が唐突《とうとつ》に言い出したり、何かの故事《こじ》にかこつけて、実兼に語った文字遊びだ。

当時はこうした文字遊びもまた、教養のひとつだったのだろう。

しかし、出題は口頭では伝えられないものばかりだ。多分、匡房は問題を紙に記して、「どう読むかね？」と実兼に尋ねたのに違いない。

首を捻《ひね》って悩む実兼と、にやにや笑って見ている匡房の姿が思い描けるようでもある。

これら暗号じみたパズルのほとんどは、匡房が「コレコレこういう人が言った」としているものばかりだが、私が確認した限りにおいては、引き合いに出された本人及びその時代の記録には、どこにも記されてはいない。

なぜか。

突然だが、『源氏物語』のラストをご存知だろうか。

「いづれの御時《おんとき》にか」という有名な書き出しで始まるこの物語、実は最後は「え？」という一文で締めくくられているのだ。

――わが心の、思ひ寄らぬ隈《くま》なく落としおきたまへりしならひにとぞ、本にはべめる。

乱暴にまとめてしまうと、「かくかくしかじかと本にあるそうです」ということだ。

どこの？　と訊きたいところだが、『竹取物語《たけとりものがたり》』も同様に、ラストは「とぞ、言ひ伝えたる」となっている。『落窪物語《おちくぼものがたり》』も趣向は同じだ。そしてフィクションのみならず、『和泉式部日記《いずみしきぶにっき》』までもが末尾を「と本に」と結んでいる。

こうやって「作者は私ではありませんよ」と記すのが、当時の流行、あるいは嗜《たしな》みだったのか。

『野馬台詩』の記された「吉備入唐間事」も聞き伝えとなっている。

匡房はこの話を橘孝親から聞いたこととして語り、「大略粗書ニモ有所見歟」――「大体は書物にでも見られるだろうか」と結んでいる。

この形式は日記にも用いられているために断定することはできないが、もしかすると伝聞形式にすることで、当時は語り手と聞き手の間で、暗黙裏《あんもくり》の了承がなされたのではなかろうか。

「まあ、どこかの本にあるんじゃないか」

匡房が澄ました顔で言った途端、聞き手・実兼はにやっと笑い、これが匡房の作ったフィクションだと理解したのではないか。

先に記したパズルも同じだ。

後代の人は『江談抄』の記事を元にして、小野篁が解いたとか、空海《くうかい》が作ったとか記しているが、はたして、その中のいくつが本当に、匡房の言ったとおりの人物が作ったパズルだったのか。

匡房は当時の形式を踏襲《とうしゅう》した上、著名人の名を冠《かん》し、もう一捻り加えたのではないのだろうか。そののち、そうした機微《きび》がわからなくなる時代が来て、または匡房があまりに博学として知られていたため、後代の人は彼の語りを典拠《てんきょ》のある事実だとみなしてしまったのではないか。

私はそんな想像をする。

また、既に記したごとく、大江匡房には呪術師的な一面もあった。

陰陽道《おんみょうどう》はもとより、卜占《ぼくせん》、夢占《ゆめうら》、観相《かんそう》（人相見）を得意とし、人の寿命を言い当てたり、雨乞《あまご》いの祈《き》願文《がんもん》をはじめとした神仏への願文《がんもん》を大量に記している。

現存する彼の書物には、京中の怪異を記した『狐媚記《こびき》』や、歴代の僧侶や呪術師を語った『本朝神《ほんちょうしん》仙伝《せんでん》』など、そちら方面への興味を表したものも多い。

一流の学者であり、殿上人《てんじょうびと》でもあった人物がこのようなことを記すのは、当時としては異例であり、すべからざる行為とされた。

しかし、匡房は己の興味を秘すつもりはなかったようだ。

『江談抄』にも吉備真備の話はもちろん、小野篁の冥府通《めいふがよ》いの話や、自らを熒惑星《けいこくせい》に喩えての逸話《いつわ》、太宰府天満宮《だざいふてんまんぐう》の奇瑞《きずい》等、列記しきれないほどの伝奇・怪異的物語が満ちている。

神秘主義的傾向とその技を持ち、古今《ここん》に通じ、人を試すのが大好きなパズラー。

それが大江匡房という人物だ。

このような男なら、『野馬台詩』に何かを仕掛けることも充分、可能ではないか。

もちろん、これまた確証は取れない。すべては私の想像だ。

だが、匡房以上に『野馬台詩』パズルの作者に相応《ふさわ》しい人は見当たらない。

だから……もう、断言してしまってもいいかもしれない。

大江匡房が『野馬台詩』というパズルを作ったのだ。

作者だからこそ、吉備真備の物語に『野馬台詩』解読のヒントを隠し得たのだ。

八

図形と数における『野馬台詩《やまたいし》』の謎は、大方解《と》けた。

解釈については甘いところもあるかもしれないが、考え得る限りのことはすべて試した——今はそう言うほかにない。

ただ、これですべての謎が解けたというわけではない。

挑まねばならないことは、まだ残っている。

何度も何度も記したとおり、『野馬台詩』はパズルだ。

しかも、詩という形式を用いたパズルだ。ならば、もう一度、予言詩として『野馬台詩』を読んでみなくてはならないだろう。

先に記したとおり、単なるパズルであるならば、数字や記号の羅列《られつ》でも構わなかったはずだろう。そうしなかった理由はやはり、文字そのものにもきちんとした意味があるからではないか。

もっとも、既に詩そのものは「東海姫氏国」から始まる解読が成立している。ここに新たな読み方を加えることが、必要かどうか……。

しばし悩んでみたものの、これまた、やってみればいいという単純な結論に落ち着いた。

なんといっても、相手は大江匡房《おおえのまさふさ》だ。もう一捻《ひね》り二捻りしている可能性は充分にある。

私は今まで出てきた事柄を利用して、再び『野馬台詩』解読に挑んだ。

しかしながら、循環《じゅんかん》する文字を並べたり、出てきた数にこだわったりと、色々試してみたものの、結果はここでも容易に得ることは叶《かな》わなかった。

私は悩み、考えた。

——たとえば、始点に戻る文字を詰めて考えず、ブランクも文字列に加えると、何か見えてきたりするのだろうか。

空白を活《い》かして縦に読んだり、斜めに読んだり。そういう方法はどうだろう。

多分、ダメだろうなと思いながらも、まったく当てがないのだから、可能性は掬《すく》っていくしかない。

面倒くさいと思いながらも、私は図形から文字をコピーした。結果がこれだ。

「祭」「成」「終」も入れてみた。

・前半【成】グループ中、始点に戻る文字を図形どおりに並べる。

東○○○○○世代○工
○司為○○○主建○功
初興治○○終成祭○○
○○○○○君臣○始○
谷○○孫走○○○○○
葛○干戈○中○○孫昌

もうひとつ。

・前半【成】グループ中、始点に戻る文字を「始」から並べる。

始○○○○○初功○建
○臣君○○○興治○主
谷孫走○○祭成終○○
○○○○○世代○工○
孫○○戈葛○○○○○
昌○中干○東○○司為

おわかりだろうか。

両者のブランクの位置が同じだ。

……ということは。

「東」を「始定」に持ってくるのではなく、「始定」を「東」の位置に持ってきても、文字の循環は成立可能ということだ。

多分、数学が得意な人なら、とっくに見抜いていただろう。だが、私には青天《せいてん》の霹靂《へきれき》だった。

これはつまり、もう一通り、循環から来る文字の並べ方があることになる。また、あの作業を繰り返すということになる……。

一瞬、気が遠くなってしまった。

正直、気づかなければよかったとまで思った。が、「東」の位置に「始」を持ってきて図形どおりに読んでいっても、そこから導き出される文は、蜘蛛《くも》の糸で示される前のもの、即ち吉備真備《きびのまきび》がまったく読めない、と嘆いた詩と同じになる。

そんなことに意味があるのか。第一、この方法を試す人などいないだろう。

匡房は、そこまで意地の悪い仕掛けを施すだろうか。

面倒くささが先に立ち、私はいろいろと言い訳を並べた。だが、結局、諦めた。

「……あの人なら、やるかもな」

そう思ってしまったからだ。

私はこれを便宜上《べんぎじょう》「裏野馬台詩」と名を付けて、また鶴《つる》の機織《はたお》りのごとく、詩の移動を開始した。

ただ、今回は最初から先が見えていたので楽だった。

文字数は同じなのだから、あとは後半【白】の終点に来る文字数、三十三回を繰り返してみれば構造は見えてくるはずだ。

予想は当たった。

循環する文字は、表も裏もすべて同じだったのだ。但し、順番は異なっている。さすがに全部を示すのは煩《うるさ》いので、興味のある方は試してみていただきたい。

ともあれ、これで裏表が揃った。

残るは、詩の読み方だけだ。

もちろん、解読に用いる文字が、始点終点を務める文字と決まったわけではない。しかし、これもまた、ひとつひとつを確認し、取捨選択《しゅしゃせんたく》していくのが一番有効な方法に違いない。

急がば回れということだ。もしかしたら、一発で正解が出るかもしれないのだし……。

私はあらゆるパターンを試した。万葉仮名《まんようがな》で読んでみようとか、文選読《もんぜんよ》みではどうかとか、『文選』原文との対応はないかとか、横に読んだらどうだろうとか。

しかし正解は出てこなかった。というより、わからなかったのだ。

一番可能性があったのはやはり、始点終点を務める文字を繋げていく方法だ。

始点終点を務める文字は前半【成】では二十四字、後半【白】では三十字。全部で五十四文字あった。

詩とするなら、一句が六字で九行となる。しかし、漢詩の規則では、一句六字の詩は四行の六言《ろくごん》絶句《ぜっく》しか認められていない。

時代の古い「古詩《こし》」と呼ばれる形式での一句は、四、五、七字。この句の数は不定でいい。元の『野馬台詩』も五字の古詩、不定詩の形を取っている。

だが、五十四文字では、古詩の形にも合わせられない。ならば、と「成」と「白」の二文字を入れて五十六字、四字十四行または七字八行ともしてみたが、どんなふうに成形しても詩としては成立しなかった。

——「韻《いん》」が踏めないのだ。

中国語の声調《せいちょう》を合わせる平仄《ひょうそく》と押韻《おういん》は、漢詩の基本だ。元の『野馬台詩』も最後の「空」と二行前の「中」で韻を踏み、きちんと平仄を合わせている。

内容がどうであろうとも、これによって『野馬台詩』は詩として成立しているわけだ。そして、内容がおかしくて、韻すら踏んでいない文字列は、漢字の羅列《られつ》でしかないというわけだ。

盛り上げておいて申し訳ないが……。

降参！

読めるという気持ちは捨てていないが、これ以上は、私には無理だ。

捻《ひね》り出《だ》した試訳を示そうかとも思ったが、間違いとわかっているものを見せるのは、さすがに恥ずかしい。

言い逃れの手段としては、「吉備入唐間事」中に出てくる『文選』上帙《じょうちつ》は「賦篇《ふへん》」、つまり散文なので、韻も文字数も適当でいいという考えがある。しかし、それでは自分が納得できない。匡房が『文選』上帙を持ち出した理由として、ひとつ考えられるのは、内輪《うちわ》受け的な気持ちだったのでは、ということだ。

上帙は進士《しんし》の試験に用いられた。当時の試験は暗記が重要視されていたので、ここを読んで、「最初に吉備真備が暗記したのか」と感慨《かんがい》に耽《ふけ》る人も出ただろう。

いや、これも私の言い訳だ。

とはいえ、このままでは尻すぼみに過ぎるので、いくつかの思いつきを語っておきたい。

様々なパターンを試してわかったのは、たとえこじつけであっても、並んだ文字列が末世的なものであるのは変わらなかった、ということだ。

ならば、今後もし何らかの方法で新たな詩が現れたなら、その詩は元の『野馬台詩』に対する返歌のようなものになるのではないか。

それと共に、パズルで出た数を基にして、一四四一四四〇年後に終末が来ると読み解くことも可能だろう。その終末を救うのは、観世音菩薩《かんぜおんぼさつ》と住吉大明神《すみよしだいみょうじん》だ。

――日本の終末は、長谷寺《はせでら》の十一面観音《じゅういちめんかんのん》と住吉大明神によって救われ、甦る。その時は一四四一四四〇年後の寅月立春《いんげつりっしゅん》だ。

この解釈は悪くない。

もうひとつ、私は核となる文字にも意味があるのでは、と考えた。

前半【成】の「祭・成・終」、後半【白】の「赤・与」「天・命」の四文字だ。

前半は「祭り成して終わる」または「祭り終わって成る」と読む。

後半は「赤・与・天・命」として見る。

「赤・与」が難しいが、古代、色としての表現は丹《に》か朱《しゅ》が主流で、赤は状態を表すのに用いる場合が多かったという。『野馬台詩』では「赤」を色として用いているが、多くは「赤子《あかご》」や「赤心《せきしん》」など、ピュアで素の状態を示す漢字だ。

ゆえに後半は「天命、あるがままにあずかる」と読んでみたい。

これだけを取り出すと、祭りを成し終わって、あとは運を天に任せるといった感じになるか。「人《じん》事《じ》を尽くして天命を待つ」とも似ているが、どこか投げやりな雰囲気がある。

元の詩が日本滅亡ゆえに、天命もまた、終末に向かっていくのだろうか。

私は『野馬台詩』パズルの作者を大江匡房と決めつけているが、感傷的に言うならば、この言葉は匡房の辞世《じせい》の言葉にも見えてくる。

三代の帝《みかど》に仕え、権力の中枢《ちゅうすう》に居続けて、様々なことを成し遂げた最後に、己の日記を焼き捨てて亡くなっていった男の呟き……。

まあ、いい。

私の『野馬台詩』解読祭りは終わった。

本当は章タイトルを「『野馬台詩』解読」としたかったのだが、「開封」まで終わってしまったのは、なんとも残念なことだ。

だが、尻切れトンボにはなったものの、この詩が手の込んだパズルであり、「吉備入唐間事」が解読の鍵を握っていることは、大方、明らかにできたと思う。

あとは、ここから新たな解釈、新たな詩が出るのか否《いな》か。

私もまた、天命、あるがままにあずかろう。

終章

大江匡房《おおえのまさふさ》はやはり手強《てごわ》い。

皇族でもなければ武士でもないが、彼はある意味、時代の覇者《はしゃ》だ。

文章や説話、宗教に興味を抱《いだ》く人であればあるほどに、彼の掌《てのひら》の上で踊らされるに違いない。

功績《こうせき》は大きく、罪も深い。いや、罪と言っては気の毒だ。神仏に関して、匡房は真摯《しんし》な気持ちで臨《のぞ》んだだけだ。説話については、対藤原《ふじわら》を基盤《きばん》にして、自分がリスペクトする人物を称揚《しょうよう》するのが目的だ。『野馬台詩《やまたいし》』は知的ゲームだ。

案外、茶目っ気があったのではとも想像するが、天才ゆえに理解者は少なく、ゆえに、その文章は畏敬《いけい》の念《ねん》と共に検討されることもないまま、のちのちまで影響を及ぼした。自ら改変を仕掛けたところもある。けれど、どこまでが匡房の望みであったのか、今となっては知る由《よし》もない。

既に記していることだが、大江匡房の眼差しは合理的な現実のみには向いていない。

天門《てんもん》に聳《そび》える大江山《おおえやま》は、大江一族の祖・音人《おとんど》が命名した山であり、地戸《ちと》に鎮《しず》まる阿保親王《あぼしんのう》は匡房によって音人の父と確定された人物だ。

天門ラインの両極に大江の源《みなもと》を置くことにより、匡房はこの力を制した。

天門は雷神や鬼という荒ぶる神の通《かよ》い路《じ》だ。伝奇小説的な物言いをするなら、尋常《じんじょう》ではないエネルギーを得ることで、大江氏は鬼の力を得た。鬼であることを自認したのだ。

天門ラインに並ぶ愛宕山《あたごやま》・大江山に対峙《たいじ》するのは、鬼門《きもん》の比叡山《ひえいざん》だろう。

この対立は、酒呑童子《しゅてんどうじ》伝説では童子の住処《すみか》と元居住地、北野天満宮《きたのてんまんぐう》創始においては多治比文子《たじひのあやこ》と最《さい》鎮《ちん》一行——それぞれの対立でも解釈できる。

これらは山城国《やましろのくに》における、平安京以前と以後の精神的な対立とも言えるに違いない。

第二章一節「鬼の道」で示した、出雲大神宮《いずもだいじんぐう》本殿・比叡山山頂ラインの上に愛宕神社《あたごじんじゃ》が乗った理由は、結局、明確にならなかった。が、出雲は死の調律者だ。そこと人霊を司《つかさど》る鬼門を繋いだ線上に、疫病《えきびょう》をもたらす天門・乾封《いぬいふう》じとしての愛宕神社を置いたのは、やはり意味があるだろう。

その天門ラインに縁を持つ小野篁《おののたかむら》に、匡房は地獄往還《じごくおうかん》の手形を渡した。

小野篁と匡房は似すぎている。そして、似すぎているようにしたのは匡房だ。彼は菅原道真公《すがわらのみちざねこう》をリスペクトしたが、自身の近似値《きんじち》としたのは篁だった。

もしや、小野篁は大江匡房の影武者のような存在、アバターのようなものだったのではなかろうか。冥官《みょうかん》の座を篁に、あるいは熒惑星《けいこくせい》としての自身に仮託《かたく》して、匡房は「黄泉穴《よみのあな》」を通らない仏教的地獄における裁量権《さいりょうけん》をも手中にした。

匡房がどう言おうとも、彼にはやはり死を担《にな》う一族の影がつきまとう。そしてそこには、忌避感《きひかん》以上の矜持《きょうじ》がほの見えるのだ。

それを骨抜きにしたのが、後白河法皇《ごしらかわほうおう》、そして、それに続く時代だ。

『吉備大臣入唐絵巻《きびだいじんにっとうえまき》』によって、『野馬台詩《やまたいし》』は手がかりをなくした。

『大江山絵詞《おおえやまえことば》』によって、大江山は鬼の住処として決定的評価を下された。そしてなぜか、大江氏と親交のある源氏《げんじ》を成敗する側に据え、鬼や数多《あまた》の「土雲《つちぐも》」を屠《ほふ》った。

何か意図があったのか、それとも単に、つまみ食い的な興味と面白さを優先したのか。

もちろん、歴史を改編したと言うのなら、匡房のほうが上手《うわて》だ。しかし、大江匡房のそれは、傍流《ぼうりゅう》に置かれがちな秀才を表に出すことにあった。匡房以降はその逆で、ある種の人々をおどろおどろしい妖怪絵巻の中に閉じ込めた。

うがった見方をするならば、彼らは京《みやこ》に出雲の気配があることを嫌ったのだ。

自分たちより古く、平安遷都《へいあんせんと》以前からここに住み、国津神《くにつかみ》の末裔《まつえい》を名乗る「まつろわぬ」者たち。

鬱陶《うっとう》しい以上に、その存在は恐ろしかったに違いない。

死後、その手に導かれれば、極楽でも地獄でもない、雷公《らいこう》たちが支配する冥界《めいかい》に赴《おもむ》かねばならない。

極楽往生《ごくらくおうじょう》を欲するならば、許容《きょよう》できる存在ではない。そのために、多くの絵巻物にて、出雲を土蜘蛛《つちぐも》とし、土師《はじ》氏である大江を鬼として、貶《おとし》めたのではなかろうか。

その企ては、後白河以前から起こっていたに違いない。

早良親王《さわらしんのう》という御霊《ごりょう》をいなして祀《まつ》ってのち、皇家《こうか》は古代との決別を選んだ。

菅原道真公に戦《おのの》いたのは、自分たちが葬《ほうむ》ったはずの古い魂が、形を変えて再び蘇《よみがえ》ってきたからだ。

彼らはそれに恐怖した。だからこそ、古代的な祭祀《さいし》の業《わざ》を持つ多治比文子に、道真公の魂は渡せなかったのだ。賀茂別雷大神《かもわけいかづちのおおかみ》を上賀茂神社《かみがもじんじゃ》に祀って、古い雷神たちを追いやったのも同じ文脈の上だろう。鬼や疫神《えきじん》や雷神や愛宕。それらを最終的に物語の中に閉じ込めたのが、匡房ののち、後白河法皇から始まる中世だったのだ。

一体、あの時代は、あの時代以降は、何だったのか。

『北野天神縁起絵巻《きたのてんじんえんぎえまき》』によって、菅原道真公は祟《たた》り為《な》す御霊《ごりょう》として広く認識された。小野篁が冥官《みょうかん》として名を馳《は》せるのも同時期だ。和泉式部《いずみしきぶ》、小野小町《おののこまち》、頼豪《らいごう》の伝説もほぼ同じ時代の流れにある。

『今昔物語《こんじゃくものがたり》』『古事談《こじだん》』『宇治拾遺物語《うじしゅういものがたり》』『古今著聞集《ここんちょもんじゅう》』、琵琶法師《びわほうし》の語りや数々の謡曲《ようきょく》……。

匡房が文章の力によって作り上げた帝国を、のちの時代の人々が文章・物語によって改変していく。

物語の戦争と言ってもいいかもしれない。

しかし、一度記された文字は消えない。

残されたものを繋ぎ合わせて、私のような者が再び、古《いにしえ》の精神性を垣間見《かいまみ》ることはできる。そして、再び文章にして世に示すこともできるのだ。

中世まで、やや頑《かたく》なだった教養としての文学は、枷《かせ》を解《と》かれて民衆の中に溢《あふ》れ出《で》た。物語の作者らは説話や芸能を通じて話を盛り上げ、のちの戯作《げさく》に通じる種に豊かで尽きない糧《かて》を与えた。

結果、数多の言霊《ことだま》は自由闊達《じゆうかったつ》に飛び回り、やがて我々大衆の喜怒哀楽《きどあいらく》を喚起《かんき》する普遍的《ふへんてき》な娯楽になったのだ。

学問一徹《がくもんいってつ》だった匡房は苦々《にがにが》しく思うかもしれない。だが、彼らの話が匡房のそれよりわかりやすく、面白かったのだから仕方ない。

私もまた『江談抄《ごうだんしょう》』を原典とする説話に初めて触れたのは、『今昔物語』の中だった。そして、自由になった言葉の世界でこうして物を書いている。

もっとも、その一方で、物語の檻《おり》に囚《とら》われて矮小化《わいしょうか》されたり、自由を奪われた者もいた。先の鬼も然《しか》り、芸能者や遊女《ゆうじょ》も然り、乾の力、出雲もそうかもしれない。

ならば匡房の目論見《もくろみ》は、時に呑み込まれてしまったのか。

答えは否《いな》だ。

晩年、大江匡房は人生に倦《う》んでいたとされる。しかし、彼は平安時代に閉じこもってしまったわけではない。匡房なくば小野篁も吉備真備《きびのまきび》もヒーローにはならなかっただろうし、「神道《しんとう》」という言葉もまた、この世になかったかもしれないのだ。

大江匡房は神を創り、歴史を作った。

ある意味、のちの物語も、匡房によって作り出されたものと言っていいだろう。たとえ換骨奪胎《かんこつだったい》されても、根っこにあるのは匡房の力だ。

説話世界のみに限らない。

匡房は神と仏を結びつけ、中世から江戸末まで続いた信仰の礎《いしずえ》を作った。また、彼が遺《のこ》した有職故《ゆうそくこ》実《じつ》は、のちのちまで宮廷《きゅうてい》を支配した。

一部の人にとってのそれは詐術《さじゅつ》に近かったかもしれないが、大方には受《う》け容《い》れられた。

彼もまた、中世以降の時代を担ったひとりなのだ。

歴史の中で見渡せば、大江匡房は頭の良い、しかしやはり地味な人物だ。

辞書を引くと、匡房の通名「江帥《ごうそつ》」は「ものしり。また、口達者なさま。へらず口をたたくさま」の意とある。

最近は聞かない言葉だが、多分、こういった評価のほうが世間的には妥当だろう。むしろ、匡房の名がこんな形で残っているほうが驚きだ。

本当に腕の立つ魔術師は、歴史に跡を残さないという。大江匡房も同じだろう。

手強いなんてものではない。ここまで記しても、私は彼のすべてを描けたわけではない。解けなかった謎は沢山あるし、勘違いもきっとある。序章にて「匡房の深謀《しんぼう》」と記したが、その底に到達できる日は多分、一生来ないだろう。

しかし、彼が文章の力をここまで示してくれたのは、著述《ちょじゅつ》の業《わざ》の末席《まっせき》にいる者として素直に嬉しい。匡房ほど文の力を知り、存分に活《い》かした人物はいない。彼を評価した白河《しらかわ》は己を「文王《ぶんおう》」と称したが、ならば匡房は「言霊の王」だ。

物語の力と記せば耳に慣れた言葉となるが、筆一本で世界は変わる。

そのことを、大江匡房は私たちに示してくれたのだ。

原形

始定壌天本宗初功元建
終臣君周枝祖興治法主
谷孫走生羽祭成終事衡
塡田魚鱠翔世代天工翼
孫子動戈葛百国氏右扶
昌微中干後東海姫司為
白失水寄胡空為遂国喧
龍游窘急城土茫茫中鼓
牛喰食人黄赤与丘青鐘
腸鼠黒代鶏流畢竭猿外
丹尽後在三王英称犬野
水流天命公百雄星流飛

一回目

東海姫氏国百世代天工
右司為扶翼衡主建元功
初興治法事終**成**祭祖宗
本枝周天壌君臣定始終
谷塡田孫走魚鱠生羽翔
葛後干戈動中微子孫昌
白龍游失水窘急寄胡城
黄鶏代人食黒鼠喰牛腸
丹水流尽後天命在三公
百王流畢竭猿犬称英雄
星流飛野外鐘鼓喧国中
青丘与赤土茫茫遂為空

二回目

三	遂	茫	星	後	白	走	初	国	世	羽	中
在	為	鐘	青	竭	黄	動	本	翼	主	孫	微
命	空	猿	丘	畢	鶏	戈	枝	扶	建	昌	子
天	中	犬	流	尽	龍	孫	興	氏	元	翔	生
黒	雄	称	飛	流	游	田	治	姫	祖	終	鱠
鼠	公	英	与	流	代	干	周	為	祭	宗	魚
喰	腸	国	赤	王	人	後	天	司	成	功	君
寄	城	喧	野	水	失	塡	法	海	終	工	臣
急	胡	鼓	外	丹	水	谷	事	東	衡	天	定
窘	牛	茫	土	百	食	葛	壌	右	百	代	始

三回目

外	寄	鼠	遂	飛	白	治	世	鱠	君	事	干
野	急	公	三	称	後	田	国	終	功	谷	後
赤	窘	英	在	犬	竭	孫	翼	翔	工	葛	塡
与	牛	国	為	流	黄	興	主	生	天	壌	法
流	茫	喧	空	丘	鶏	枝	建	子	衡	右	天
王	土	鼓	命	猿	畢	戈	扶	昌	終	百	周
水	百	胡	天	鐘	尽	動	氏	孫	成	代	為
失	食	城	中	青	龍	本	元	微	祭	始	司
人	水	腸	雄	星	游	初	祖	中	宗	定	海
代	丹	喰	黒	茫	流	走	姫	羽	魚	臣	東

四回目

雄—失—王—寄　空—**白**—建—君　天—為—祖—戈
｜　　　　　｜　｜　　　　　｜　｜　　　　　｜
中—人　土—外　喧—飛　枝—鱠　右—代　初—動
　　｜　｜　　　　　｜　｜　　　　　｜　｜
天—代　鼓—野　国—称　興—終　壌—始　走—本
｜　　　　　｜　｜　　　　　｜　｜　　　　　｜
命—丹　胡—急　為—後　主—功　法—定　姫—元
　　｜　｜　　　　　｜　｜　　　　　｜　｜
猿—喰　城—窘—在—竭　翼—工—塡—宗　羽—氏
｜　　　　　　　　　　　　　　　　　　　　　｜
鐘—黒—腸　赤—英　犬　孫　翔—葛　祭—魚—扶
　　　　｜　｜　｜　｜　｜　｜　｜　｜
青—茫　水　与　公　流　田　生　谷　**成**　臣—昌
｜　｜　｜　｜　｜　｜　｜　｜　｜　｜　｜　｜
龍　流　食　牛　三—黄　国—天　後　終　東　孫
｜　｜　｜　｜　　　　　　　　　｜　｜　｜　｜
尽　游—百　茫—遂—鶏　世—衡—干　百—海　微
｜　　　　　　　　　｜　｜　　　　　　　　　｜
畢—星—水—流—鼠—丘　治—子—事—周—司—中

五回目

茫—龍—鐘—失　窘—**白**—工—為　氏—昌—衡—孫
｜　　　　　｜　｜　　　　　｜　｜　　　　　｜
牛—尽　黒—雄　城—空　翼—天　羽—臣　世—田
　　｜　｜　　　　　｜　｜　　　　　｜　｜
与—畢　腸—中　胡—喧　主—右　姫—東　治—国
｜　　　　　｜　｜　　　　　｜　｜　　　　　｜
赤—星　水—人　急—飛　功—代　元—海　子—天
　　｜　｜　　　　　｜　｜　　　　　｜　｜
英—水　食—代—野—称　終—始—本—百　事—生
｜　　　　　　　　　　　　　　　　　　　　　｜
公—流—百　天—鼓　国　興　壌—走　終—周—翔
　　　　｜　｜　｜　｜　｜　｜　｜　｜
三—鼠　游　命　土　為　枝　法　初　**成**　司—葛
｜　｜　｜　｜　｜　｜　｜　｜　｜　｜　｜　｜
黄　丘　流　丹　外—後　鱠—定　動　祭　中　谷
｜　｜　｜　｜　　　　　　　　　｜　｜　｜　｜
流　鶏—茫　喰—寄—竭　君—宗—戈　魚—微　後
｜　　　　　　　　　｜　｜　　　　　　　　　｜
犬—遂—青—猿—王—在　建—塡—祖—扶—孫—干

六回目

興枝鱠定法壊走初動戈
宗君建塡祖扶孫干後谷
葛司中微魚祭**成**終周翔
生事子天国治世田孫衡
昌氏羽臣東姫元海百本
始終功代右主翼天為工
白窘城空喧胡急飛称野
代食水人中腸黒雄失鐘
龍茫牛尽畢与赤星水英
公流百游流茫鶏丘鼠三
黄流犬遂青猿王在竭寄
喰丹命天鼓土外後為国

七回目

主翼天海元姫治世田孫
百為工本衡翔谷戈動初
走孫干後周終**成**祭扶壊
法祖塡定鱠建君枝興宗
葛生事司中子天微魚国
東右代臣羽功終氏昌始
白代食窘城水人空喧中
畢流游尽牛百流茫龍公
黄喰丹流犬命天遂青鼓
土猿茫鶏丘鼠竭在王外
後為国寄三英鐘野称失
水星赤与腸黒雄飛急胡

八回目

青	飛	黒	後	犬	**白**	中	走	元	治	魚	功
遂	急	英	水	丘	畢	羽	法	衡	谷	昌	終
天	胡	鼠	星	鶏	流	臣	祖	本	戈	始	氏
命	失	竭	為	流	代	司	孫	海	動	国	微
百	外	在	国	丹	食	事	干	天	扶	宗	天
流	鼓	王	赤	茫	游	代	塡	工	祭	壌	子
茫	公	称	与	猿	尽	右	定	為	**成**	初	建
空	中	野	寄	喰	窖	生	後	翼	終	孫	君
人	喧	鐘	三	黄	城	葛	周	主	翔	田	枝
水	龍	雄	腸	土	牛	東	鱠	百	姫	世	興

九回目

三	空	流	飛	国	**白**	干	治	天	建	周	代
寄	人	鼓	青	在	犬	事	元	宗	初	葛	右
与	水	王	遂	竭	丘	司	衡	国	孫	東	生
赤	龍	称	急	為	畢	孫	谷	微	田	鱠	後
茫	雄	野	胡	星	流	祖	戈	氏	翔	百	定
猿	腸	鐘	天	鼠	鶏	臣	本	始	終	姫	塡
喰	土	喧	命	英	流	羽	海	昌	**成**	世	工
窖	牛	中	失	水	代	法	動	終	祭	興	為
尽	城	公	外	後	食	走	扶	功	壌	枝	翼
游	黄	茫	百	黒	丹	中	天	魚	子	君	主

十回目

外	窘	猿	空	胡	**白**	戈	建	定	工	扶	臣
失	尽	腸	三	野	国	祖	天	百	世	走	羽
命	游	鐘	寄	称	在	孫	宗	鱠	興	中	法
天	黄	喧	人	急	犬	谷	初	後	枝	天	動
鼠	茫	中	水	遂	丘	衡	孫	生	壊	魚	海
英	百	公	与	王	竭	司	国	東	祭	子	本
水	黒	城	赤	鼓	為	事	微	葛	**成**	君	始
代	丹	牛	龍	青	畢	元	田	右	終	主	昌
流	食	土	雄	飛	流	治	翔	代	姫	翼	終
鶏	後	喰	茫	流	星	干	氏	周	塡	為	功

十一回目

雄	代	英	窘	水	**白**	孫	工	海	始	翔	司
龍	流	百	外	中	胡	衡	定	魚	君	治	事
赤	鶏	公	失	喧	野	谷	百	天	主	干	元
与	後	城	尽	人	国	初	世	動	翼	氏	田
王	喰	牛	游	寄	在	宗	興	法	姫	周	微
鼓	茫	土	命	鐘	称	孫	鱠	中	終	塡	国
青	流	食	天	腸	急	祖	後	走	**成**	為	東
畢	星	丹	黄	三	犬	天	枝	羽	祭	功	葛
為	流	黒	茫	空	丘	建	壊	臣	子	終	右
竭	飛	水	鼠	猿	遂	戈	生	扶	本	昌	代

十二回目

茫—畢—鼓—代　游—白—興—始　微—東—壌—孫

｜　　　　　｜　｜　　　　　｜　｜　　　　　｜

黄—為　茫—雄　牛—水　宗—海　周—為　建—祖

　　｜　｜　　　　　｜　｜　　　　　｜　｜

天—竭　土—龍　城—中　初—魚　氏—功　戈—天

｜　　　　　｜　｜　　　　　｜　｜　　　　　｜

命—飛　食—流　尽—胡　世—君　田—終　生—枝

　　｜　｜　　　　　｜　｜　　　　　｜　｜

鐘—水　丹—鶏—失—野　百—主—元—子　扶—後

｜　　　　　　　　　　　　　　　　　　　　　｜

腸—鼠—黒　赤—公　喧　谷　天—干　祭—本—鱠

　　　　｜　｜　｜　｜　｜　｜　｜　｜

三—猿　流　与　百　人　衡　動　治　**成**　昌—中

｜　｜　｜　｜　｜　｜　｜　｜　｜　｜　｜　｜

犬　遂　星　後　外—国　定—翼　事　終　代　走

｜　｜　｜　｜　　　　　　　　　｜　｜　｜　｜

急　丘—流　喰—窘—在　工—姫—司　塡—右　羽

｜　　　　　　　　　｜　｜　　　　　　　　　｜

称—空—青—王—英—寄　孫—法—翔—国—葛—臣

十三回目

喰—犬—腸—畢　鶏—白—主—東　後—中—姫—谷

｜　　　　　｜　｜　　　　　｜　｜　　　　　｜

後—急　鼠—茫　丹—游　百—微　扶—昌　工—衡

　　｜　｜　　　　　｜　｜　　　　　｜　｜

与—称　黒—黄　食—牛　世—周　生—代　孫—定

｜　　　　　｜　｜　　　　　｜　｜　　　　　｜

赤—空　流—為　流—水　君—為　枝—右　法—翼

　　｜　｜　　　　　｜　｜　　　　　｜　｜

公—青　星—竭—龍—中　魚—功—天—塡　翔—動

｜　　　　　　　　　　　　　　　　　　　　　｜

百—王—流　天—土　城　初　氏—戈　終　国—天

　　　　｜　｜　｜　｜　｜　｜　｜　｜

外—英　丘　命　茫　尽　宗　田　建　**成**　葛—干

｜　｜　｜　｜　｜　｜　｜　｜　｜　｜　｜　｜

国　寄　遂　飛　雄—胡　海—終　祖　祭　臣　治

｜　｜　｜　｜　　　　　　　　　｜　｜　｜　｜

人　在—猿　水—代—野　始—子—孫　本—羽　事

｜　　　　　　　　　｜　｜　　　　　　　　　｜

喧—窘—三—鐘—鼓—失　興—元—壌—鱠—走—司

十四回目

水	国	百	犬	竭	**白**	功	中	動	干	子	初
飛	人	王	喰	星	鶏	魚	後	翔	葛	始	宗
命	喧	流	後	流	丹	君	扶	法	臣	興	海
天	窘	丘	急	為	游	為	昌	翼	羽	元	終
土	三	遂	称	黄	牛	周	代	定	本	壌	田
茫	鐘	猿	与	黒	食	世	生	孫	祭	鱠	氏
雄	鼓	在	赤	鼠	流	百	枝	工	**成**	走	戈
胡	失	寄	空	茫	水	微	右	衡	終	司	建
尽	野	英	青	畢	中	東	塡	谷	国	事	祖
城	代	外	公	腸	龍	主	天	姫	天	治	孫

十五回目

青	胡	茫	国	称	**白**	代	干	田	戈	塡	世
空	尽	鐘	水	遂	竭	周	動	壌	走	東	百
赤	城	猿	飛	丘	星	為	翔	元	司	主	微
与	代	在	人	急	鶏	昌	葛	終	事	天	右
黒	外	寄	喧	後	丹	扶	臣	海	国	姫	枝
鼠	公	英	命	流	流	君	法	興	終	天	生
茫	腸	野	天	王	為	魚	翼	始	**成**	治	孫
水	龍	失	窘	喰	游	後	羽	宗	祭	孫	工
流	中	鼓	三	犬	牛	中	本	初	鱠	祖	衡
食	畢	雄	土	百	黄	功	定	子	氏	建	谷

十六回目

三—水—鼠—胡　喧—**白**—臣—戈　枝—孫—本—君
｜　　　　　｜　｜　　　　　｜　｜　　　　　｜
窘—流　公—青　寄—称　扶—田　姫—治　中—魚
　　｜　｜　　　　　｜　｜　　　　　｜　｜
天—食　英—空　在—遂　昌—壌　天—孫　功—後
｜　　　　　｜　｜　　　　　｜　｜　　　　　｜
命—畢　野—尽　人—竭　葛—走　右—祖　定—羽
　　｜　｜　　　　　｜　｜　　　　　｜　｜
流—雄　失—城—飛—星　翔—司—微—鱠　子—翼
｜　　　　　　　　　　　　　　　　　　　　　｜
王—土—鼓　赤—猿　丘　為　元—主　祭—氏—法
　　　　｜　｜　｜　｜　｜　｜　｜　｜
喰—百　中　与　鐘　急　周　終　東　**成**　建—興
｜　｜　｜　｜　｜　｜　｜　｜　｜　｜　｜　｜
游　黄　龍　代　水—鶏　動—事　百　終　谷　始
｜　｜　｜　｜　　　　　　　　　｜　｜　｜　｜
為　牛—腸　外—国—丹　干—国—世　天—衡　宗
｜　　　　　　　　　｜　｜　　　　　　　　　｜
流—犬—茫—黒—茫—後　代—海—塡—生—工—初

十七回目

外—游—王—水　城—**白**—司—孫　翼—興—国—為
｜　　　　　｜　｜　　　　　｜　｜　　　　　｜
代—為　土—三　失—喧　翔—枝　子—建　干—周
　　｜　｜　　　　　｜　｜　　　　　｜　｜
与—流　鼓—窘　野—寄　葛—姫　定—谷　代—動
｜　　　　　｜　｜　　　　　｜　｜　　　　　｜
赤—犬　中—流　尽—称　走—治　羽—衡　海—事
　　｜　｜　　　　　｜　｜　　　　　｜　｜
猿—茫　龍—食—空—遂　壌—孫—後—天　塡—終
｜　　　　　　　　　　　　　　　　　　　　　｜
鐘—黒—腸　天—英　在　昌　天—功　終—生—元
　　　　｜　｜　｜　｜　｜　｜　｜　｜
水—茫　牛　命　公　人　扶　右　中　**成**　工—主
｜　｜　｜　｜　｜　｜　｜　｜　｜　｜　｜　｜
鶏　後　黄　畢　青—竭　田—祖　魚　祭　初　東
｜　｜　｜　｜　　　　　　　　　｜　｜　｜　｜
急　丹—百　雄—胡—星　戈—鱠—君　氏—宗　百
｜　　　　　　　　　｜　｜　　　　　　　　　｜
丘—国—喰—流—鼠—飛　臣—微—本—法—始—世

十八回目

雄—鶏—鐘—游　食—**白**—孫—興　終—主—鱠—昌

畢—急　黒—外　龍—城　壌—翼　塡—工　戈—扶

命—丘　腸—代　中—失　走—子　海—初　臣—田

天—国　牛—為　流—喧　治—建　事—宗　微—祖

英—喰　黄—流—窘—寄　姫—谷—動—氏　本—右

公—流—百　与—鼓　野　葛　定—代　祭—法—天

青—鼠　丹　赤　土　尽　翔　羽　干　**成**　始—功

竭　飛　後　犬　三—称　枝—衡　周　終　世　中

人　星—茫　茫—水—遂　孫—天—為　生—百　魚

在—胡—水—猿—王—空　司—後—国—元—東—君

十九回目

茫—竭—公—鶏　流—**白**—谷—主　右—功—天—葛

犬—人　流—雄　黄—食　姫—終　本—始　孫—翔

赤—在　百—畢　牛—龍　治—塡　微—世　司—枝

与—胡　丹—急　為—城　建—工　祖—百　後—衡

鼓—水　後—丘—代—失　子—初—田—生　国—羽

土—猿—茫　命—腸　中　走　海—臣　終—元—定

三—王　星　天　黒　流　壌　事　戈　**成**　東—代

称　空　飛　国　外—喧　翼—宗　扶　祭　君　干

尽　遂—鼠　喰—游—寄　興—氏—昌　法—魚　周

野—水—青—英—鐘—窘　孫—動—鱠—天—中—為

二十回目

喰—称—土—竭　丘—**白**—初—功　羽—代—氏—走

｜　　　　　｜　｜　　　　　｜　｜　　　　　｜

国—尽　猿—茫　後—流　子—右　国—東　興—壌

　　｜　｜　　　　　｜　｜　　　　　｜　｜

天—野　茫—犬　丹—黄　建—本　後—君　孫—翼

｜　　　　　｜　｜　　　　　｜　｜　　　　　｜

命—水　星—人　急—食　工—始　衡—魚　動—宗

　　｜　｜　　　　　｜　｜　　　　　｜　｜

腸—青　飛—在—畢—龍　塡—世—枝—法　鱠—事

｜　　　　　　　　　　　　　　　　　　　　　｜

黒—英—鼠　赤—百　牛　治　微—司　祭—天—海

　　　　｜　｜　｜　｜　｜　｜　｜　｜

外—鐘　遂　与　流　為　姫　祖　孫　**成**　中—臣

｜　｜　｜　｜　｜　｜　｜　｜　｜　｜　｜　｜

喧　窘　空　胡　雄—城　終—百　翔　終　為　戈

｜　｜　｜　｜　　　　　　　　　｜　｜　｜　｜

流　寄—王　水—鶏—失　主—生—葛　元—周　扶

｜　　　　　　　　　｜　｜　　　　　　　　　｜

中—游—三—鼓—公—代　谷—田—天—定—干—昌

二十一回目

水—喧—黒—称　在—**白**—世—代　事—臣—生—治

｜　　　　　｜　｜　　　　　｜　｜　　　　　｜

胡—流　英—喰　飛—丘　塡—羽　鱠—中　主—姫

　　｜　｜　　　　　｜　｜　　　　　｜　｜

与—中　鼠—国　星—後　工—国　動—為　谷—終

｜　　　　　｜　｜　　　　　｜　｜　　　　　｜

赤—游　遂—尽　人—流　始—東　宗—周　田—百

　　｜　｜　　　　　｜　｜　　　　　｜　｜

百—三　空—野—犬—黄　本—君—翼—元　天—祖

｜　　　　　　　　　　　　　　　　　　　　　｜

流—鼓—王　天—茫　丹　建　後—孫　終—定—微

　　　　｜　｜　｜　｜　｜　｜　｜　｜

雄—公　寄　命　猿　急　子　衡　興　**成**　干—司

｜　｜　｜　｜　｜　｜　｜　｜　｜　｜　｜　｜

城　代　窘　水　茫—食　右—魚　壌　祭　昌　孫

｜　｜　｜　｜　　　　　　　　　｜　｜　｜　｜

為　失—鐘　青—竭—龍　功—法—走　天—扶　翔

｜　　　　　　　　　｜　｜　　　　　　　　　｜

牛—鶏—外—腸—土—畢　初—枝—氏—海—戈—葛

二十二回目

青	城	流	喧	野	**白**	君	臣	祖	司	法	建
水	為	鼓	水	空	在	本	事	天	干	功	子
命	牛	王	胡	遂	飛	始	鱠	田	昌	初	右
天	鶏	寄	流	尽	丘	東	中	百	扶	枝	魚
茫	外	窘	中	国	後	国	為	終	天	氏	衡
猿	腸	鐘	与	鼠	星	工	動	谷	祭	海	後
茫	土	失	赤	英	人	塡	宗	主	**成**	戈	孫
食	畢	代	游	喰	流	羽	周	姫	終	葛	興
急	龍	公	三	称	黄	代	元	治	定	翔	壊
丹	竭	雄	百	黒	犬	世	翼	生	微	孫	走

二十三回目

三	食	猿	城	中	**白**	為	司	衡	孫	元	工
游	急	腸	青	窘	野	国	祖	氏	戈	代	塡
赤	丹	鐘	水	寄	空	東	天	枝	葛	世	羽
与	竭	失	為	流	在	中	干	魚	翔	翼	周
鼠	雄	代	牛	胡	飛	鱠	昌	右	定	生	宗
英	百	公	命	王	遂	始	田	初	終	微	動
喰	黒	龍	天	鼓	尽	本	百	功	**成**	孫	谷
流	犬	畢	鶏	水	丘	事	扶	子	祭	走	主
人	黄	土	外	喧	後	臣	天	建	海	壊	姫
星	称	茫	茫	流	国	君	終	法	後	興	治

二十四回目

外	流	英	食	牛	**白**	昌	孫	宗	谷	天	始
鶏	人	百	三	代	中	鱠	衡	生	孫	臣	本
天	星	公	游	失	窘	中	氏	翼	走	君	事
命	称	龍	急	為	野	干	戈	周	壊	終	扶
王	茫	畢	丹	水	空	天	葛	羽	海	法	百
鼓	茫	土	赤	鐘	寄	東	枝	世	祭	後	田
水	流	黄	与	腸	流	国	魚	代	**成**	興	初
丘	国	犬	竭	青	在	祖	翔	塡	終	治	功
尽	後	黒	雄	城	飛	司	定	工	微	姫	子
遂	喧	喰	鼠	猿	胡	為	右	元	動	主	建

二十五回目

雄	丘	鼓	流	丹	**白**	葛	谷	百	初	定	東
竭	尽	茫	外	畢	牛	天	宗	法	興	司	国
与	遂	土	鶏	龍	代	干	生	終	治	為	祖
赤	喧	黄	人	急	中	戈	孫	扶	姫	右	翔
鐘	喰	犬	星	游	窘	氏	走	事	微	元	魚
腸	鼠	黒	天	公	失	中	翼	君	終	動	枝
青	猿	後	命	百	為	鱠	周	臣	**成**	主	世
在	胡	国	称	三	野	衡	壊	本	祭	建	代
流	飛	流	茫	食	空	孫	海	始	後	子	塡
寄	城	水	王	英	水	昌	羽	天	田	功	工

二十六回目

茫	在	腸	丘	星	**白**	走	初	魚	世	海	中
称	流	鼠	雄	犬	丹	氏	百	元	主	孫	鱠
命	寄	黒	竭	黄	畢	戈	法	右	建	昌	衡
天	城	後	尽	人	牛	孫	興	翔	子	羽	壌
公	水	国	遂	鶏	代	生	治	祖	後	天	周
百	王	流	与	土	龍	干	終	為	祭	田	翼
三	英	飛	赤	茫	急	天	扶	司	**成**	功	君
野	水	胡	喧	外	中	宗	姫	国	終	工	臣
為	空	猿	喰	流	窘	谷	微	東	動	塡	本
失	食	青	鐘	鼓	游	葛	事	定	枝	代	始

二十七回目

喰	野	百	在	遂	**白**	治	世	周	君	微	干
喧	為	王	茫	国	星	生	魚	天	功	谷	天
赤	失	流	称	後	犬	孫	元	羽	工	葛	宗
与	食	飛	流	尽	丹	興	主	壌	塡	事	姫
土	青	胡	寄	竭	畢	法	建	衡	動	定	扶
茫	鐘	猿	命	黒	黄	戈	右	昌	終	枝	終
外	鼓	空	天	鼠	人	氏	翔	孫	**成**	代	為
中	游	水	城	雄	牛	百	子	鱠	祭	始	司
急	窘	英	水	丘	代	初	後	中	田	本	国
龍	流	三	公	腸	鶏	走	祖	海	翼	臣	東

二十八回目

水	中	茫	野	寄	**白**	建	君	扶	為	後	戈
城	急	鐘	喰	胡	遂	法	周	定	代	初	氏
天	龍	猿	喧	飛	国	興	天	事	始	走	百
命	流	空	為	流	星	主	功	姫	本	祖	子
黒	三	水	失	称	犬	元	工	宗	田	海	翔
鼠	公	英	赤	流	後	孫	羽	葛	祭	翼	右
雄	腸	窘	与	王	尽	生	壌	谷	**成**	臣	昌
牛	鶏	游	食	茫	丹	魚	塡	天	終	東	孫
人	代	鼓	青	在	畢	世	動	干	枝	国	鱠
黄	丘	外	土	百	竭	治	衡	微	終	司	中

二十九回目

青	牛	鼠	中	失	**白**	工	為	翔	昌	動	孫
食	人	公	水	水	寄	元	扶	海	臣	世	生
与	黄	英	城	空	胡	主	定	祖	東	治	魚
赤	丘	窘	急	為	遂	功	代	子	国	衡	塡
流	外	游	龍	喧	国	天	始	百	枝	微	壌
王	土	鼓	天	猿	飛	興	事	走	終	終	羽
茫	百	代	命	鐘	流	法	姫	初	**成**	司	葛
丹	竭	鶏	流	喰	星	周	本	氏	祭	中	谷
尽	畢	腸	三	野	犬	君	田	戈	翼	鱠	天
後	在	雄	黒	茫	称	建	宗	後	右	孫	干

三十回目

三	丹	王	牛	龍	**白**	始	昌	壊	葛	田	興
流	尽	土	青	游	失	天	翔	微	司	君	法
命	後	鼓	食	窘	水	功	海	衡	中	建	周
天	在	代	人	急	寄	代	臣	塡	鱠	宗	本
猿	雄	鶏	黄	城	胡	定	東	魚	翼	後	姫
鐘	黒	腸	与	英	空	主	祖	治	祭	右	事
喰	茫	畢	赤	公	為	元	子	世	**成**	孫	走
星	称	竭	丘	水	遂	扶	国	生	終	干	初
流	犬	百	外	中	国	為	枝	孫	終	天	氏
飛	野	茫	流	鼠	喧	工	百	動	羽	谷	戈

三十一回目

外	星	鐘	丹	黄	**白**	東	葛	姫	走	枝	主
丘	流	黒	三	鶏	龍	定	壊	後	孫	為	元
赤	飛	腸	流	代	游	代	微	宗	干	工	扶
与	野	畢	尽	人	失	臣	司	本	天	百	国
英	茫	竭	後	食	水	海	中	周	終	動	子
公	流	百	命	鼓	窘	功	衡	建	終	羽	祖
水	鼠	犬	天	土	急	天	塡	君	**成**	谷	治
遂	喧	称	在	青	寄	翔	鱠	法	祭	戈	世
為	国	茫	雄	牛	胡	昌	翼	興	右	氏	生
空	中	喰	猿	王	城	始	魚	田	事	初	孫

三十二回目

雄—遂—公—星　後—白—中—走　子—治—翼—功
｜　　　　　　｜　｜　　　　　　｜　｜　　　　　　｜
在—為　流—外　竭—黄　海—姫　動—谷　昌—天
　　｜　｜　　　　　　｜　｜　　　　　　｜　｜　
天—空　百—丘　畢—鶏　臣—後　百—戈　始—翔
｜　　　　　　｜　｜　　　　　　｜　｜　　　　　　｜
命—中　犬—流　尽—龍　司—孫　国—氏　魚—鱠
　　｜　｜　　　　　　｜　｜　　　　　　｜　｜　
鼓—喰　称—飛—流—游　微—干—扶—右　田—塡
｜　　　　　　　　　　　　　　　　　　　　　　｜
土—猿—茫　赤—腸　代　代　宗—工　祭—事—衡
　　　　｜　｜　｜　｜　｜　｜　｜　｜　　　　
青—王　国　与　黒　人　定　本　為　成　初—建
｜　｜　｜　｜　｜　｜　｜　｜　｜　｜　｜　｜
寄　城　喧　野　三—失　壌—天　元　終　孫　君
｜　｜　｜　｜　　　　　　　　　｜　｜　｜　｜
急　胡—鼠　茫—丹—水　葛—終—主　羽—生　法
｜　　　　　　　　　　｜　｜　　　　　　　　　　｜
窘—牛—水—英—鐘—食　東—周—枝—祖—世—興

三十三回目

茫—寄—土—遂　飛—白—干—治　塡—建—終—代
｜　　　　　　｜　｜　　　　　　｜　｜　　　　　　｜
野—急　猿—雄　称—後　微—子　田—初　葛—定
　　｜　｜　　　　　　｜　｜　　　　　　｜　｜　
与—窘　茫—在　犬—竭　司—動　魚—孫　東—壌
｜　　　　　　｜　｜　　　　　　｜　｜　　　　　　｜
赤—牛　国—為　流—黄　孫—谷　鱠—生　周—天
　　｜　｜　　　　　　｜　｜　　　　　　｜　｜　
腸—水　喧—空—丘—鶏　後—戈—翔—羽　枝—本
｜　　　　　　　　　　　　　　　　　　　　　　｜
黒—英—鼠　天—白　畢　臣　百—始　終—祖—宗
　　　　｜　｜　｜　｜　｜　｜　｜　｜　　　　
三—鐘　胡　命　流　尽　海　国　昌　成　世—工
｜　｜　｜　｜　｜　｜　｜　｜　｜　｜　｜　｜
失　食　城　中　外—龍　姫—氏　天　祭　興　為
｜　｜　｜　｜　　　　　　　　　｜　｜　｜　｜
人　水—王　喰—星—游　走—右—功　事—法　元
｜　　　　　　　　　　｜　｜　　　　　　　　　　｜
代—丹—青—鼓—公—流　中—扶—翼—衡—君—主

三十四回目

喰	—	失	—	黒	—	寄		空	—	**白**	—	戈	—	建		本	—	工	—	右	—	臣
｜						｜		｜						｜		｜						｜
中	—	人		英	—	茫		喧	—	飛		後	—	塡		枝	—	世		走	—	海
		｜		｜						｜		｜						｜		｜		
命	—	代		鼠	—	野		国	—	称		孫	—	田		周	—	興		中	—	姫
｜						｜		｜						｜		｜						｜
天	—	丹		胡	—	急		為	—	後		谷	—	初		天	—	法		扶	—	氏
		｜		｜						｜		｜						｜		｜		
百	—	青		城	—	窘	—	在	—	竭		動	—	孫	—	壌	—	事		翼	—	国
｜																						｜
流	—	鼓	—	王		与	—	茫		犬		司		魚	—	東		祭	—	衡	—	百
				｜		｜		｜		｜		｜		｜		｜		｜				
外	—	公		水		赤		猿		流		微		鱠		葛		**成**		君	—	始
｜		｜		｜		｜		｜		｜		｜		｜		｜		｜		｜		｜
龍		流		食		牛		雄	—	黄		子	—	生		定		終		主		昌
｜		｜		｜		｜										｜		｜		｜		｜
尽		游	—	鐘		水	—	遂	—	鶏		治	—	羽	—	代		祖	—	元		天
｜										｜		｜										｜
畢	—	星	—	三	—	腸	—	土	—	丘		干	—	翔	—	終	—	宗	—	為	—	功

三十五回目

水	—	龍	—	流	—	失		窘	—	**白**	—	孫	—	工		国	—	始	—	羽	—	司
｜						｜		｜						｜		｜						｜
牛	—	尽		鼓	—	喰		城	—	空		動	—	本		翼	—	君		治	—	微
		｜		｜						｜		｜						｜		｜		
赤	—	畢		王	—	中		胡	—	喧		谷	—	枝		扶	—	主		干	—	子
｜						｜		｜						｜		｜						｜
与	—	星		水	—	人		急	—	飛		初	—	世		氏	—	元		翔	—	生
		｜		｜						｜		｜						｜		｜		
茫	—	三		食	—	代	—	野	—	称		田	—	興	—	姫	—	祖		終	—	鱠
｜																						｜
猿	—	腸	—	鐘		命	—	鼠		国		孫		周	—	中		終	—	宗	—	魚
				｜		｜		｜		｜		｜		｜		｜		｜				
雄	—	土		游		天		英		為		後		天		走		**成**		為	—	東
｜		｜		｜		｜		｜		｜		｜		｜		｜		｜		｜		｜
黄		丘		流		丹		茫	—	後		塡	—	法		海		祭		功		葛
｜		｜		｜		｜										｜		｜		｜		｜
流		鶏	—	公		青	—	寄	—	竭		建	—	事	—	臣		衡	—	天		定
｜										｜		｜										｜
犬	—	遂	—	外	—	百	—	黒	—	在		戈	—	壌	—	右	—	百	—	昌	—	代

三十六回目

青	黄	猿	龍	代	**白**	興	始	鱠	東	事	孫
丹	流	腸	水	食	窘	田	国	終	為	建	後
天	犬	鐘	牛	水	城	初	翼	翔	功	戈	塡
命	遂	游	尽	人	空	世	君	生	天	壌	法
鼠	外	流	畢	中	喧	枝	主	子	衡	右	天
英	百	公	赤	王	胡	谷	扶	干	祭	百	周
茫	黒	鶏	与	鼓	急	動	氏	治	**成**	昌	中
後	在	丘	星	喰	飛	本	元	微	終	代	走
為	竭	土	三	失	称	工	祖	司	宗	定	海
国	寄	雄	茫	流	野	孫	姫	羽	魚	葛	臣

三十七回目

三	後	英	黄	畢	**白**	主	東	天	中	祖	谷
星	為	百	青	流	代	枝	鱠	右	昌	工	動
与	国	公	丹	游	食	世	終	壌	代	孫	本
赤	寄	鶏	流	尽	窘	君	為	法	定	姫	元
王	雄	丘	犬	牛	城	翼	功	塡	宗	羽	氏
鼓	茫	土	天	鐘	水	初	翔	戈	終	魚	扶
喰	流	竭	命	腸	人	田	生	建	**成**	葛	干
飛	野	在	遂	水	空	国	天	後	祭	臣	治
急	称	黒	外	龍	喧	始	衡	孫	百	海	微
胡	失	茫	鼠	猿	中	興	子	事	周	走	司

三十八回目

外	飛	鼓	後	犬	**白**	功	中	氏	干	衡	初
遂	急	茫	三	丘	畢	翼	天	羽	葛	始	田
命	胡	土	星	鶏	流	君	右	姫	臣	興	国
天	失	竭	為	流	代	為	昌	元	海	子	天
鐘	茫	在	国	丹	食	終	代	本	百	事	生
腸	鼠	黒	与	公	游	世	壊	孫	祭	周	翔
水	猿	称	赤	百	尽	枝	法	工	**成**	走	戈
空	中	野	寄	青	窘	鱠	定	動	終	司	建
人	喧	流	雄	黄	城	東	宗	谷	魚	微	後
水	龍	喰	王	英	牛	主	塡	祖	扶	治	孫

三十九回目

雄	空	腸	飛	国	**白**	代	干	生	戈	宗	世
寄	人	鼠	外	在	犬	終	氏	事	走	東	枝
赤	水	黒	遂	竭	丘	為	羽	子	司	主	鱠
与	龍	称	急	為	畢	昌	葛	天	微	塡	定
公	喰	野	胡	星	流	右	臣	国	魚	祖	法
百	王	流	命	土	鶏	君	姫	興	終	扶	壊
青	英	喧	天	茫	流	翼	元	始	**成**	治	孫
窘	牛	中	失	三	代	天	海	田	祭	孫	工
尽	城	猿	茫	後	食	中	百	初	周	後	動
游	黄	水	鐘	鼓	丹	功	本	衡	翔	建	谷

四十回目

君翼天海元姫興始田初
百中功本衡翔建谷動工
孫治孫後周祭成終扶壊
法祖塡定鱠主東枝世宗
戈生事走司子天微魚国
臣右昌葛羽為終氏干代
白国在犬丘竭為畢流星
胡野称急遂黒鼠外飛腸
空雄寄人水赤与龍喰公
百王流喧中猿城牛英青
窘尽游黄水鐘鼓丹食後
茫失天命土茫三代流鶏

四十一回目

為終氏微天子主東枝世
魚干代国宗壊工初田始
興建谷動扶終成祭翔姫
元衡本海天功中翼君百
孫法祖治孫塡定後周鱠
司羽葛走事昌右生戈臣
白胡野国在称急犬丘遂
水中喧人寄流王雄空百
窘茫失尽游天命黄水土
茫鐘猿城牛英食丹鼓三
代流鶏後青公腸星流飛
喰龍与赤黒鼠外畢為竭

四十二回目

水	畢	鼠	代	游	**白**	孫	興	天	主	周	昌
黄	為	公	喰	牛	水	事	元	宗	工	戈	右
命	竭	英	龍	城	中	走	衡	国	初	臣	生
天	飛	食	流	尽	胡	治	建	微	田	鱠	後
流	三	丹	鶏	失	野	祖	谷	氏	翔	百	定
王	土	鼓	与	猿	喧	葛	本	代	祭	姫	塡
雄	百	流	赤	鐘	人	羽	海	干	**成**	始	功
犬	遂	星	後	茫	国	法	動	終	終	世	中
急	丘	腸	青	窘	在	孫	扶	為	壊	枝	翼
称	空	外	黒	茫	寄	司	天	魚	子	東	君

四十三回目

青	犬	王	畢	鶏	**白**	谷	主	定	功	扶	葛
後	急	土	水	丹	游	祖	天	百	始	孫	羽
赤	称	鼓	黄	食	牛	治	宗	鱠	世	司	法
与	空	流	為	流	水	建	工	後	枝	天	動
猿	外	星	竭	龍	中	衡	初	生	壊	魚	海
鐘	黒	腸	命	英	城	走	国	臣	終	子	本
茫	茫	丘	天	公	尽	事	微	戈	**成**	東	代
国	寄	遂	飛	喰	胡	元	田	右	祭	君	干
人	在	百	三	代	野	興	翔	昌	姫	翼	終
喧	窘	雄	流	鼠	失	孫	氏	周	塡	中	為

四十四回目

三—国—鐘—犬　蝎—白—初—功　海—代—翔—走
｜　　　　　｜　｜　　　　　｜　｜　　　　　｜
飛—人　黒—青　星—鶏　衡—定　魚—東　興—事
　　｜　｜　　　　　｜　｜　　　　　｜　｜
天—喧　腸—後　流—丹　建—百　天—君　孫—元
｜　　　　　｜　｜　　　　　｜　｜　　　　　｜
命—窘　丘—急　為—游　工—始　動—翼　氏—田
　　｜　｜　　　　　｜　｜　　　　　｜　｜
英—雄　遂—称—黄—牛　宗—世—法—姫　周—微
｜　　　　　　　　　　　　　　　　　　　　　｜
公—流—百　赤—鼓　食　治　鱠—司　祭—塡—国
　　　　｜　｜　｜　｜　｜　｜　｜　｜
喰—鼠　在　与　土　流　祖　後　孫　成　中—臣
｜　｜　｜　｜　｜　｜　｜　｜　｜　｜　｜　｜
胡　失　寄　空　水—水　天—枝　羽　終　為　戈
｜　｜　｜　｜　　　　　　　　　｜　｜　｜　｜
尽　野—茫　外—畢—中　主—壌—葛　子—終　右
｜　　　　　　　　　｜　｜　　　　　　　　　｜
城—代—茫—猿—王—龍　谷—生—扶—本—干—昌

四十五回目

外—胡—公—国　称—白—世—代　微—臣—壌—治
｜　　　　　｜　｜　　　　　｜　｜　　　　　｜
空—尽　流—三　遂—蝎　宗—海　周—中　主—祖
　　｜　｜　　　　　｜　｜　　　　　｜　｜
与—城　百—飛　丘—星　工—魚　氏—為　谷—天
｜　　　　　｜　｜　　　　　｜　｜　　　　　｜
赤—代　在—人　急—鶏　始—東　田—終　生—枝
　　｜　｜　　　　　｜　｜　　　　　｜　｜
鼓—茫　寄—喧—後—丹　百—君—元—子　扶—後
｜　　　　　　　　　　　　　　　　　　　　　｜
土—猿—茫　天—腸　流　建　天—孫　終—本—鱠
　　　　｜　｜　｜　｜　｜　｜　｜　｜
水—王　野　命　黒　為　衡　動　興　成　干—司
｜　｜　｜　｜　｜　｜　｜　｜　｜　｜　｜　｜
水　龍　失　窘　青—游　定—翼　事　祭　昌　孫
｜　｜　｜　｜　　　　　　　　　｜　｜　｜　｜
流　中—鼠　雄—犬—牛　功—姫—走　塡—右　羽
｜　　　　　　　　　｜　｜　　　　　　　　　｜
食—畢—喰—英—鐘—黄　初—法—翔—国—戈—葛

四十六回目

雄	水	土	胡	喧	**白**	君	臣	後	司	姫	建
窘	流	猿	外	寄	称	百	微	扶	干	功	衡
命	食	茫	空	在	遂	始	周	生	昌	初	定
天	畢	野	尽	人	竭	東	中	枝	右	法	翼
腸	喰	失	城	飛	星	魚	為	天	塡	翔	動
黒	英	鼠	与	百	丘	工	氏	谷	祭	国	天
青	鐘	中	赤	流	急	宗	田	主	**成**	戈	孫
游	黄	龍	代	三	鶏	海	終	祖	終	葛	興
為	牛	王	茫	国	丹	代	子	治	本	羽	事
流	犬	水	鼓	公	後	世	元	壌	鱠	孫	走

四十七回目

茫	游	黒	水	城	**白**	為	司	動	孫	子	工
代	為	英	雄	失	喧	魚	後	翔	戈	代	宗
赤	流	鼠	窘	野	寄	東	扶	法	葛	世	海
与	犬	中	流	尽	称	中	干	翼	羽	元	終
百	水	龍	食	空	遂	周	昌	定	本	壌	田
流	鼓	王	命	茫	在	始	生	初	終	鱠	氏
三	公	牛	天	猿	人	百	枝	功	**成**	孫	谷
鶏	後	黄	畢	外	竭	微	右	衡	祭	走	主
急	丹	鐘	喰	胡	星	臣	塡	建	国	事	祖
丘	国	青	腸	土	飛	君	天	姫	天	興	治

四十八回目

```
喰—鶏—流—游　食—白—昌—孫　田—谷—塡—始
｜　　　　　｜　｜　　　　　｜　｜　　　　　｜
畢—急　鼓—茫　龍—城　周—動　壌—孫　臣—百
　　｜　｜　　　　　｜　｜　　　　　｜　｜　
天—丘　王—代　中—失　中—翔　元—走　君—微
｜　　　　　｜　｜　　　　　｜　｜　　　　　｜
命—国　牛—為　流—喧　干—戈　終—事　天—右
　　｜　｜　　　　　｜　｜　　　　　｜　｜　
茫—青　黄—流—窘—寄　扶—葛—海—国　姫—枝
｜　　　　　　　　　　　　　　　　　　　　　｜
猿—腸—鐘　赤—鼠　野　東　法—世　祭—天—生
　　　　｜　｜　｜　｜　｜　｜　｜　｜　　　
外—土　丹　与　英　尽　魚　翼　代　成　興—初
｜　｜　｜　｜　｜　｜　｜　｜　｜　｜　｜　｜
竭　飛　後　犬　雄—称　後—羽　宗　終　治　功
｜　｜　｜　｜　　　　　　　　　｜　｜　｜　｜
人　星—公　水—水—遂　司—本—工　鱠—祖　衡
｜　　　　　　　　　｜　｜　　　　　　　　　｜
在—胡—三—百—黒—空　為—定—子—氏—主—建
```

四十九回目

```
水—竭—猿—鶏　流—白—葛—谷　枝—初—本—東
｜　　　　　｜　｜　　　　　｜　｜　　　　　｜
犬—人　腸—喰　黄—食　扶—田　姫—興　司—魚
　　｜　｜　　　　　｜　｜　　　　　｜　｜　
与—在　鐘—畢　牛—龍　干—壌　天—治　為—後
｜　　　　　｜　｜　　　　　｜　｜　　　　　｜
赤—胡　丹—急　為—城　戈—孫　右—祖　定—羽
　　｜　｜　　　　　｜　｜　　　　　｜　｜　
鼠—三　後—丘—代—失　翔—走—微—鱠　子—翼
｜　　　　　　　　　　　　　　　　　　　　　｜
英—百—公　天—王　中　中　元—君　終—氏—法
　　　　｜　｜　｜　｜　｜　｜　｜　｜　　　
雄—黒　星　命　鼓　流　周　終　臣　成　主—世
｜　｜　｜　｜　｜　｜　｜　｜　｜　｜　｜　｜
称　空　飛　国　茫—喧　動—事　百　祭　建　代
｜　｜　｜　｜　　　　　　　　　｜　｜　｜　｜
尽　遂—土　青—游—寄　孫—国—始　天—衡　宗
｜　　　　　　　　　｜　｜　　　　　　　　　｜
野—水—外—茫—流—窘　昌—海—塡—生—功—工
```

五十回目

青	称	英	竭	丘	**白**	走	初	翼	世	国	中
国	尽	百	水	後	流	翔	枝	子	主	孫	周
命	野	公	犬	丹	黄	戈	姫	定	建	昌	動
天	水	星	人	急	食	孫	興	羽	衡	海	事
王	外	飛	在	畢	龍	壌	治	後	天	塡	終
鼓	茫	土	与	鐘	牛	干	天	為	祭	生	元
茫	流	遂	赤	腸	為	扶	右	司	**成**	功	君
喧	窘	空	胡	喰	城	田	祖	魚	終	工	臣
流	寄	黒	三	鶏	失	谷	鱠	東	氏	宗	百
中	游	雄	鼠	猿	代	葛	微	本	法	代	始

五十一回目

三	喧	鼓	称	在	**白**	治	世	終	君	鱠	干
胡	流	茫	青	飛	丘	壌	翼	塡	功	谷	扶
赤	中	土	国	星	後	孫	子	海	工	葛	田
与	游	遂	尽	人	流	興	主	事	宗	微	祖
鐘	雄	空	野	犬	黄	姫	建	動	氏	本	右
腸	鼠	黒	命	公	丹	戈	定	昌	終	法	天
喰	猿	寄	天	百	急	翔	羽	孫	**成**	代	為
城	代	窘	水	水	食	枝	衡	周	祭	始	司
為	失	流	外	竭	龍	初	天	中	生	百	魚
牛	鶏	茫	王	英	畢	走	後	国	元	臣	東

五十二回目

戈翔枝衡羽定昌孫周中
天初走後国元臣東魚司
為代始百生祭**成**終法天
右本微祖田葛谷扶干鱠
君終塡功工海事宗氏動
建姫興主子孫壌翼世治
白在飛丘後星人流黄犬
野空遂尽国土茫青称鼓
喧三胡流中赤与游雄鐘
腸鼠黒寄窘流失代猿喰
城為牛鶏茫王英畢龍竭
外水天命公百水食急丹

五十三回目

孫壌翼宗事海葛谷扶干
氏世治動鱠天司中周孫
昌臣東魚法終**成**祭元定
羽国後衡枝走初翔戈天
為右本代始微祖百生田
工子主功塡興姫終君建
白野空在飛遂尽丘後国
中窘寄流胡黒鼠三喧腸
城外水為牛天命鶏茫公
百王流失代猿龍畢英水
食急丹竭喰鐘鼓犬黄称
雄游与赤土茫青流人星

五十四回目

茫—	流—	茫—	食	牛—	**白**—	始—	昌	事—	葛—	生—	興
｜			｜	｜			｜	｜			｜
鶏—	人	鐘—	雄	代—	中	塡—	羽	鱠—	司	君—	姫
	｜	｜			｜	｜			｜	｜	
命—	星	猿—	游	失—	窘	功—	国	動—	中	建—	終
｜			｜	｜			｜	｜			｜
天—	称	龍—	急	為—	野	代—	臣	宗—	周	田—	百
	｜	｜			｜	｜			｜	｜	
黒—	水	畢—	丹—	水—	空	本—	東—	翼—	元	天—	祖
｜											｜
鼠—	公—	英	与—	流	寄	主	後—	治	祭—	定—	微
		｜	｜	｜	｜	｜	｜	｜	｜		
三—	腸	黄	赤	王	流	子	衡	世	**成**	孫—	走
｜	｜	｜	｜	｜	｜	｜	｜	｜	｜	｜	｜
丘	国	犬	竭	外—	在	右—	魚	壌	終	干	初
｜	｜	｜	｜					｜	｜	｜	｜
尽	後—	鼓	喰—	城—	飛	為—	法—	孫	天—	扶	翔
｜					｜	｜					｜
遂—	喧—	青—	土—	百—	胡	工—	枝—	氏—	海—	谷—	戈

五十五回目

喰—	丘—	鼠—	流	丹—	**白**—	東—	葛	祖—	走—	法—	主
｜			｜	｜			｜	｜			｜
竭—	尽	公—	茫	畢—	牛	本—	事	天—	孫	為—	子
	｜	｜			｜	｜			｜	｜	
赤—	遂	英—	鶏	龍—	代	代—	鱠	田—	干	工—	右
｜			｜	｜			｜	｜			｜
与—	喧	黄—	人	急—	中	臣—	司	百—	扶	枝—	魚
	｜	｜			｜	｜			｜	｜	
流—	青	犬—	星—	游—	窘	国—	中—	終—	天	氏—	衡
｜											｜
王—	土—	鼓	命—	猿	失	功	動—	建	終—	海—	後
		｜	｜	｜	｜	｜	｜	｜	｜		
外—	百	後	天	鐘	為	塡	宗	君	**成**	谷—	治
｜	｜	｜	｜	｜	｜	｜	｜	｜	｜	｜	｜
在	胡	国	称	雄—	野	羽—	周	姫	祭	戈	世
｜	｜	｜	｜					｜	｜	｜	｜
流	飛—	腸	水—	食—	空	昌—	元—	興	定—	翔	壌
｜					｜	｜					｜
寄—	城—	三—	黒—	茫—	水	始—	翼—	生—	微—	初—	孫

五十六回目

水—在—王—丘　星—白—中—走　衡—治—元—功
｜　　　　　｜　｜　　　　　｜　｜　　　　　｜
称—流　土—喰　犬—丹　国—祖　氏—谷　昌—塡
　　｜　｜　　　　　｜　｜　　　　　｜　｜
天—寄　鼓—竭　黄—畢　臣—天　枝—戈　始—羽
｜　　　　　｜　｜　　　　　｜　｜　　　　　｜
命—城　後—尽　人—牛　司—孫　魚—翔　翼—周
　　｜　｜　　　　　｜　｜　　　　　｜　｜
猿—三　国—遂—鶏—代　鱠—干—右—定　生—宗
｜　　　　　　　　　　　　　　　　　　　　　｜
鐘—黒—腸　赤—英　龍　代　田—工　祭—微—動
　　　　｜　｜　｜　｜　｜　｜　｜　｜
雄—茫　飛　与　公　急　本　百　為　成　初—建
｜　｜　｜　｜　｜　｜　｜　｜　｜　｜　｜　｜
野　水　胡　喧　茫—中　事—扶　子　終　孫　君
｜　｜　｜　｜　　　　　　　　　｜　｜　｜　｜
為　空—百　青—流—窘　葛—天—主　海—壌　姫
｜　　　　　　　　　｜　｜　　　　　　　　　｜
失—食—外—流—鼠—游　東—終—法—後—世—興

五十七回目

青—野—鐘—在　遂—白—干—治　宗—建—天—代
｜　　　　　｜　｜　　　　　｜　｜　　　　　｜
喧—為　黒—水　国—星　鱠—衡　生—初　葛—本
　　｜　｜　　　　　｜　｜　　　　　｜　｜
与—失　腸—称　後—犬　司—氏　翼—孫　東—事
｜　　　　　｜　｜　　　　　｜　｜　　　　　｜
赤—食　飛—流　尽—丹　孫—谷　周—壌　終—扶
　　｜　｜　　　　　｜　｜　　　　　｜　｜
英—外　胡—寄—竭—畢　天—戈—羽—海　法—百
｜　　　　　　　　　　　　　　　　　　　　　｜
公—流—百　天—鼓　黄　臣　枝—始　終—後—田
　　　　｜　｜　｜　｜　｜　｜　｜　｜
茫—鼠　空　命　土　人　国　魚　昌　成　世—工
｜　｜　｜　｜　｜　｜　｜　｜　｜　｜　｜　｜
中　游　水　城　喰—牛　祖—翔　塡　祭　興　為
｜　｜　｜　｜　　　　　　　　　｜　｜　｜　｜
急　窘—茫　三—丘—代　走—定—功　微—姫　子
｜　　　　　　　　　｜　｜　　　　　　　　　｜
龍—流—雄—猿—王—鶏　中—右—元—動—君—主

五十八回目

三	中	公	野	寄	**白**	戈	建	百	工	定	臣
城	急	流	青	胡	遂	天	宗	法	世	走	国
命	龍	百	喧	飛	国	孫	生	終	興	中	祖
天	流	空	為	流	星	谷	初	扶	姫	右	翔
鼓	雄	水	失	称	犬	氏	孫	事	微	元	魚
土	猿	茫	与	腸	後	司	翼	東	祭	動	枝
喰	王	窘	赤	黒	尽	鱠	周	葛	**成**	君	始
牛	鶏	游	食	水	丹	衡	壌	本	終	主	昌
人	代	鼠	外	在	畢	治	海	代	後	子	塡
黄	丘	茫	英	鐘	竭	干	羽	天	田	為	功

五十九回目

外	牛	土	中	失	**白**	孫	工	魚	始	海	司
食	人	猿	三	水	寄	氏	百	元	君	治	鱠
赤	黄	茫	城	空	胡	谷	法	右	主	干	衡
与	丘	窘	急	為	遂	初	世	翔	子	羽	壌
腸	茫	游	龍	喧	国	生	興	祖	後	天	周
黒	英	鼠	命	百	飛	孫	終	中	終	田	翼
水	鐘	代	天	流	流	天	扶	走	**成**	為	東
丹	竭	鶏	流	青	星	宗	姫	国	祭	功	葛
尽	畢	王	雄	野	犬	建	微	臣	動	塡	本
後	在	喰	鼓	公	称	戈	事	定	枝	昌	代

六十回目

雄	—	丹	—	黒	—	牛		龍	—	**白**	—	興	—	始		周	—	東	—	微	—	孫
｜						｜		｜						｜		｜						｜
流	—	尽		英	—	外		游	—	失		生	—	魚		天	—	為		建	—	天
		｜		｜						｜		｜						｜		｜		
天	—	後		鼠	—	食		窘	—	水		初	—	元		羽	—	功		戈	—	宗
｜						｜		｜						｜		｜						｜
命	—	在		代	—	人		急	—	寄		世	—	君		壌	—	塡		事	—	姫
		｜		｜						｜		｜						｜		｜		
百	—	喰		鶏	—	黄	—	城	—	胡		法	—	主	—	衡	—	動		定	—	扶
｜																						｜
流	—	鼓	—	王		赤	—	茫		空		谷		右	—	干		祭	—	枝	—	終
				｜		｜		｜		｜		｜		｜		｜		｜				
青	—	公		畢		与		猿		為		氏		翔		治		**成**		昌	—	中
｜		｜		｜		｜		｜		｜		｜		｜		｜		｜		｜		｜
星		称		竭		丘		三	—	遂		百	—	子		鱠		終		代		走
｜		｜		｜		｜										｜		｜		｜		｜
流		犬	—	鐘		茫	—	中	—	国		工	—	後	—	司		田	—	本		国
｜										｜		｜										｜
飛	—	野	—	水	—	腸	—	土	—	喧		孫	—	祖	—	海	—	翼	—	葛	—	臣

主要参考文献

『類聚本系　江談抄注解』江談抄研究会編著　武蔵野書院

『古本系　江談抄注解〔補訂版〕』江談抄研究会編　武蔵野書院

『江談抄　中外抄　富家語』（「新日本古典文学大系」）佐竹昭広ほか編　後藤昭雄ほか校注　岩波書店

『江記逸文集成』木本好信編　国書刊行会

増補　史料大成『中右記』臨川書店

新潮日本古典集成『今昔物語集　本朝世俗部』新潮社

新潮日本古典集成『古今著聞集』新潮社

日本思想大系（続・日本仏教の思想1）『往生伝・法華験記』岩波書店

東洋文庫『続日本紀』平凡社

『古事談（上）（下）』ちくま学芸文庫

『平安京提要』角田文衞監修
（財）古代学協会・古代学研究所編集　角川書店
『平安時代史事典』角田文衞監修
（財）古代学協会・古代学研究所編集　角川書店
『京都・山城　寺院神社大事典』平凡社編　平凡社
『よみがえる平安京』京都市企画　村上康彦編　淡交社
『京の伝承を歩く』福田晃　京都新聞社
『京の鴨川と橋——その歴史と生活』門脇禎二・朝尾直弘共編　思文閣出版
『京都発見　1〜4』梅原猛　新潮社
『中世の大阪』加地宏江・中原俊章共著　松籟社
『天皇の歴史2　聖武天皇と仏都平城京』吉川真司　講談社学術文庫
『日本の神々　神社と聖地』谷川健一編　白水社
続日本の絵巻『土蜘蛛草紙・天狗草紙・大江山絵詞』小松茂美編集　中央公論社

『大江匡房』川口久雄　吉川弘文館
『王朝の物語と漢詩文』今井源衛　笠間書院
『検非違使　中世のけがれと権力』丹生谷哲一　平凡社
『予言文学の語る中世　聖徳太子未来記と野馬台詩』小峯和明　吉川弘文館

『中世日本の予言書　「未来記」を読む』小峯和明　岩波新書
『『野馬台詩』の謎　歴史叙述としての未来記』小峯和明　岩波書店
『中世神話の煉丹術　大江匡房とその時代』深沢徹　人文書院

『酒呑童子の首』小松和彦　せりか書房
『異界と日本人』小松和彦　角川選書
『鬼の系譜』佐藤秀治　文芸社
『鬼の復権』萩原秀三郎　吉川弘文館
『百鬼夜行の見える都市』田中貴子　ちくま学芸文庫
『加門七海の鬼神伝説』加門七海　朝日新聞出版

『術の思想―医・長生・呪・交霊・風水』三浦國雄編　風響社
『陰陽道と平安京　安倍晴明の世界』川合章子　淡交社
『天文暦法と陰陽五行説』飯島忠夫　恒星社
『二十八宿占』幾喜三月　楽史舎
『別冊太陽　１２１　陰陽の世界』平凡社
別冊宝島ＥＸ『京都魔界めぐり　日本最強の魔界都市・実体験ガイド』宝島社
週刊神社紀行別冊『安倍晴明を旅する　陰陽師伝説紀行』学習研究社

『天神御霊信仰』村山修一　塙書房
『比叡山史　闘いと祈りの聖域』村山修一　東京美術
『中世を考える　職人と芸能』網野善彦編　吉川弘文館
『今昔物語集の人々　平安京篇』中村修也　思文閣出版
『王権と神祇』今谷明編　思文閣出版
『異神　中世日本の秘教的世界』山本ひろ子　平凡社
『吉備大臣入唐絵巻の謎』黒田日出男　小学館
『えびす信仰事典　神仏信仰事典シリーズ2』吉井良隆編　戎光祥出版
『白の民俗学へ　白山信仰の謎を追って』前田速夫　河出書房新社
『古代中世芸術論　日本思想大系23』林屋辰三郎校注　岩波書店
『京都精華大学紀要』第四十号「春画からみる江戸の習俗について——張形の表象を中心に」
鈴木堅弘
『日本生殖器崇拝略説』出口米吉
『偽装の言説　平安朝のエクリチュール』神田龍身　森話社
『賤民の異神と芸能』谷川健一　河出書房新社
『若尾民俗叢書　物質民俗学の視点　3』若尾五雄　現代創造社
『飛行蜘蛛』錦三郎　笠間書院

『今井源衛著作集　7』今井源衛　笠間書院
『源氏物語の内と外』稲賀敬二　風間書房
『論考　平安王朝の文学　一条期の前と後』稲賀敬二編　新典社
『適情録解説』適情録復刻刊行会編
ものと人間の文化史79－Ⅰ『すごろく　Ⅰ』増川宏一　法政大学出版局
『日本思想史学』41号44号　日本思想史学会
『国文：研究と教育』32巻　奈良教育大学国文学会

神を創った男 大江匡房

2023年6月20日 初版第1刷発行

著　者　**加門七海**

発行者　池田圭子

発行所　笠間書院

〒101-0064

東京都千代田区神田猿楽町2-2-3

電　話　03-3295-1331

FAX　03-3294-0996

ISBN 978-4-305-70986-8

ブックデザイン―天池 聖（drnco.）

本文組版―STELLA

印刷／製版―モリモト印刷

https://kasamashoin.jp

PROFILE

東京都生まれ。美術館学芸員を経て、1992年『人丸調伏令』でデビュー。伝奇小説・ホラー小説を執筆するかたわら、オカルト・風水・民俗学などへの造詣を生かしたノンフィクションも発表。自身の心霊体験をもとにした怪談実話でも人気を博す。小説に『203号室』『祝山』など、ノンフィクション・エッセイに『大江戸魔方陣』『お呪い日和』『墨東地霊散歩』『加門七海の鬼神伝説』など、怪談実話に『怪談徒然草』『怪のはなし』など多数。